晉書

唐房玄齡等撰

第五册

卷四六至卷五九（傳）

中華書局

晉書卷四十六

列傳第十六

劉頌

劉頌字子雅，廣陵人，漢廣陵厲王胥之後也。世爲名族。同郡有雷、蔣、穀、魯四姓，皆出其下，時人爲之語曰：「雷、蔣、穀、魯，劉最爲祖。」父觀，平陽太守。頌少能辨物理，爲時人所稱。察孝廉，舉秀才，皆不就。文帝辟爲相府掾，奉使于蜀。時蜀新平，人饑土荒，頌表求振貸，不待報而行，由是除名。

武帝踐阼，拜尚書三公郎，典科律，申冤訟。累遷中書侍郎。咸寧中，詔頌與散騎郎白褒巡撫荆揚，以奉使稱旨，轉黃門郎。遷議郎，守廷尉。時尚書令史扈寅非罪下獄，詔使考竟，頌執據無罪，寅遂得免，時人以頌比張釋之。在職六年，號爲詳平。會滅吳，諸將爭功，遣頌校其事，以王渾爲上功，王濬爲中功。帝以頌持法失理，左遷京兆太守，不行，轉任河內。臨發，上便宜，多所納用。郡界多公主水碓，遏塞流水，轉爲浸害，頌表罷之，百姓獲其便利。尋以母憂去職。服闋，除淮南相。在官嚴整，甚有政績。舊修芍陂，年用數萬人，豪强兼并，孤貧失業，頌使大小勠力，計功受分，百姓歌其平惠。

頌在郡上疏曰：

臣昔忝河內，臨辭受詔：「卿所言悉要事，宜大小數以聞。恒苦多事，或不能悉有報，勿以爲疑。」臣受詔之日，喜懼交集，益思自竭，用忘其鄙，願以螢燭，增暉重光。到郡草具所陳如左，未及書上，會臣嬰丁天罰，寢頓累年，今謹封上前事。臣雖才不經國，言淺多違，猶願陛下垂省，使臣微誠得經聖鑒，不總棄於常案。如有足採，冀補萬一。

伏見詔書，開啓士宇，以支百世，封建戚屬，咸出之藩，夫豈不懷，公理然也。樹國全制，始成于今，超秦、漢、魏氏之局節，紹五帝三代之絕跡。功被無外，光流後裔，巍巍盛美，三五之君殆有慚德。何則？彼因自然而就之，異乎絕跡之後更創之。雖然，封幼稚皇子于吳蜀，臣之愚慮，謂未盡善。夫吳越剽輕，庸蜀險絕，此故變釁之所出，易生風塵之地。且自吳平以來，東南六州將士更守江表，此時之至患也。又內兵外守，吳人有不自信之心，宜得壯主以鎮撫之，使內外各安其舊。又孫氏爲國，文武衆職，數擬天朝，一旦堙替，同于編戶。不識所蒙更生之恩，而災困逼身，自謂失地，用懷不靖。今得長王以臨其國，隨才授任，文武並敍，士卒百役不出其鄉，求富貴者取之于國內。內兵得散，新邦乂安，兩獲其所，於事爲宜。宜取同姓諸王年二十以上人才高者，分王吳蜀。以其去近就遠，割裂土宇，令倍於舊。以徙封故地，用王幼稚，須皇子長乃遣君之，於是無晚也。急所須地，交得長主，此事宜也。臣所陳封建，今大義已舉，然餘衆事，儻有足採，以參成制，故皆幷列本事。

臣聞：不憚危悔之患，而願獻所見者，盡忠之臣也；垂聽逆耳，甘納苦言者，濟世之君也。臣以期運，幸遇無諱之朝。雖嘗抗疏陳辭，氾論政體，猶未悉所見，指言得失，徒荷恩寵，不異凡流。臣竊自愧，不盡忠規，無以上報，謹列所見如左。臣誠未自許所言必當，然要以不隱所懷爲上報之節。若萬一足採，則微臣更生之年；如皆瞽妄，則國之福也。願陛下缺半日之間，垂省臣言。

伏惟陛下雖應天順人，龍飛踐阼，爲創基之主，然所遇之時，實是叔世。何則？漢末陵遲，閹豎用事，小人專朝，君子在野，政荒衆散，遂以亂亡。魏武帝以經略之才，撥煩理亂，兼肅文教，積數十年，至于延康之初，然後吏清下順，法始大行。逮至文明二帝，奢淫驕縱，傾殆之主也。然內盛臺榭聲色之娛，外當三方英豪嚴敵，事成克舉，少有愆違，其故何也？實賴前緒，以濟勳業。然法物政刑，固已漸積矣。自嘉平之初，晉祚始基，逮于咸熙之末，其間累年。雖鈇鉞屢斷，翦除凶醜，然其存者咸蒙遭時之恩，不軌于法。泰始之初，陛下踐阼，其所服乘皆先代功臣之胤，非其子孫，則其曾玄。古人有言，膏粱之性難正，故曰時遇叔世。當此之秋，天地之位始定，四海洗心整綱之會也。然陛下猶以用才因宜，法寬有由，積之在素，異于漢魏之先；三祖崛起，易朝之爲，未可一旦直繩御下，誠時宜也。然至所以爲政，矯世衆務，自宜漸出公塗，法正威斷，日遷就肅。譬由行舟，雖不横截迅流，然俄向所趣，漸靡而往，終得其濟。積微稍著，以至于今，可以言政。而自泰始以來，將三十年，政功美績，未稱聖旨，凡諸事業，不茂既往。以陛下明聖，猶未及叔世之弊，〔二〕以成始初之隆，傳之後世，不無慮乎！意者，臣言豈不少概聖心夫！

顧惟萬載之事，理在二端。天下大器，一安難傾，一傾難正。故慮經後世者，必精目下之政，政安遺業，使數世賴之。若乃兼建諸侯而樹藩屏，深根固蒂，則祚延無窮，可以比跡三代。如或當身之政，遺風餘烈不及後嗣，雖樹親戚，而成國之制不建，使夫後世獨任智力以安大業。若未盡其理，雖經異時，憂責猶追在陛下，將如之何！願陛下善當今之政，樹不拔之勢，則天下無遺憂矣。

夫聖明不世及，後嗣不必賢，此天理之常也。故善爲天下者，任勢而不任人。任勢者，諸侯是也；任人者，郡縣是也。郡縣之察，小政理而大勢危；諸侯爲邦，近多違而遠慮固。聖王推終始之弊，權輕重之理，包彼小違以據大安，然後足以藩固內外，維鎮九服。夫武王聖主也，成王賢嗣也，然武王不恃成王之賢而廣封建者，慮經無窮也。且善言今者，必有驗之於古。唐虞以前，書文殘缺，其事難詳。至於三代，則並建明德，及興王之顯親，列爵五等，開國承家，以藩屏帝室，延祚久長，近者五六百歲，遠者僅將千載。逮至秦氏，罷侯置守，子弟不分尺土，孤立無輔，二世而亡。漢承周秦之後，雜而用之，前後二代各二百餘年。揆其封建不用，雖强弱不適，制度舛錯，不盡事中，然跡其衰亡，恒在同姓失職，諸侯微時，不在强盛。昔呂氏作亂，幸賴齊代之援，以寧社稷。七國叛逆，梁王捍之，卒弭其難。自是之後，威權削奪，諸侯止食租奉，甚者至乘牛車。是以王莽得擅本朝，遂其姦謀，傾蕩天下，毒流生靈。光武紹起，雖封樹子弟，而不建成國之制，祚亦不延。魏氏承之，圈閉親戚，幽囚子弟，是以神器速傾，天命移在陛下。長短之應，禍福之徵，可見於此。又魏氏雖正位居體，南面稱帝，然三方未賓，正朔有所不加，實有戰國相持之勢。大晉之興，宣帝定燕，太祖平蜀，陛下滅吳，可謂功格天地，土廣三王，舟車所至，人迹所及，皆爲臣妾，四海大同，始于今日。宜承大勳之籍，及陛下聖明之時，開啓土宇，使同姓必王，建久安於萬載，垂長世於無窮。

臣又聞國有任臣則安，有重臣則亂。而王制，人君立子以適不以長，立適以長不以賢，此事情之不可易者也。而賢明至少，不肖至衆，此固天理之常也。物類相求，感應而至，又自然也。是以闇君在位，則重臣盈朝；明后臨政，則任臣列職。夫任臣之與重臣，俱執國統而立斷者也。然成敗相反，邪正相背，其故何也？重臣假所資以樹私，任臣因所籍以盡公。盡公者，政之本也；樹私者，亂之源也。推斯言之，則泰日少，亂日多，政教漸積，欲國之無危，不可得也。又非徒唯然而已。借令愚劣之嗣，蒙先哲之遺緒，得中賢之佐，而樹國本根不深，無幹輔之固，則所謂任臣者化而爲重臣矣。何則？國有可傾之勢，則執權者見疑，衆疑難以自信，而甘受死亡者非人情故也。若乃建基既厚，藩屏强禦，雖置幼君赤子而天下不懼，曩之所謂重臣者，今悉反忠而爲任臣矣。何則？理無危勢，懷不自猜，忠誠得著，不惕于邪故也。聖王知賢哲之不世及，故立相持之勢以御其臣。是以五等既列，臣無忠慢，同於竭節，以徇其上。羣后既建，繼體賢鄙，亦均一契，等於無慮。且樹國苟固，則所任之臣，得賢益理；次委中智，亦足以安。何則？勢固易持故也。

然則建邦苟盡其理，則無向不可。是以周室自成康以下，逮至宣王，宣王之後，到于赧王，其間歷載，朝無名臣，而宗廟不隕者，諸侯維持之也。故曰，爲社稷計，莫若建國。夫邪正逆順者，人心之所繫服也。今之建置，宜審量事勢，使諸侯率義而動，同忿俱奮，令其力足以維帶京邑。若包藏禍心，惕于邪而起，孤立無黨，所蒙之籍不足獨以有爲。然齊此甚難，陛下宜與達古今善識事勢之士深共籌之。建侯之理，使君樂其國，臣榮其朝，各流福祚，傳之無窮；上下一心，愛國如家，視百姓如子，然後能保荷天祿，兼翼王室。今諸王裂土，皆兼於古之諸侯，而君賤其爵，臣恥其位，莫有安志，其故何也？法同郡縣，無成國之制故也。今之建置，宜使率由舊章，一如古典。然人心繫常，不累十年，好惡未改，情願未移。臣之愚慮，以爲宜早創大制，遲回衆望，猶在十年之外，然後能令君臣各安其位，榮其所蒙，上下相持，用成藩輔。如今之爲，適足以虧天府之藏，徒棄穀帛之資，無補鎮國衛上之勢也。

古者封建既定，各有其國，後雖王之子孫，無復尺土，此今事之必不行者也。若推親疏，轉有所廢，以有所樹，則是郡縣之職，非建國之制。今宜豫開此地，令十世之內，使親者得轉處近。十世之遠，近郊地盡，然後親疏相維，不得復如十世之內。然猶樹親有所，遲天下都滿，已彌數百千年矣。今方始封而親疏倒施，甚非所宜。宜更大量天下土田方里之數，都更裂土分人，以王同姓，使親疏遠近不錯其宜，然後可以永安。

古者封國，大者不過土方百里，然後人數殷衆，境內必盈其力，足以備充制度。今雖一國周環近將千里，然力實寡，不足以奉國典。所遇不同，故當因時制宜，以盡事適今。宜令諸王國容少而軍容多，然於古典所應有者悉立其制，然非急所須，漸而備之，不得頓設也。須車甲器械既具，羣臣乃服綵章；倉廩已實，乃營宮室；百姓已足，乃備官司；境內充實，乃作禮樂。唯宗廟社稷，則先建之。至於境內之政，官人用才，自非內史、國相命於天子，其餘衆職及死生之斷、穀帛資實、慶賞刑威、非封爵者，悉得專之。今臣所舉二端，蓋事之大較，其所不載，應在二端之屬者，以此爲率。今諸國本一郡之政耳，若備舊典，則官司以數，事所不須，而以虛制損實力。至于慶賞刑斷，所以衞下之權，〔三〕不重則無以威衆人而衞上。故臣之愚慮，欲令諸侯權具，國容少而軍容多，然亦終於必備今事爲宜。

周之建侯，長享其國，與王者並，遠者僅將千載，近者猶數百年；漢之諸王，傳祚暨至曾玄。人性不甚相遠，古今一揆，而短長甚違，其故何邪？立意本殊而制不同故也。周之封建，使國重於君，公侯之身輕於社稷，故無道之君不免誅放。敦興滅繼絕之義，故國祚不泯。不免誅放，則羣后思懼；胤嗣必繼，是無亡國也。諸侯思懼，然後軌道，下無亡國，天子乘之，理勢自安，此周室所以長在也。漢之樹置君國，輕重不殊，故諸王失度，陷于罪戮，國隨以亡。不崇興滅繼絕之序，故下無固國。下無固國，天子居上，勢孤無輔，故姦臣擅朝，易傾大業。今宜反漢之弊，修周舊跡。國君雖或失道，陷于誅絕，又無子應除，苟有始封支胤，不問遠近，必紹其祚。若無遺類，則虛建之，須皇子生，以繼其統，然後建國無滅。又班固稱「諸侯失國亦猶網密」，今又宜都寬其檢。且建侯之理，本經盛衰，大制都定，班之羣后，著誓丹青，書之玉版，藏之金匱，置諸宗廟，副在有司。寡弱小國猶不可危，豈況萬乘之主！承難傾之邦而加其上，則自然永久居重固之安，可謂根深華嶽而四維之也。臣之愚，願陛下置天下于自安之地，寄大業于固成之勢，則可以無遺憂矣。

今閻閭少名士，官司無高能，其故何也？清議不肅，人不立德，行在取容，故無名士。下不專局，又無考課，吏不竭節，故無高能。無高能，則有疾世事；少名士，則後進無準，故臣思立吏課而肅清議。夫欲富貴而惡貧賤，人理然也。聖王大諳物情，知不可去，故直同公私之利，而詭其求道，使夫欲富者必先由貧，欲貴者必先安賤。安賤則不矜，不矜然後廉恥厲；守貧者必節欲，節欲然後操全。以此處務，乃得盡公。盡公者，富貴之徒也；爲無私者終得其私，故公私之利同也。今欲富者不由貧自得富，欲貴者不安賤自得貴，公私之塗既乖，而人情不能無私，私利不可以公得，則恒背公而橫務。是以風節日積，公理漸替，人士富貴，非軌道之所得。以此爲政，小大難期。〔三〕然教穨來既久，難反一朝。又世放都靡，營欲比肩，羣士渾然，庸行相似，不可頓肅，甚殊黜陟也。且教不求盡善，善在抑尤，同侈之中，猶有甚泰。使夫昧適情之樂者，捐其顯榮之貴，俄在不鮮之地；約己潔素者，蒙儉德之報，列于淸官之上。二業分流，令各有蒙。然俗放都奢，不可頓肅，故臣私慮，願先從事於漸也。

天下至大，萬事至衆，人君至少，同于天日，故非垂聽所得周覽。是以聖王之化，執要而已，委務于下而不以事自嬰也。分職既定，無所與焉，非憚日昃之勤，而牽於逸豫之虞，誠以政體宜然，事勢致之也。何則？夫造創謀始，逆闇是非，以別能否，甚難察也。既以施行，因其成敗，以分功罪，甚易識也。易識在考終，難察在造始，故人君恒居其易則安，人臣不處其難則亂。今陛下每精事始而略于考終，故羣吏慮事懷成敗之懼輕，飾文采以避目下之譴重，此政功所以未善也。今人主能恒居易執要以御其下，然後人臣功罪形于成敗之徵，無逃其誅賞。故罪不可蔽，功不可誣。功不可誣，則能者勸；罪不可蔽，則違慢日肅，此爲國之大略也。臣竊惟陛下聖心，意在盡善，懼政有違，故精事始，以求無失。又以衆官勝任者少，故不委務，寧居日昃也。臣之愚慮，竊以爲今欲盡善，故宜考終。何則？精始難校故也。又羣官多不勝任，亦宜委務，使能者得以成功，不能者得以著敗。敗著可得而廢，功成可得遂任，然後賢能常居位以善事，闇劣不得以尸祿害政。如此不已，則勝任者漸多，經年少久，卽羣司徧得其人矣。此校才考實，政之至務也。今人主不委事仰成，而與諸下共造事始，則功罪難分。下不專事，居官不久，故能否不別。何以驗之？今世士人決不悉良能也，又決不悉疲軟也。然今欲舉一忠賢，不知所賞；求一負敗，不知所罰。及其免退，自以犯法耳，非不能也。登進者自以累資及人間之譽耳，非功實也。若謂不然，則當今之政未稱聖旨，此其徵也。陛下御今法爲政將三十年，而功未日新，其咎安在？古人有言：「琴瑟不調，甚者必改而更張。」凡臣所言，誠政體之常，然古今異宜，所遇不同。陛下縱未得盡仰成之理，都委務於下，至如今事應奏御者，蠲除不急，使要事得精可三分之二。

古者六卿分職，冢宰爲師。秦漢已來，九列執事，丞相都總。今尚書制斷，諸卿奉成，於古制爲重，事所不須，然今未能省幷。可出衆事付外寺，使得專之，尚書爲其都統，若丞相之爲。惟立法創制，死生之斷，除名流徙，退免大事，及連度支之事，臺乃奏處。其餘外官皆專斷之，歲終臺閤課功校簿而已。此爲九卿造創事始，斷而行之，尚書書主，賞罰繩之，其勢必愈考成司非而已。於今親掌者動受成於上，上之所失，不得復以罪下，歲終事功不建，不知所責也。夫監司以法舉罪，獄官案劾盡實，法吏據辭守文，大較雖同，然至於施用，監司與夫法獄體宜小異。獄官唯實，法吏唯文，監司則欲舉大而略小。何則？夫細過微闕，謬妄之失，此人情之所必有，而悉糾以法，則朝野無全人，〔四〕此所謂欲理而反亂者也。

故善爲政者綱舉而網疏，綱舉則所羅者廣，網疏則小必漏，〔五〕所羅者廣則爲政不苛，〔六〕此爲政之要也。而自近世以來，爲監司者，類大綱不振而微過必舉。微過不足以害政，舉之則微而益亂；大綱不振，則豪强横肆，豪强横肆，則百姓失職矣，此錯所急而倒所務之由也。今宜令有司反所常之政，使天下可善化。及此非難也，人主不善碎密之案，必責犯强舉尤之奏，當以盡公，則害政之姦自然禽矣。夫大姦犯政而亂兆庶之罪者，類出富强，而豪富者其力足憚，其貨足欲，是以官長顧勢而頓筆。下吏縱姦，懼所司之不舉，則謹密網以羅微罪。使奏劾相接，狀似盡公，而撓法不亮固已在其中矣。非徒無益於政體，清議乃由此而益傷。古人有言曰：「君子之過，如日之蝕焉。」又曰：「過而能改。」又曰：「不貳過。」凡此數者，皆是賢人君子不能無過之言也。苟不至於害政，則皆天網之所漏；所犯在甚泰，然後王誅所必加，此舉罪淺深之大例者也。

故君子得全美以善事，不善者必夷戮以警衆，此爲政誅赦之準式也。何則？所謂賢人君子，苟不能無過，小疵不可以廢其身，而輒繩以法，則愧於明時。何則？雖有所犯，輕重甚殊，於士君子之心受責不同而名不異者，故不軌之徒得引名自方，以惑衆聽，因名可亂，假力取直，故清議益傷也。凡舉過彈違，將以肅風論而整世教，今舉小過，清議益穢。是以聖人深識人情而達政體，故其稱曰：「不以一眚掩大德。」又曰：「赦小過，舉賢才。」又曰：「無求備於一人。」故冕而前旒，充纊塞耳，意在善惡之報必取其尤，然後簡而不漏，大罪必誅，法禁易全也。何則？害法在犯尤，而謹搜微過，何異放兕豹于公路，而禁鼠盜于隅隙。古人有言，「鈇鉞不用而刀鋸日弊，不可以爲政」，此言大事緩而小事急也。時政所失，少有此類，陛下宜反而求之，乃得所務也。

夫權制不可以經常，政乖不可以守安，此言攻守之術異也。百姓雖愚，望不虛生，必因時而發。有因而發，則望不可奪；事變異前，則時不可違。明聖達政，應赴之速，不及下車，故能動合事機，大得人情。昔魏武帝分離天下，使人役居戶，各在一方；既事勢所須，且意有曲爲，權假一時，以赴所務，非正典也。然逡巡至今，積年未改，百姓雖身丁其困，而私怨不生，誠以三方未悉蕩并，知時未可以求安息故也。是以甘役如歸，視險若夷。至于平吳之日，天下懷靜，而東南二方，六州郡兵，將士武吏，戍守江表，或給京城運漕，父南子北，室家分離，咸更不寧。又不習水土，運役勤瘁，並有死亡之患，勢不可久。此宜大見處分，以副人望。魏氏錯役，亦應改舊。此二者各盡其理，然黔首感恩懷德，謳吟樂生必十倍於今也。自董卓作亂以至今，近出百年，四海勤瘁，丁難極矣。六合渾并，始於今日，兆庶思寧，非虛望也。然古今異宜，所遇不同，誠亦未可以希遵在昔，放息馬牛；然使受百役者不出其國，兵備待事其鄉，實在可爲。縱復不得悉然爲之，苟盡其理，可靜三分之二，吏役可不出千里之內。但如斯而已，天下所蒙已不訾矣。

政務多端，世事之未盡理者，難徧以疏舉，振領總綱，要在三條。凡政欲靜，靜在息役，息役在無爲。倉廩欲實，實在利農，利農在平糴。爲政欲著信，著信在簡賢，簡賢在官久。官久非難也，連其班級，自非才宜，不得傍轉以終其課，則事善矣。平糴已有成制，其未備者可就周足，則穀積矣。無爲匪他，却功作之勤，抑似益而損之利。如斯而已，則天下靜矣。此三者既舉，雖未足以厚化，然可以爲安有餘矣。夫王者之利，在生天地自然之財，農是也。所立爲指於此，事誠有功益。苟或妨農，皆務所息，此悉似益而損之謂也。然今天下自有事所必須，不得止已，或用功甚少而所濟至重。目下爲之，雖少有廢，而計終已大益。農官有十百之利，及有妨害，在始似如未急，終作大患，宜逆加功，以塞其漸。如河汴將合，沈萊苟善，則役不可息。諸如此類，亦不得已已。然事患緩急，權計輕重，自非近如此類，準以爲率，乃可興爲，其餘皆務在靜息。

然能善算輕重，權審其宜，知可興可廢，甚難了也，自非上智遠才，不幹此任。夫創業之美，勳在垂統，使夫後世蒙賴以安。其爲安也，雖昏猶明，雖愚若智。濟世功者，實在善化之爲，要在靜國。至夫修飾官署，凡諸作役務爲恒傷過泰，不患不舉，此將來所不須於陛下而自能者也。至於仰蒙前緒，所憑日月者，實在遺風繫人心，餘烈匡幼弱，而今勤所不須，以傷所憑。鈞此二者，何務孰急，陛下少垂恩迴慮，詳擇所安，則大理盡矣。

世之私議，竊比陛下於孝文。臣以爲聖德隆殺，將在乎後，不在當今。何則？陛下龍飛鳳翔，應期踐阼，有創業之勳矣。掃滅强吳，奄征南海，又有之矣。以天子之貴，而躬行布衣之所難，孝儉之德，冠于百王，又有之矣。履宜無細，動成軌度，又有之矣。若善當身之政，建藩屏之固，使晉代久長，後世仰瞻遺跡，校功考事，實與湯武比隆，何孝文足云！臣之此言，非臣下褒上虛美常辭，其事實然。若所以資爲安之理，或未盡善，則恐良史書勳，不得遠盡弘美，甚可惜也。然不可使夫知政之士得參聖慮，經年少久，終必有成。願陛下少察臣言。

又論肉刑，見刑法志。詔答曰：「得表陳封國之制，宜如古典，任刑齊法，宜復肉刑，及六州將士之役，居職之宜，諸所陳聞，具知卿之乃心爲國也。〔七〕動靜數以聞。」

元康初，從淮南王允入朝。會誅楊駿，頌屯衞殿中，其夜，詔以頌爲三公尚書。又上疏論律令事，爲時論所美。久之，轉吏部尚書，建九班之制，欲令百官居職希遷，考課能否，明其賞罰。賈郭專朝，仕者欲速，竟不施行。

及趙王倫之害張華也，頌哭之甚慟。聞華子得逃，喜曰：「茂先，卿尚有種也！」倫黨張林聞之，大怒，憚頌持正而不能害也。孫秀等推崇倫功，宜加九錫，百僚莫敢異議。頌獨曰：「昔漢之錫魏，魏之錫晉，皆一時之用，非可通行。今宗廟乂安，雖嬖后被退，勢臣受誅，周勃誅諸呂而尊孝文，霍光廢昌邑而奉孝宣，並無九錫之命。違舊典而習權變，非先王之制。九錫之議，請無所施。」張林積忿不已，以頌爲張華之黨，將害之。孫秀曰：「誅張、裴已傷時望，不可復誅頌。」林乃止。於是以頌爲光祿大夫，門施行馬。尋病卒，使使者弔祭，賜錢二十萬、朝服一具，謚曰貞。中書侍郎劉沈議，頌當時少輩，應贈開府。孫秀素恨之，不聽。頌無子，養弟和子雍早卒，更以雍弟詡子隔爲適孫，襲封。〔八〕永康元年，詔以頌誅賈謐督攝衆事有功，追封梁鄒縣侯，〔九〕食邑千五百戶。

頌弟彪字仲雅，參安東軍事。伐吳，獲張悌，累官積弩將軍。及武庫火，彪建計斷屋，得出諸寶器。歷荆州刺史。次弟仲字世混，歷黃門郎、滎陽太守，未之官，卒。

初，頌嫁女臨淮陳矯，矯本劉氏子，與頌近親，出養於姑，改姓陳氏。中正劉友譏之，頌曰：「舜後姚虞、陳田本同根系，而世皆爲婚，禮律不禁。今與此同義，爲婚可也。」友方欲列上，爲陳騫所止，故得不劾。頌問明法掾陳默、蔡畿曰：「鄉里誰最屈？」二人俱云：「劉友屈。」頌作色呵之，畿曰：「友以私議冒犯明府爲非，然鄉里公論稱屈。」友辟公府掾、尚書郎、黃沙御史。

李重

李重字茂曾，江夏鍾武人也。父景，〔一〇〕秦州刺史、都亭定侯。重少好學，有文辭；早孤，與羣弟居，以友愛著稱。弱冠爲本國中正，遜讓不行。後爲始平王文學，上疏陳九品曰：「先王議制，以時因革，因革之理，唯變所適。九品始於喪亂，軍中之政，誠非經國不刊之法也。且其檢防轉碎，徵刑失實，〔一一〕故朝野之論，僉謂驅動風俗，爲弊已甚。而至於議改，又以爲疑。臣以革法創制，當先盡開塞利害之理，舉而錯之，使體例大通而無否滯亦未易故也。古者諸侯之治，分土有常，國有定主，人無異望，卿大夫世祿，仕無出位之思，臣無越境之交，上下體固，人德歸厚。秦反斯道，罷侯置守，風俗淺薄，自此來矣。漢革其弊，斟酌周秦，並建侯守，亦使分土有定，而牧司必各舉賢，貢士任之鄉議，事合聖典，比蹤三代。方今聖德之隆，光被四表，兆庶顒顒，欣覩太平。然承魏氏彫弊之跡，人物播越，仕無常朝，人無定處，郎吏蓄於軍府，豪右聚於都邑，事體駁錯，與古不同。謂九品既除，宜先開移徙，聽相幷就。且明貢舉之法，不濫於境外，則冠帶之倫將不分而自均，即土斷之實行矣。又建樹官司，功在簡久。階級少，則人心定；久其事，則政化成而能否著，此三代所以直道而行也。以爲選例九等，當今之要，所宜施用也。聖王知天下之難，常從事於其易，故寄隱括於閭伍，則邑屋皆爲有司。若任非所由，事非所覈，則雖竭聖智，猶不足以贍其事。由此而觀，誠令二者既行，即人思反本，修之於鄉，華競自息，而禮讓日隆矣。」

遷太子舍人，轉尙書郎。時太中大夫恬和表陳便宜，稱漢孔光、魏徐幹等議，使王公已下制奴婢限數，及禁百姓賣田宅。中書啓可，屬主者爲條制。重奏曰：「先王之制，士農工商有分，不遷其業，所以利用厚生，各肆其力也。周官以土均之法，經其土地井田之制，而辨其五物九等貢賦之序，然後公私制定，率土均齊。自秦立阡陌，建郡縣，而斯制已沒。降及漢魏，因循舊跡，王法所峻者，唯服物車器有貴賤之差，令不僭擬以亂尊卑耳。至于奴婢私產，則實皆未嘗曲爲之立限也。八年己巳詔書申明律令，諸士卒百工以上，所服乘皆不得違制。若一縣一歲之中，有違犯者三家，洛陽縣十家已上，官長免。如詔書之旨，法制已嚴。今如和所陳而稱光、幹之議，此皆衰世踰侈，當時之患。然盛漢之初不議其制，光等作而不行，非漏而不及，能而不用也。蓋以諸侯之軌既滅，而井田之制未復，則王者之法不得制人之私也。人之田宅既無定限，則奴婢不宜偏制其數，懼徒爲之法，實碎而難檢。方今聖明垂制，每尙簡易，法禁已具，和表無施。」

又司隸校尉石鑒奏，鬱林太守介登役使所監，求召還；尙書荀愷以爲遠郡非人情所樂，奏登貶秩居官。重駁曰：「臣聞立法無制，所以齊衆檢邪，非必曲尋事情，而理無所遺也。故所滯者寡，而所濟者衆。今如登郡比者多，若聽其貶秩居官，動爲準例，懼庸才負遠，必有黷貨之累，非所以肅淸王化，輯寧殊域也。臣愚以爲宜聽鑒所上，先召登還，且使體例有常，不爲遠近異制。」詔從之。

太熙初，遷廷尉平。駁廷尉奏邯鄲醉等，文多不載。再遷中書郎，每大事及疑議，輒參以經典處決，多皆施行。遷尙書吏部郎，務抑華競，不通私謁，特留心隱逸，由是羣才畢舉，拔用北海西郭湯、琅邪劉珩、燕國霍原、馮翊吉謀等爲祕書郎及諸王文學，故海內莫不歸心。時燕國中正劉沈舉霍原爲寒素，司徒府不從，沈又抗詣中書奏原，而中書復下司徒參論。司徒左長史荀組以爲：「寒素者，當謂門寒身素，無世祚之資。原爲列侯，顯佩金紫，先爲人間流通之事，晚乃務學，少長異業，年踰始立，草野之譽未洽，德禮無聞，不應寒素之目。」重奏曰：「案如癸酉詔書，廉讓宜崇，浮競宜黜。其有履謙寒素靖恭求己者，應有以先之。如詔書之旨，以二品繫資，或失廉退之士，故開寒素以明尙德之舉。司徒總御人倫，實掌邦教，當務峻準評，以一風流。然古之厲行高尚之士，或棲身巖穴，或隱跡丘園，或克己復禮，或耄期稱道，出處默語，唯義所在。未可以少長異操，疑其所守之美，而遠同終始之責，非所謂擬人必於其倫之義也。誠當考之於邦黨之倫，審之於任舉之主。沈爲中正，親執銓衡。陳原隱居求志，篤古好學，學不爲利，行不要名，絕跡窮山，韞韣道藝，外無希世之容，內全遁逸之節，行成名立，搢紳慕之，委質受業者千里而應，有孫孟之風，嚴鄭之操。始舉原，先諮侍中、領中書監華，前州大中正、後將軍嬰，河南尹軼。去三年，諸州還朝，幽州刺史許猛特以原名聞，擬之西河，求加徵聘。如沈所列，州黨之議既舉，又刺史班詔表薦，如此而猶謂草野之譽未洽，德禮無聞，舍所徵檢之實，而無明理正辭，以奪沈所執。且應二品，非所求備。但原定志窮山，修述儒道，義在可嘉。若遂抑替，將負幽邦之望，傷敦德之教。如詔書所求之旨，應爲二品。」詔從之。

重與李毅同爲吏部郎，時王戎爲尚書，重以清尚見稱，毅淹通有智識，雖二人操異，然俱處要職，戎以識會待之，各得其所。毅字茂彥，〔二〕舊史闕其行事。于時內官重，外官輕，兼階級繁多，重議之，見百官志。又上疏曰：「凡山林避寵之士，雖違世背時，出處殊軌，而先王許之者，嘉其服膺高義也。昔先帝患風流之弊，而思反純朴，乃諮詢朝衆，搜求隱逸。咸寧二年，始以太子中庶子徵安定皇甫謐，四年又以博士徵南安朱沖，〔三〕太康元年，復以太子庶子徵沖，雖皆以病疾不至，而朝野悅服。陛下遠邁先帝禮賢之旨，臣訪沖州邑，言其雖年近耋耄，而志氣克壯，耽道窮藪，老而彌新，操尚貞純，所居成化，誠山栖耆德，足以表世篤俗者也。臣以爲宜垂聖恩，及其未沒，顯加優命。」時朝廷政亂，竟不能從。出爲行討虜護軍、平陽太守，崇德化，修學校，表篤行，拔賢能，清簡無欲，正身率下，在職三年，彈黜四縣。弟嶷亡，表去官。

永康初，趙王倫用爲相國左司馬，以憂逼成疾而卒，時年四十八。家貧，宅宇狹小，無殯斂之地，詔於典客署營喪。追贈散騎常侍，謚曰成。子式，有美名，官至侍中，咸和初卒。

史臣曰：子雅束髮登朝，竭誠奉國，廣陳封建，深中機宜，詳辨刑名，該覈政體。雖文慚華婉，而理歸切要。遊目西京，望賈誼而非遠；眷言東國，顧郎顗而有餘。逮元康之間，賊臣專命，舉朝戰慄，苟避葅醢；頌以此時，忠鯁不撓，哭張公之非罪，拒趙王之妄錫，雖古遺直，何以尚茲。至於緣其私議，不平劉友，異夫憎而知善，舉不避讎者歟！李重言因革之理，駁田產之制，詞愜事當，蓋亹亹可觀。及銳志銓衡，留心隱逸，濬沖期之識會，豈虛也哉！

贊曰：劉頌剛直，義形於詞。自下摩上，彼實有之。李重清雅，志迺無私。推賢拔滯，嘉言在茲。懋哉兩哲，邦家之基。

校勘記

〔一〕猶未及叔世之弊　通鑑八二「及」作「反」，論上下文義，作「反」者是，「及」蓋形近誤。
〔二〕所以衞下之權　周校：「御」誤「衞」。
〔三〕小大難期　「小大」，各本作「小在」，不可解，今從殿本。
〔四〕則朝野無全人　「全人」，各本作「立人」，今從殿本。羣書治要三〇亦作「全人」。
〔五〕網疏則小必漏　「小必漏」，羣書治要三〇作「小罪必漏」，有「罪」字義長。
〔六〕所羅者廣則爲政不苛　羣書治要三〇作「所羅者廣，則大罪不縱，則甚泰必刑；微過必漏政不苛」，今本恐有脫誤。
〔七〕具知卿之乃心爲國也　各本作「具之知卿乃心爲國也」，今從殿本。
〔八〕更以雍弟詡子隱爲適孫襲封　劉頌前無所封，則「襲封」者，「襲」下文所追封之「梁鄒縣侯」。傳文先敍「襲封」，後敍「追封」，失之疏略。
〔九〕永康元年至梁鄒縣侯　誅張華、裴頠及劉頌之死並在永康元年，追封劉頌當在趙王倫被殺以後，「永康」疑爲「永寧」之誤。

〔一〇〕父景　魏志李通傳注引王隱晉書「景」作「秉」，則其人本名「秉」。此作「景」，蓋唐人避嫌名（唐高祖之父名昞）改。

〔一一〕徵刑失實　斠注：「刑」當從通典一四作「形」。

〔一二〕茂彥　各本作「茂修」，今依宋本、殿本。文選哭范僕射詩注引晉諸公讚亦作「茂彥」。

〔一三〕南安朱沖　「南安」原誤倒作「安南」，據朱沖傳、閻纘傳及通志一二三乙正。

晉書卷四十七

列傳第十七

傅玄 子咸 咸從父弟祗

傅玄字休奕，北地泥陽人也。祖燮，漢漢陽太守。父幹，魏扶風太守。玄少孤貧，博學善屬文，解鍾律。性剛勁亮直，不能容人之短。郡上計吏，再舉孝廉，太尉辟，皆不就。州舉秀才，除郎中，與東海繆施俱以時譽選入著作，撰集魏書。後參安東、衞軍軍事，轉溫令，再遷弘農太守，領典農校尉。所居稱職，數上書陳便宜，多所匡正。五等建，封鶉觚男。武帝爲晉王，以玄爲散騎常侍。及受禪，進爵爲子，加駙馬都尉。

帝初卽位，廣納直言，開不諱之路，玄及散騎常侍皇甫陶共掌諫職。玄上疏曰：「臣聞先王之臨天下也，明其大敎，長其義節；道化隆於上，清議行於下，上下相奉，人懷義心。亡秦蕩滅先王之制，以法術相御，而義心亡矣。近者魏武好法術，而天下貴刑名；魏文慕通達，〔一〕而天下賤守節。其後綱維不攝，而虛無放誕之論盈於朝野，使天下無復清議，而亡秦之病復發於今。陛下聖德，龍興受禪，弘堯舜之化，開正直之路，體夏禹之至儉，綜殷周之典文，臣詠歎而已，將又奚言！惟未舉清遠有禮之臣，以敦風節；未退虛鄙，以懲不恪，臣是以猶敢有言。」詔報曰：「舉清遠有禮之臣者，此尤今之要也。」乃使玄草詔進之。玄復上疏曰：

臣聞舜舉五臣，無為而化，用人得其要也。天下羣司猥多，不可不審得其人也。不得其人，一日則損不貲，況積日乎！典謨曰「無曠庶官」，言職之不可久廢也。諸有疾病滿百日不差，宜令去職，優其禮秩而寵存之，既差而後更用。臣不廢職於朝，國無曠官之累，此王政之急也。

臣聞先王分士農工商以經國制事，各一其業而殊其務。自士已上子弟，為之立太學以教之，選明師以訓之，各隨其才優劣而授用之。農以豐其食，工以足其器，商賈以通其貨。故雖天下之大，兆庶之衆，無有一人游手。分數之法，周備如此。漢魏不定其分，百官子弟不修經藝而務交遊，未知莅事而坐享天祿；農工之業多廢，或逐淫利而離其事；徒繫名於太學，然不聞先王之風。今聖明之政資始，而漢魏之失未改，散官衆而學校未設，游手多而親農者少，工器不盡其宜。臣以為亟定其制，通計天下若干人爲士，足以副在官之吏；若干人爲農，三年足有一年之儲；若干人爲工，足其器用；若干人爲商賈，足以通貨而已。尊儒尚學，貴農賤商，此皆事業之要務也。

前皇甫陶上事，欲令賜拜散官皆課使親耕，天下享足食之利。禹稷躬稼，祚流後世，是以明堂、月令著帝藉之制。伊尹古之名臣，耕於有莘；晏嬰齊之大夫，避莊公之難，亦耕於海濱。昔者聖帝明王，賢佐俊士，皆嘗從事於農矣。王人賜官，冗散無事者，不督使學，則當使耕，無緣放之使坐食百姓也。今文武之官既衆，而拜賜不在職者又多，加以服役爲兵，不得耕稼，當農者之半，南面食祿者參倍於前。使冗散之官農，而收其租稅，家得其實，而天下之穀可以無乏矣。夫家足食，爲子則孝，爲父則慈，爲兄則友，爲弟則悌。天下足食，則仁義之教可不令而行也。爲政之要，計人而置官，分人而授事，士農工商之分不可斯須廢也。若未能精其防制，計天下文武之官足爲副貳者使學，其餘皆歸之於農。若百工商賈有長者，亦皆歸之於農。務農若此，何有不贍乎！虞書曰：「三載考績，三考黜陟幽明。」是爲九年之後乃有遷敍也。故居官久，則念立愼終之化；居不見久，則競爲一切之政。六年之限，日月淺近，不周黜陟。陶之所上，義合古制。

夫儒學者，王教之首也。尊其道，貴其業，重其選，猶恐化之不崇；忽而不以爲急，臣懼日有陵遲而不覺也。仲尼有言：「人能弘道，非道弘人。」然則尊其道者，非惟尊其書而已，尊其人之謂也。貴其業者，不妄教非其人也。重其選者，不妄用非其人也。若此，而學校之綱舉矣。

書奏，帝下詔曰：「二常侍懇懇於所論，可謂乃心欲佐益時事者也。而主者率以常制裁之，豈得不使發憤耶！二常侍所論，或舉其大較而未備其條目，亦可便令作之，然後主者八坐廣共研精。凡關言於人主，人臣之所至難。而人主若不能虛心聽納，自古忠臣直士之所慷慨，至使杜口結舌。每念於此，未嘗不歎息也。故前詔敢有直言，勿有所距，庶幾得以發懞補過，獲保高位。苟言有偏善，情在忠益，雖文辭有謬誤，言語有失得，皆當曠然恕之。古人猶不拒誹謗，況皆善意在可採錄乎！近者孔鼂、綦毋龢皆案以輕慢之罪，所以皆原，欲使四海知區區之朝無諱言之忌也。」俄遷侍中。

初，玄進皇甫陶，及入而抵，玄以事與陶爭，言諠譁，爲有司所奏，二人竟坐免官。泰始四年，以爲御史中丞。時頗有水旱之災，玄復上疏曰：

臣聞聖帝明王受命，天時未必無災，是以堯有九年之水，湯有七年之旱，惟能濟之以人事耳。故洪水滔天而免沈溺，野無生草而不困匱。伏惟陛下聖德欽明，時小水旱，人未大饑，下祗畏之詔，求極意之言，同禹湯之罪己，侔周文之夕惕。臣伏歡喜，上便宜五事：

其一曰，耕夫務多種而耕暵不熟，徒喪功力而無收。又舊兵持官牛者，官得六分，士得四分；自持私牛者，與官中分，施行來久，衆心安之。今一朝減持官牛者，官得八分，士得二分；持私牛及無牛者，官得七分，士得三分，人失其所，必不歡樂。臣愚以爲宜佃兵持官牛者與四分，持私牛與官中分，則天下兵作歡然悅樂，愛惜成穀，無有損棄之憂。

其二曰，以二千石雖奉務農之詔，猶不勤心以盡地利。昔漢氏以墾田不實，徵殺二千石以十數。臣愚以爲宜申漢氏舊典，以警戒天下郡縣，皆以死刑督之。

其三曰，以魏初未留意於水事，先帝統百揆，分河堤爲四部，并本凡五謁者，以水功至大，與農事並興，非一人所周故也。今謁者一人之力，行天下諸水，無時得徧。伏見河堤謁者車誼不知水勢，轉爲他職，更選知水者代之。可分爲五部，使各精其方宜。

其四曰，古以步百爲畝，今以二百四十步爲一畝，所覺過倍。近魏初課田，不務多其頃畝，但務修其功力，故白田收至十餘斛，水田收數十斛。自頃以來，日增田頃畝之課，而田兵益甚，功不能修理，至畝數斛已還，或不足以償種。非與曩時異天地，橫遇災害也，其病正在於務多頃畝而功不修耳。竊見河堤謁者石恢甚精練水事及田事，知其利害，乞中書召恢，委曲問其得失，必有所補益。

其五曰，臣以爲胡夷獸心，不與華同，鮮卑最甚。本鄧艾苟欲取一時之利，不慮後患，使鮮卑數萬散居人間，此必爲害之勢也。秦州刺史胡烈素有恩信於西方，今烈往，諸胡雖已無惡，必且消弭，然獸心難保，不必其可久安也。若後有動釁，烈計能制之。惟恐胡虜適困於討擊，便能東入安定，西赴武威，外名爲降，可動復動。此二郡非烈所制，則惡胡東西有窟穴浮游之地，故復爲患，無以禁之也。宜更置一郡於高平川，因安定西州都尉募樂徙民，重其復除以充之，以通北道，漸以實邊。詳議此二郡及新置郡，皆使并屬秦州，令烈得專御邊之宜。

詔曰：「得所陳便宜，言農事得失及水官興廢，又安邊御胡政事寬猛之宜，申省周備，一二具之，此誠爲國大本，當今急務也。如所論皆善，深知乃心，廣思諸宜，動靜以聞也。」

五年，遷太僕。時比年不登，羌胡擾邊，詔公卿會議。玄應對所問，陳事切直，雖不盡施行，而常見優容。轉司隸校尉。

獻皇后崩於弘訓宮，設喪位。舊制，司隸於端門外坐，在諸卿上，絕席。其入殿，按本品秩在諸卿下，以次坐，不絕席。而謁者以弘訓宮爲殿內，制玄位在卿下。玄恚怒，厲聲色而責謁者。謁者妄稱尙書所處，玄對百僚而罵尙書以下。御史中丞庾純奏玄不敬，玄又自表不以實，坐免官。然玄天性峻急，不能有所容；每有奏劾，或值日暮，捧白簡，整簪帶，竦踊不寐，坐而待旦。於是貴游懾伏，臺閣生風。尋卒於家，時年六十二，諡曰剛。

玄少時避難於河內，專心誦學，後雖顯貴，而著述不廢。撰論經國九流及三史故事，評斷得失，各爲區例，名爲傅子，爲內、外、中篇，凡有四部、六錄，合百四十首，數十萬言，幷文集百餘卷行於世。玄初作內篇成，子咸以示司空王沈。沈與玄書曰：「省足下所著書，言富理濟，經綸政體，存重儒敎，足以塞楊墨之流遁，齊孫孟於往代。每開卷，未嘗不歎息也。『不見賈生，自以過之，乃今不及』，信矣！」

其後追封淸泉侯。子咸嗣。

咸字長虞，剛簡有大節。風格峻整，識性明悟，疾惡如仇，推賢樂善，常慕季文子、仲山甫之志。好屬文論，雖綺麗不足，而言成規鑒。潁川庾純常歎曰：「長虞之文近乎詩人之作矣！」

咸寧初，襲父爵，拜太子洗馬，〔一〕累遷尙書右丞。出爲冀州刺史，繼母杜氏不肯隨咸之官，自表解職。三旬之間，遷司徒左長史。時帝留心政事，詔訪朝臣政之損益。咸上言曰：「陛下處至尊之位，而修布衣之事，親覽萬機，勞心日昃。在昔帝王，躬自菲薄，以利天下，未有踰陛下也。然泰始開元以暨于今，十有五年矣。而軍國未豐，百姓不贍，一歲不登便有菜色者，誠由官衆事殷，復除猥濫，蠶食者多而親農者少也。臣以頑疏，謬忝近職，每見聖詔以百姓饑饉爲慮，無能云補，伏用慚恧，敢不自竭，以對天問。舊都督有四，今幷監軍，乃盈於十。夏禹敷土，分爲九州，今之刺史，幾向一倍。戶口比漢十分之一，而置郡縣更多。空校牙門，無益宿衞，而虛立軍府，動有百數。五等諸侯，復坐置官屬。諸所寵給，皆生於百姓。一夫不農，有受其飢，今之不農，不可勝計。縱使五稼普收，僅足相接；暫有災患，便不繼贍。以爲當今之急，先幷官省事，靜事息役，上下用心，惟農是務也。」

咸在位多所執正。豫州大中正夏侯駿上言，〔三〕魯國小中正、司空司馬孔毓，四移病所，不能接賓，求以尚書郞曹馥代毓，旬日復上毓爲中正。司徒三却，駿故據正。咸以駿與奪惟意，乃奏免駿大中正。司徒魏舒，駿之姻屬，屢却不署，咸據正甚苦。舒終不從，咸遂獨上。舒奏咸激訕不直，詔轉咸爲車騎司馬。

咸以世俗奢侈，又上書曰：「臣以爲穀帛難生，而用之不節，無緣不匱。故先王之化天下，食肉衣帛，皆有其制。竊謂奢侈之費，甚於天災。古者堯有茅茨，今之百姓競豐其屋。古者臣無玉食，今之賈豎皆厭粱肉。古者后妃乃有殊飾，今之婢妾被服綾羅。古者大夫乃不徒行，今之賤隸乘輕驅肥。古者人稠地狹而有儲蓄，由於節也；今者土廣人稀而患不足，由於奢也。欲時之儉，當詰其奢；奢不見詰，轉相高尙。昔毛玠爲吏部尙書，時無敢好衣美食者。魏武帝歎曰：『孤之法不如毛尙書。』令使諸部用心，〔四〕各如毛玠，風俗之移，在不難矣。」又議移縣獄於郡及二社應立，朝廷從之。遷尙書左丞。

惠帝卽位，楊駿輔政。咸言於駿曰：「事與世變，禮隨時宜，諒闇之不行尙矣。由世道彌薄，權不可假，故雖斬焉在疚，而躬覽萬機也。逮至漢文，以天下體大，服重難久，遂制既葬而除。世祖武皇帝雖大孝烝烝，亦從時釋服，制心喪三年，至於萬機之事，則有不遑。今聖上欲委政於公，諒闇自居，此雖謙讓之心，而天下未以爲善。天下未以爲善者，以億兆顒顒，戴仰宸極，聽於冢宰，懼天光有蔽。人心既已若此，而明公處之固未爲易也。竊謂山陵之事既畢，明公當思隆替之宜。周公聖人，猶不免謗。以此推之，周公之任既未易而處，況聖上春秋非成王之年乎！得意忘言，言未易盡。苟明公有以察其悾款，言豈在多。」時司隸荀愷從兄喪，自表赴哀，詔聽之而未下，愷乃造駿。咸因奏曰：「死喪之戚，兄弟孔懷。同堂亡隕，方在信宿，聖恩矜憫，聽使臨喪。詔未下而便以行造，急諂媚之敬，無友于之情。宜加顯貶，以隆風敎。」帝以駿管朝政，有詔不問，駿甚憚之。咸復與駿箋諷切之，駿意稍折，漸以不平。由是欲出爲京兆、弘農太守，駿甥李斌說駿，不宜斥出正人，乃止。

駿弟濟素與咸善，與咸書曰：「江海之流混混，故能成其深廣也。天下大器，非可稍了，而相觀每事欲了。生子癡，了官事，官事未易了也。了事正作癡，復爲快耳！左丞總司天臺，維正八坐，此未易居。以君盡性而處未易居之任，益不易也。想慮破頭，故具有白。」咸答曰：「衞公云，酒色之殺人，此甚於作直。坐酒色死，人不爲悔。逆畏以直致禍，此由心不直正，欲以苟且爲明哲耳！自古以直致禍者，當自矯枉過直，或不忠允，欲以亢厲爲聲，故致忿耳。安有悾悾爲忠益，而當見疾乎！」居無何，駿誅。咸轉爲太子中庶子，遷御史中丞。

時太宰、汝南王亮輔政，咸致書曰：「咸以爲太甲、成王年在蒙幼，故有伊周之事。聖人且猶不免疑，況臣既不聖，王非孺子，而可以行伊周之事乎！上在諒闇，聽於冢宰，而楊駿無狀，便作伊周，自爲居天下之安，所以至死。其罪既不可勝，亦是殿下所見。駿之見討，發自天聰，孟觀、李肇與知密旨耳。至於論功，當歸美於上。觀等已數千戶縣侯，聖上以駿死莫不欣悅，故論功寧厚，以敍其歡心。此羣下所宜以實裁量，而遂扇動，東安封王，孟李郡公，餘侯伯子男，既妄有加，復又三等超遷。此之熏赫，震動天地，自古以來，封賞未有若此者也。無功而厚賞，莫不樂國有禍，禍起當復有大功也。人而樂禍，其可極乎！作此者，皆由東安公。謂殿下至止，當有以正之。正之以道，衆亦何所怒乎！衆之所怒，在於不平耳。而今皆更倍論，莫不失望。咸之愚冗，不惟失望而已，竊以爲憂。又討駿之時，殿下在外，實所不綜。今欲委重，故令殿下論功。論功之事，實未易可處，莫若坐觀得失，有居正之事宜也。」

咸復以亮輔政專權，又諫曰：「楊駿有震主之威，委任親戚，此天下所以諠譁。今之處重，宜反此失。謂宜靜默頤神，有大得失，乃維持之；自非大事，一皆抑遣。比四造詣，及經過尊門，冠蓋車馬，填塞街衢，此之翕習，既宜弭息。又夏侯長容奉使爲先帝請命，祈禱無感，先帝崩背，宜自咎責，而自求請命之勞，而公以爲少府。私竊之論，云長容則公之姻，故至於此。一犬吠形，羣犬吠聲，懼於羣吠，遂至叵聽也。咸之爲人，不能面從而有後言。嘗觸楊駿，幾爲身禍；況於殿下，而當有惜！往從駕，殿下見語：『卿不識韓非逆鱗之言耶，而欻摩天子逆鱗！』自知所陳，誠頷頷觸猛獸之鬚耳。所以敢言，庶殿下當識其不勝區區。前摩天子逆鱗，欲以盡忠；今觸猛獸之鬚，非欲爲惡，必將以此見恕。」〔五〕亮不納。長容者，夏侯駿也。

會丙寅，詔羣僚舉郡縣之職以補內官。咸復上書曰：「臣咸以爲夫興化之要，在於官人。才非一流，職有不同。譬諸林木，洪纖枉直，各有攸施。故明揚逮于仄陋，疇咨無拘內外。內外之任，出處隨宜，中間選用，惟內是隆；外舉既穨，復多節目，競內薄外，遂成風俗。此弊誠宜亟革之，當內外通塞無所偏耳。既使通塞無偏，若選用不平，有以深責；責之苟深，無憂不平也。且膠柱不可以調瑟，況乎官人而可以限乎！伏思所限者，以防選用不能出人。不能出人，當隨事而制，無須限法。法之有限，其於致遠，無乃泥乎！或謂不制其法，以何爲貴？臣聞刑懲小人，義責君子，君子之責，在心不在限也。正始中，任何晏以選舉，內外之衆職各得其才，粲然之美於斯可觀。如此，非徒御之以限，法之所致，乃委任之由也。委任之懼，甚於限法。是法之失，非己之尤，尤不在己，責之無懼，所謂『齊之以刑，人免而無恥』者也。苟委任之，一則慮罪之及，二則懼致怨謗。己快則朝野稱詠，不善則衆惡見歸，此之戰戰，孰與倚限法以苟免乎！」

咸再爲本郡中正，遭繼母憂去官。頃之，起以議郎，長兼司隸校尉。咸前後固辭，不聽，敕使者就拜，咸復送還印綬。公車不通，催使攝職。咸以身無兄弟，喪祭無主，重自陳乞，乃使於官舍設靈坐。咸又上表曰：「臣既駑弱，不勝重任。加在哀疚，假息日闋，陛下過意，授非所堪。披露丹款，歸窮上聞，謬詔既往，終然無改。臣雖不能滅身以全禮教，義無靦然，虛忝隆寵。前受嚴詔，視事之日，私心自誓，隕越爲報。以貨賂流行，所宜深絕，切敕都官，以此爲先。而經彌日月，未有所得。斯由陛下有以奬厲，慮於愚戇，將必死繫，故自掩檢以避其鋒耳。在職有日，既無赫然之舉，又不應弦垂翅，人誰復憚？故光祿大夫劉毅爲司隸，聲震內外，遠近清肅。非徒毅有王臣匪躬之節，亦由所奏見從，威風得伸也。」詔曰：「但當思必應繩中理，威風日伸，何獨劉毅！」

時朝廷寬弛，豪右放恣，交私請託，朝野溷淆。咸奏免河南尹澹、左將軍倩、廷尉高光、兼河南尹何攀等，京都肅然，貴戚懾伏。咸以「聖人久於其道，天下化成。是以唐虞三載考績，九年黜陟。其在周禮，三年大比。孔子亦云，『三年有成』。而中間以來，長吏到官，未幾便遷，百姓困於無定，吏卒疲於送迎」。時僕射王戎兼吏部，咸奏：「戎備位台輔，兼掌選舉，不能謐靜風俗，以凝庶績，至令人心傾動，開張浮競。中郎李重、李義不相匡正。〔六〕請免戎等官。」詔曰：「政道之本，誠宜久於其職，咸奏是也。戎職在論道，吾所崇委，其解禁止。」御史中丞解結以咸劾戎爲違典制，越局侵官，干非其分，奏免咸官。詔亦不許。

咸上事以爲「按令，御史中丞督司百僚。皇太子以下，其在行馬內，有違法憲者皆彈糾之。雖在行馬外，而監司不糾，亦得奏之。如令之文，行馬之內有違法憲，謂禁防之事耳。宮內禁防，外司不得而行，故專施中丞。今道路橋梁不修，鬭訟屠沽不絕，如此之比，中丞推責州坐，卽今所謂行馬內語施於禁防。既云中丞督司百僚矣，何復說行馬之內乎！既云百僚，而不得復說行馬之內者，內外衆官謂之百僚，則通內外矣。司隸所以不復說行馬內外者，禁防之事已於中丞說之故也。中丞、司隸俱糾皇太子以下，則共對司內外矣，不爲中丞專司內百僚，司隸專司外百僚。自有中丞、司隸以來，更互奏內外衆官，惟所糾得無內外之限也。而結一旦橫挫臣，臣前所以不羅縷者，冀因結奏得從私願也。今既所願不從，而敕云但爲過耳，非所不及也，以此見原。臣忝司直之任，宜當正己率人，若其有過，不敢受原，是以申陳其愚。司隸與中丞俱共糾皇太子以下，則從皇太子以下無所不糾也。得糾皇太子而不得糾尚書，臣之闇塞既所未譬。皇太子爲在行馬之內邪，皇太子在行馬之內而得糾之，尚書在行馬之內而不得糾，無有此理。此理灼然，而結以此挫臣。臣可無恨耳，其於觀聽，無乃有怪邪！臣識石公前在殿上脫衣，爲司隸荀愷所奏，先帝不以爲非，于時莫謂侵官；今臣裁糾尚書，而當有罪乎？」咸累自上稱引故事，條理灼然，朝廷無以易之。

吳郡顧榮常與親故書曰：「傅長虞爲司隸，勁直忠果，劾按驚人。雖非周才，偏亮可貴也。」元康四年卒官，時年五十六。詔贈司隸校尉，朝服一具、衣一襲、錢二十萬，諡曰貞。有三子：敷、晞、纂。長子敷嗣。

敷字穎根，清靜有道，素解屬文。除太子舍人，轉尚書郎、太傅參軍，皆不起。永嘉之亂，避地會稽，元帝引爲鎭東從事中郎。素有羸疾，頻見敦喻，辭不獲免，輿病到職。數月卒，時年四十六。晞亦有才思，爲上虞令，甚有政績，卒於司徒西曹屬。

祗字子莊。父嘏，魏太常。祗性至孝，早知名，以才識明練稱。武帝始建東宮，起家太子舍人，累遷散騎黃門郎，賜爵關內侯，食邑三百戶。母憂去職。及葬母，詔給太常五等吉凶導從。其後諸卿夫人葬給導從，自此始也。服終，爲滎陽太守。自魏黃初大水之後，河濟汎溢，鄧艾嘗著濟河論，開石門而通之，至是復浸壞。祗乃造沈萊堰，至今兗豫無水患，百姓爲立碑頌焉。尋表兼廷尉，遷常侍、左軍將軍。

及帝崩，梓宮在殯，而太傅楊駿輔政，欲悅衆心，議普進封爵。祗與駿書曰：「未有帝王始崩，臣下論功者也。」駿不從。入爲侍中。時將誅駿，而駿不之知。祗侍駿坐，而雲龍門閉，內外不通。祗請與尚書武茂聽國家消息，揖而下階。茂猶坐，祗顧曰：「君非天子臣邪！今內外隔絕，不知國家所在，何得安坐！」茂乃驚起。駿既伏誅，裴楷息瓚，駿之壻也，爲亂兵所害。尚書左僕射荀愷與楷不平，因奏楷是駿親，收付廷尉。祗證楷無罪，有詔赦之。時又收駿官屬，祗復啓曰：「昔魯芝爲曹爽司馬，斬關出赴爽，宣帝義之，尚遷青州刺史。駿之僚佐不可加罰。」詔又赦之。祗多所維正皆如此。

除河南尹，未拜，遷司隸校尉。以討楊駿勳，當封郡公八千戶，固讓，減半，降封靈川縣公，〔七〕千八百戶，餘二千二百戶封少子暢爲武鄉亭侯。又以本封賜兄子雋爲東明亭侯。楚王瑋之矯詔也，祗以聞奏稽留，免官。朞年，遷光祿勳，復以公事免。氐人齊萬年舉兵反，以祗爲行安西軍司，加常侍，率安西將軍夏侯駿討平之。遷衞尉，以風疾遜位，就拜常侍，食卿祿秩，賜錢及牀帳等。尋加光祿大夫，門施行馬。

及趙王倫輔政，以爲中書監，常侍如故，以鎮衆心。祗辭之以疾，倫遣御史輿祗就職。王戎、陳準等相與言曰：「傅公在事，吾屬無憂矣。」其爲物所倚信如此。〔八〕

倫篡，又爲右光祿、開府，加侍中。惠帝還宮，祗以經受僞職請退，不許。初，倫之篡也，孫秀與義陽王威等十餘人預撰儀式禪文。及倫敗，齊王冏收侍中劉逵、常侍騶捷杜育、黄門郎陸機、右丞周導王尊等付廷尉。以禪文出中書，復議處祗罪，會赦得原。後以禪文草本非祗所撰，於是詔復光祿大夫。子宣，尚弘農公主。

尋遷太子少傅，上章遜位還第。及成都王穎爲太傅，復以祗爲少傅，加侍中。懷帝即位，遷光祿大夫、侍中，未拜，加右僕射、中書監。時太傅東海王越輔政，祗既居端右，每宣君臣謙光之道，由此上下雍穆。祗明達國體，朝廷制度多所經綜。歷左光祿、開府，行太子太傅，侍中如故。疾篤遜位，不許。遷司徒，以足疾，詔版輿上殿，不拜。

大將軍苟晞表請遷都，使祗出詣河陰，修理舟檝，爲水行之備。及洛陽陷沒，遂共建行臺，推祗爲盟主，以司徒、持節、大都督諸軍事傳檄四方。遣子宣將公主與尚書令和郁赴告方伯徵義兵，祗自屯盟津小城，宣弟暢行河陰令，以待宣。祗以暴疾薨，時年六十九。祗自以義誠不終，力疾手筆敕厲其二子宣、暢，辭旨深切，覽者莫不感激慷慨。祗著文章駁論十餘萬言。

宣字世弘。年六歲喪繼母，哭泣如成人，中表異之。及長，好學，趙王倫以爲相國掾、尙書郞、太子中舍人，遷司徒西曹掾。去職，累遷爲祕書丞、驃騎從事中郞。惠帝至自長安，以宣爲左丞，不就，遷黃門郞。懷帝卽位，轉吏部郞，又爲御史中丞。卒年四十九，無子，以暢子沖爲嗣。

暢字世道。年五歲，父友見而戲之，解暢衣，取其金環與侍者，暢不之惜，以此賞之。年未弱冠，甚有重名。以選入侍講東宮，爲祕書丞。尋沒於石勒，勒以爲大將軍右司馬。諳識朝儀，恒居機密，勒甚重之。作晉諸公敍讚二十二卷，又爲公卿故事九卷。咸和五年卒。子詠，過江爲交州刺史、太子右率。

史臣曰：武帝覽觀四方，平章百姓，永言啓沃，任切爭臣。傅玄體强直之姿，懷匪躬之操，抗辭正色，補闕弼違，諤諤當朝，不忝其職者矣。及乎位居三獨，彈擊是司，遂能使臺閣生風，貴戚斂手。雖前代鮑葛，何以加之！然而惟此褊心，乏弘雅之度，驟聞競爽，爲物議所譏，惜哉！古人取戒於韋弦，良有以也。長虞風格凝峻，弗墜家聲。及其納諫汝南，獻書臨晉，居諒直之地，有先見之明矣。傅祗名父之子，早樹風猷，崎嶇危亂之朝，匡救君臣之際，卒能保全祿位，可謂有道存焉。

贊曰：鶉觚貞諒，實惟朝望。志厲强直，性乖夷曠。長虞剛簡，無虧風尚。子莊才識，爰膺衮職。忠績未申，泉途遽逼。

校勘記

〔一〕慕通達　「通達」原作「通遠」，今從殿本。通鑑七九亦作「通達」。

〔二〕咸寧初襲父爵拜太子洗馬　據類聚一〇〇、御覽一一一引傅咸自敍，其爲太子洗馬在泰始九年，此列襲爵後，不確。

〔三〕夏侯駿　「駿」，各本作「俊」，今從殿本。下同。參卷四校記。

〔四〕令使諸部用心　御覽二一四引傅咸集表「令」作「今」，宜從之。

〔五〕必將以此見恕　「恕」，各本作「怒」，今從南監本及吳本。通志一二三引亦作「恕」。

〔六〕李義　勞校：「義」當作「毅」。按：李重傳可證。

〔七〕靈川縣公　諸史考異：據宋書傳弘之傳「靈川」當作「靈州」。按：據後漢書傅燮傳，靈州爲傅祗祖籍。

〔八〕其爲物所倚信如此　册府四五八「物」上有「人」字。

晉書卷四十八

列傳第十八

向雄

向雄字茂伯，河內山陽人也。父韶，彭城太守。雄初仕郡爲主簿，事太守王經。及經之死也，雄哭之盡哀，市人咸爲之悲。後太守劉毅嘗以非罪笞雄，〔一〕及吳奮代毅爲太守，又以少譴繫雄於獄。司隸鍾會於獄中辟雄爲都官從事，會死無人殯斂，雄迎喪而葬之。文帝召雄而責之曰：「往者王經之死，卿哭王經於東市，我不問也。今鍾會躬爲叛逆，又輒收葬，若復相容，其如王法何！」雄曰：「昔者先王掩骼埋胔，仁流朽骨，當時豈先卜其功罪而後葬之哉！今王誅既加，於法已備。雄感義收葬，教亦無闕。法立於上，教弘於下，何必使雄違生背死以立於時！殿下讎枯骨而捐之中野，爲將來仁賢之資，不亦惜乎！」帝甚悅，與談宴而遣之。

累遷黃門侍郎。時吴奮、劉毅俱爲侍中，同在門下，雄初不交言。武帝聞之，敕雄令復君臣之好。雄不得已，乃詣毅，再拜曰：「向被詔命，君臣義絶，如何？」於是即去。帝聞而大怒，問雄曰：「我令卿復君臣之好，何以故絶？」雄曰：「古之君子進人以禮，退人以禮；今之進人若加諸膝，退人若墜諸川。劉河内於臣不爲戎首，亦已幸甚，安復爲君臣之好！」帝從之。泰始中，累遷秦州刺史，假赤幢、曲蓋、鼓吹，賜錢二十萬。咸寧初，入爲御史中丞，遷侍中，又出爲征虜將軍。太康初，爲河南尹，賜爵關内侯。齊王攸將歸藩，雄諫曰：「陛下子弟雖多，然有名望者少。齊王卧在京邑，所益實深，不可不思。」帝不納。雄固諫忤旨，起而徑出，遂以憤卒。

弟匡，惠帝世爲護軍將軍。

段灼

段灼字休然，敦煌人也。世爲西土著姓，果直有才辯。少仕州郡，稍遷鄧艾鎮西司馬，從艾破蜀有功，封關内侯，累遷議郎。武帝即位，灼上疏追理艾曰：

故征西將軍鄧艾，心懷至忠，而荷反逆之名；平定巴蜀，而受三族之誅，臣竊悼之。惜哉，言艾之反也！以艾性剛急，矜功伐善，而不能恊同朋類，輕犯雅俗，失君子之心，故莫肯理之。臣敢昧死言艾所以不反之狀。

艾本屯田掌犢人，宣皇帝拔之於農吏之中，顯之於宰府之職。處內外之官，據文武之任，所在輒有名績，固足以明宣皇帝之知人矣。會值洮西之役，官兵失利，刺史王經困於圍城之中。當爾之時，二州危懼，隴右懍懍，幾非國家之有也。先帝以爲深憂重慮，思惟可以安邊殺敵莫賢於艾，故授之以兵馬，解狄道之圍。圍解，留屯上邽。承官軍大敗之後，士卒破膽，將吏無氣，倉庫空虛，器械殫盡。艾欲積穀强兵，以待有事。是歲少雨，又爲區種之法，手執耒耜，率先將士，所統萬數，而身不離僕虜之勞，親執士卒之役。故落門、段谷之戰，能以少擊多，摧破强賊，斬首萬計。遂委艾以廟勝成圖，指授長策。艾受命忘身，龍驤麟振，前無堅敵。蜀地阻險，山高谷深，而艾步乘不滿二萬，束馬懸車，自投死地，勇氣陵雲，將士乘勢，故能使劉禪震怖，君臣面縛。軍不踰時，而巴蜀蕩定，此又固足以彰先帝之善任矣。〔二〕

艾功名已成，亦當書之竹帛，傳祚萬世。七十老公，復何所求哉！艾以禪初降，遠郡未附，矯令承制，權安社稷。雖違常科，有合古義，原心定罪，事可詳論。故鎭西將軍鍾會，有吞天下之心，恐艾威名，知必不同，因其疑似，構成其事。艾被詔書，卽遣强兵，束身就縛，不敢顧望。誠自知奉見先帝，必無當死之理也。會受誅之後，艾參佐官屬、部曲將吏，愚戇相聚，自共追艾，破壞檻車，解其囚執。艾在困地，是以狼狽失據。夫反非小事，若懷惡心，卽當謀及豪傑，然後乃能興動大衆，不聞艾有腹心一人。臨死口無惡言，獨受腹背之誅，豈不哀哉！故見之者垂涕，聞之者歎息。此賈誼所以慷慨於漢文，天下之事可爲痛哭者，良有以也。

陛下龍興，闡弘大度，受誅之家，不拘敍用，聽艾立後，祭祀不絕。昔秦人憐白起之無罪，吳人傷子胥之冤酷，皆爲之立祠。天下之人爲艾悼心痛恨，亦由是也。謂可聽艾門生故吏收艾尸柩，歸葬舊墓，還其田宅，以平蜀之功，繼封其後，使艾闔棺定謚，死無所恨。赦冤魂於黃泉，收信義於後世，則天下徇名之士，思立功之臣，必投湯火，樂爲陛下死矣！

帝省表，甚嘉其意。

灼後復陳時宜曰：

臣聞天時不如地利，地利不如人和。三里之城，五里之郭，圜圍而攻之，有不克者，此天時不如地利。城非不高，池非不深，穀非不多，兵非不利，委而去之，此地利不如人和。然古之王者，非不先推恩德，結固人心。人心苟和，雖三里之城，五里之郭，不可攻也。人心不和，雖金城湯池，不能守也。臣推此以廣其義，舜彈五絃之琴，詠南風之詩，而天下自理，由堯人可比屋而封也。曩者多難，姦雄屢起，攪亂衆心，刀鋸相乘，流死之孤，哀聲未絕。故臣以爲陛下當深思遠念，杜漸防萌，彈琴詠詩，垂拱而已。其要莫若推恩以協和黎庶，故推恩足以保四海，不推恩不足以保妻子。是故唐堯以親睦九族爲先，周文以刑于寡妻爲急，明王聖主莫不先親後疏，自近及遠。臣以爲太宰、司徒、衞將軍三王宜留洛中鎮守，其餘諸王自州征足任者，年十五以上悉遣之國。爲選中郎傅相，才兼文武，以輔佐之。聽於其國繕修兵馬，廣布恩信。必撫下猶子，愛國如家，君臣分定，百世不遷，連城開地，爲晉、魯、衞。所謂盤石之宗，天下服其强矣。雖云割地，譬猶囊漏貯中，亦一家之有耳。若慮後世强大，自可豫爲制度，使得推恩以分子弟。如此則枝分葉布，稍自削小，漸使轉至萬國，亦後世之利，非所患也。

昔在漢世，諸呂自疑，內有朱虛、東牟之親，外有諸侯九國之强，故不敢動搖。於今之宜，諸侯强大，是爲太山之固。非我族類，其心必異。而魏法禁錮諸王，親戚隔絕，不祥莫大焉。間者無故又瓜分天下，立五等諸侯。上不象賢，下不議功，而是非雜糅，例受茅土。似權時之宜，非經久之制，將遂不改，此亦煩擾之人，漸亂之階也。夫國之興也，由於九族親睦，黎庶協和；其衰也，在於骨肉疏絕，百姓離心。故夏邦不安，伊尹歸殷；殷邦不和，呂氏入周。殷監在於夏后，去事之誡，誡來事之鑒也。

又陳曰：

昔伐蜀，募取涼州兵馬、羌胡健兒，許以重報，五千餘人，隨艾討賊，功皆第一。而乙亥詔書，州郡將督，不與中外軍同，雖在上功，無應封者。唯金城太守楊欣所領兵，以逼江由之勢，得封者三十人。自金城以西，非在欣部，無一人封者。苟在中軍之例，雖下功必侯；如在州郡，〔三〕雖功高不封，〔四〕非所謂近不重施，遠不遺恩之謂也。

臣聞魚懸由於甘餌，勇夫死於重報。故荊軻慕燕丹之義，專諸感闔閭之愛，匕首振於秦庭，吳刀耀於魚腹，視死如歸，豈不有由也哉！夫功名重賞，士之所競，不平致怨，由來久矣。詩云：「尸鳩在桑，其子七兮。淑人君子，其儀一兮。」臣以為此等宜蒙爵封。

灼前後陳事，輒見省覽。然身微宦孤，不見進序，乃取長假還鄉里。臨去，遣息上表曰：

臣受恩三世，剖符守境，試用無績，沈伏數年，犬馬之力，無所復堪。陛下弘廣納之聽，採狂夫之言，原臣侵官之罪，不問干忤之愆，天地恩厚，於臣足矣。臣聞忠臣之於其君，猶孝子之於其親：進則有欣然之慶，非貪官也；退則有戚然之憂，非懷祿也。其意在於不忘光君榮親，情所不能已已者也。臣伏自悼，私懷至恨：生長荒裔，而久在外任，自還抱疾，未嘗覲見，陛下竟不知臣何人，此臣之恨一也。遭運會之世，值有事之時，而不能垂功名於竹帛，此臣之恨二也。逮事聖明之君，而尫悴羸劣，陳力又不能，當歸死於地下，此臣之恨三也。哀二親早亡隕，兄弟並凋喪，孝敬無復施於家門，此臣之恨四也。夏之日忽以過，冬之夜尋復來，人生百歲，尙以爲不足，而臣中年嬰災，此臣之恨五也。慚日月之所養，愧昊蒼而無報，此臣之所以懷五恨而歎息，臨歸路而自悼者也。

語有之曰：「華言虛也，至言實也，苦言藥也，甘言疾也。」臣欲言天下太平，而靈龜神狐未見，仙芝蓂莆未生，麒麟未游乎靈禽之囿，鳳皇未儀於太極之庭，此臣之所以不敢華言而爲佞者也。昔漢高祖初定天下，于時戍卒婁敬上書諫曰：「陛下取天下不與成周同，而欲比隆成周，臣竊以爲不侔。」於是漢祖感悟，深納其言，賜姓爲劉氏。又顧謂陸賈曰：「爲我著秦所以亡，而吾所以得之者。」賈乃作新語之書，述敍前世成敗，以爲勸戒。又田肯建一言之計，非親子弟莫可使王齊者，而受千金之賜。故世稱漢祖之寬明博納，所以能成帝業也。

今之言世者，皆曰堯舜復興，天下已太平矣。臣獨以爲未，亦竊有所勸焉。且百王垂制，聖賢吐言，來事之明鑒也。孟子曰：「堯不能以天下與舜，則舜之有天下也，天與之也。昔舜爲相，堯崩，三年之喪畢，舜避堯之子於南河，天下諸侯朝覲者、獄訟者，不之堯之子而之舜。舜曰天也，乃之中國，踐天子位焉。若居堯之宮，逼堯之子，非天所與者也。」曩昔西有不臣之蜀，東有僭號之吳，三主鼎足，並稱天子。魏文帝率萬乘之衆，受禪於靡陂，而自以德同唐虞，以爲漢獻卽是古之堯，自謂卽是今之舜，乃謂孟軻、孫卿不通禪代之變，遂作禪代之文，刻石垂戒，班示天下，傳之後世，亦安能使將來君子皆曉然心服其義乎！然魏文徒希慕堯舜之名，推新集之魏，欲以同於唐虞之盛，忽骨肉之恩，忘藩屏之固，竟不能使四海賓服，混一皇化，而于時羣臣莫有諫者，不其過矣哉！孫卿曰：「堯舜禪讓，是不然矣。天下者，至重也，非至强莫之能任；至大也，非至辯莫之能分；至衆也，非至明莫之能見。此三至者，非聖人莫之能盡。」由此言之，孫卿、孟軻亦各有所不取焉。陛下受禪，從東府入西宮，兵刃耀天，旌旗翳日。雖應天順人，同符唐虞，然法度損益，則亦不異於昔魏文矣，故宜資三至以强制之。而今諸王有立國之名，而無襟帶之實。又蜀地有自然之險，是歷世姦雄之所闚闟，逋逃之所聚也，而無親戚子弟之守，此豈深思遠慮，杜漸防萌者乎！

昔漢文帝據已成之業，六合同風，天下一家。而賈誼上疏陳當時之勢，猶以爲譬如抱火厝於積薪之下，而寢其上，火未及然，因謂之安。此言誠存不忘亡，安不忘亂者也。然臣之慺慺，亦竊願陛下居安思危，無曰高高在上，常念臨深之義，不忘履冰之戒。盡除魏世之弊法，綏以新政之大化，使萬邦欣欣，喜戴洪惠，蜫蟲草木，咸蒙恩澤。朝廷詠康哉之歌，山藪無伐檀之人，此固天下所覘望者也。陛下自初踐阼，發無諱之詔，置箴諫之官，赫然寵異諤諤之臣，以明好直言之信，恐陳事者知直言之不用，皆杜口結舌，祥瑞亦曷由來哉！

臣無陸生之才，不在顧問之地，蓋聞主聖臣直，義在於有犯無隱。臣不惟疏遠，未信而言，敢歷論前代隆名之君及亡敗之主廢興所由，又博陳舉賢之路，廣開養老之制，崇必信之道，又張設議者之難，凡五事以聞。臣之所言，皆直陳古今已行故事，非新聲異端也。辭義實淺，不足採納。然臣私心，誠謂有可發起覺悟遺忘。願陛下察臣愚忠，愍臣狂直，無使天下以言者爲戒。疾痛增篤，退念桑梓之詩，惟狐死之義，輒取長休，歸近墳墓。顧瞻宮闕，繫情皇極，不勝丹款，遺息穎表言。

其一曰：臣聞善有章也，著在經典；惡有罰也，戒在刑書。上自遠古，下洎秦漢，其明王霸主及亡國闇君，故可得而稱；至于忠蹇賢相及佞諂姦臣，亦可得而言。故朝有諤諤盡規之臣，無不昌也；任用阿諛唯唯之士，無不亡也。是有國者皆欲求忠以自輔，舉賢以自佐；而亡國破家者相繼，皆由任失其人。所謂賢者不賢，忠者不忠也。臣謹言前任賢所由興，任不肖所以亡者。堯之末年，四凶在朝而不去，八元在家而不舉，然致天平地寧，四門穆穆，其功固在重華之爲相。夏癸放於鳴條，商辛梟於牧野，此俱萬乘之主，而國滅身擒，由不能屬任賢相，用婦人之言，荒淫無道，肆志沈宴，作靡靡之樂，長夜之飲，於是登糟丘，臨酒池，觀牛飲，望肉林，龍逢忠而被害，比干諫而剖心，天下之所以歸惡者也。太甲暴虐，顛覆湯之典制，於是伊尹放之桐宮，而能改悔反善，三年而後歸于亳。旣已放而復還，殷道微而復興，諸侯咸服，號稱太宗，實賴阿衡之盡忠也。周室旣衰，諸侯並爭，天王微弱，政遂陵遲。齊桓公，淫亂之主耳；然所以能九合一匡之功，有尊周之名，誠管夷吾之力。及其死也，蟲流出門，豈非任豎貂之過乎！且一桓公之身，得管仲，其功如彼；用豎貂，其亂如此。夫榮辱存亡，實在所任，可不審哉！秦本伯翳之後，微微小邑，至秦仲始大，有車馬禮樂侍御之好焉。自穆公至於始皇，皆能留心待賢，遠求異士，招由余於西戎，致五羖於宛市，取丕豹於晉鄉，迎蹇叔於宗里。〔五〕由是四方雄俊繼踵而至，故能世爲强國，吞滅諸侯，奄有天下，兼稱皇帝，由謀臣之助也。道化未淳，崩于沙丘。胡亥乘虐，用詐自惧，不能弘濟統緒，克成堂構，而乃殘賊仁義，毒流黔首。故陳勝、吳廣，奮臂大呼，而天下響應。於是趙高逆亂，閻樂承指，二世窮迫，自戮望夷。子嬰雖立，去帝爲王，孤危無輔，四旬而亡。此由邪臣擅命，指鹿爲馬，所以速秦之禍也。秦失其鹿，豪傑競逐，項羽既得而失之，其咎在烹韓生，而范增之謀不用。假令羽既距項伯之邪說，斬沛公于鴻門，都咸陽以號令諸侯，則天下無敵矣。而羽距韓生之忠諫，背范增之深計，自謂霸王之業已定，都彭城，還故鄉，爲晝被文繡，此蓋世俗兒女之情耳，而羽榮之。是故五載爲漢所擒，至此尚不知覺悟，乃曰「天亡我，非戰之罪」，甚痛矣哉！且夫士之歸仁，〔六〕猶水之歸下，禽之走曠野，故曰「爲川驅魚者獺也，爲藪驅雀者鸇也，爲湯武驅人者桀紂也」。漢高祖起於布衣，提三尺之刃而取天下，用六國之資，無唐虞之禪，豈徒賴良平之奇謀，盡英雄之智力而已乎，亦由項氏爲驅人也。子孫承基二百餘年，逮成帝委政舅家，使權勢外移。安昌侯張禹者，漢之三公，成帝保傅也，帝親幸其家，拜禹牀下，深問天災人事。禹當惟大臣之節，爲社稷深慮，忠言嘉謀，陳其災患，則王氏不得專權寵，王莽無緣乘勢位，遂託雲龍而登天衢，令漢祚中絕也。禹佞諂不忠，挾懷私計，徒低仰於五侯之閒，苟取容媚而已。是以朱雲抗節求尚方斬馬劍，欲以斬禹，以戒其餘，可謂忠矣。而成帝尚復不寤，乃以爲居下訕上，廷辱保傅，罪死無赦，詔御史將雲下，欲急烹之。雲攀殿折檻，幸賴左將軍辛慶忌叩頭流血，以死爭之。若不然，則雲已摧碎矣。後雖釋檻不修，欲以彰明直臣，誠足以爲後世之戒，何益於漢室所由亡也哉！然世之論者以爲亂臣賊子無道之甚者莫過於莽，此亦猶紂之不善不如是之甚也。傳稱莽始起外戚，折節力行，以要名譽，宗族稱孝，朋友歸仁。及其輔政成哀之際，勤勞國家，動見稱述。然于時人士詣闕上書薦莽者不可稱紀，內外羣臣莫不歸莽功德。遭遇漢室中微，國嗣三絕，而太后壽考，爲之宗主，故莽得遂策命孺子而奪其位也。昔湯武之興，亦逆取而順守之耳。向莽深惟殷周取守之術，崇道德，務仁義，履信實，去華僞，施惠天下，十有八年，恩足以感百姓，義足以結英雄，人懷其德，豪傑並用，如此，宗廟社稷宜未滅也，光武雖復賢才，大業詎可冀哉！莽卽位之後，自謂得天人之助，以爲功廣三王，德茂唐虞，乃自驕矜，奮其威詐，班宣符讖，震暴殘酷，窮凶極惡，人怨神怒，冬雷電以驚其耳目，夏地動以惕其心腹。而莽猶不知覺悟，方復重行不順時之令，竟連伍之刑，佞媚者親幸，忠諫者誅夷。由是天下忿憤，內外俱發，四海分崩，城池不守，身死於匹夫之手，爲天下笑，豈不異哉！其所由然者，非取之過，而守之非道也。莽旣屠肌，六合雲擾，劉聖公已立而不辨，盆子承之而覆敗，公孫述又稱帝於蜀漢。如此數子，固非所謂應天順人者，徒爲光武之驅除者耳。夫天下者，蓋亦天下之天下，非一人之天下也。「殷商之旅，其會如林，矢于牧野，維予侯興。」又曰：「侯服于周，天命靡常。」由此言之，主非常人也，有德則天下歸之，無德則天下叛之。故古之明王，其勞心遠慮，常如臨川無津涯。於是法天地，象四時，隆恩德，敬大臣，近忠直，遠佞人。仁孝著乎宮牆，弘化洽乎兆庶；爲平直如砥矢，信義感人神。雖有椒房外戚之寵，不受其委曲之言；雖有近習愛幸之豎，不聽其姑息之辭。四門穆穆，闢而不闔，待諫者而無忌。恒戰戰慄慄，不忘戒懼，所以欲永終天祿，恐爲將來賢聖之驅除也。且臣聞之，懼危者，常安者也；憂亡者，恒存者也。使夫有國之君能安不忘危，則本枝百世，長保榮祚，名位與天地無窮，亦何慮乎爲來者之驅除哉！傳有之曰：「狂夫之言，明主察焉。」

其二曰：士之立業，行非一概。吳起貪官，母死不歸，殺妻求將，不孝之甚。然在魏，使秦人不敢東向；在楚，則三晉不敢南謀。曾參、閔騫，誠孝子也，不能宿夕離其親，豈肯出身致死，涉危險之地哉！今大晉應期運之所授，齊聖美於有虞，而吳人不臣，稱帝私附，此亦國之羞也。陛下誠欲致熊羆之士，不二心之臣，使奮威淮浦，震服蠻荆者，故宜疇咨博采，廣開貢士之路，薦巖穴，舉賢才，徵命考試，匪俊莫用。今臺閣選舉，塗塞耳目，九品訪人，唯問中正。故據上品者，非公侯之子孫，則當塗之昆弟也。二者苟然，則華門蓬戶之俊，安得不有陸沈者哉！

其三曰：昔田子方養老馬，而窮士知所歸，況居天下之廣居，立天下之正位，行天下之大道乎！昔明王聖主，無不養老。老人衆多，未必皆賢，不可悉養。故父事三老，所以明孝；宗事五更，所以明敬。孟子曰：「吾老以及人之老，吾幼以及人之幼。」今天下雖定，而華山之陽無放馬之羣，桃林之下未有休息之牛，故以吳人尙未臣服故也。夫饑者易爲食，渴者易爲飲，天下元元瞻望新政。願陛下思子方之仁，念犬馬之勞，思帷蓋之報，發仁惠之詔，廣開養老之制。

其四曰：法令賞罰，莫大乎信。古人有言：「人而無信，不知其可。」況有養人以惠，使人以義，而可以不信行之哉！臣前爲西郡太守，被州所下已未詔書：「羌胡道遠，其但募取樂行，不樂勿强。」臣被詔書，輒宣恩廣募，示以賞信，所得人名卽條言征西。其晉人自可差簡丁强，如法調取；至於羌胡，非恩意告諭，則無欲度金城、河西者也。自往每興軍渡河，未曾有變，故刺史郭綏勸帥有方，深加獎厲，要許重報。是以所募感恩利賞，遂立績效，功在第一。今州郡督將，並已受封，羌胡健兒，或王或侯，不蒙論敍也。晉文猶不貪原而失信，齊桓不惜地而背盟，況聖主乎！

其五曰：昔周漢之興，樹親建德，周因五等之爵，漢有河山之誓。及其衰也，神器奪於重臣，國祚移於他人。故滅周者秦，非姬姓也；代漢者魏，非劉氏也。於今國家大計，使異姓無裂土專封之邑，同姓並據有連城之地，縱復令諸王後世子孫還自相幷，蓋亦楚人失繁弱於雲夢，尙未爲亡其弓也。其於神器不移他族，則始祖不遷之廟，萬年億兆不改其名矣。大晉諸王二十餘人，而公侯伯子男五百餘國，欲言其國皆小乎，則漢祖之起，俱無尺土之地，況有國者哉！將謂大晉世世賢聖，而諸侯之胤常不肖邪，則放勛欽明而有丹朱，瞽瞍頑凶而有虞舜。天下有事無不由兵，而無故多樹兵本，廣開亂原，臣故曰五等不便也。臣以爲可如前表，諸王宜大其國，增益其兵，悉遣守藩，使形勢足以相接，則陛下可高枕而臥耳。臣以爲諸侯伯子男名號皆宜改易之，使封爵之制，祿奉禮秩，並同天下諸侯之例。

臣聞與覆車同軌者未嘗安也，與死人同病者未嘗生也，與亡國同法者未嘗存也。況夫巍巍大晉，方將登太山，禪梁父，刻石書勳，垂示無窮。宜遠鑒往代興廢，深爲嚴防，使著事奮筆，必有紀焉。昔伊尹恥其君不爲堯舜，此臣所以私懷慷慨，自忘輕賤者也。

灼書奏，帝覽而異焉，擢爲明威將軍、魏興太守。卒于官。

閻纘

閻纘字續伯，〔七〕巴西安漢人也。祖圃，爲張魯功曹，勸魯降魏，封平樂鄉侯。父璞，嗣爵，仕吳至牂柯太守。〔八〕纘僑居河南新安，少游英豪，多所交結，博覽墳典，該通物理。父卒，繼母不慈，纘恭事彌謹。而母疾之愈甚，乃誣纘盜父時金寶，訟于有司。遂被清議十餘年，纘無怨色，孝謹不怠。母後意解，更移中正，乃得復品。

爲太傅楊駿舍人，轉安復令。駿之誅也，纘棄官歸，要駿故主簿潘岳、掾崔基等共葬之。基、岳畏罪，推纘爲主。墓成，當葬，駿從弟模告武陵王澹，〔九〕將表殺造意者。衆咸懼，塡冢而逃，纘獨以家財成墓，葬駿而去。國子祭酒鄒湛以纘才堪佐著作，〔一〇〕薦於祕書監華嶠。嶠曰：「此職閑廩重，貴勢多爭之，不暇求其才。」遂不能用。河間王顒引爲西戎校尉司馬，有功，封平樂鄉侯。

愍懷太子之廢也，纘與棺詣闕，上書理太子之冤曰：

伏見赦文及牓下前太子遹手疏，以爲驚愕。自古以來，臣子悖逆，未有如此之甚也。幸賴天慈，全其首領。臣伏念遹生於聖父而至此者，由於長養深宮，沈淪富貴，受饒先帝，父母驕之。每見選師傅下至羣吏，率取膏粱擊鍾鼎食之家，希有寒門儒素如衞綰、周文、石奮、疏廣，洗馬、舍人亦無汲黯、鄭莊之比，遂使不見事父事君之道。臣案古典，太子居以士禮，與國人齒，以此明先王欲令知先賤然後乃貴。自頃東宮亦微太盛，所以致敗也。非但東宮，歷觀諸王師友文學，皆豪族力能得者，率非龔遂、王陽，能以道訓。友無亮直三益之節，官以文學爲名，實不讀書，但共鮮衣好馬，縱酒高會，嬉遊博弈，豈有切磋，能相長益！臣常恐公族遲陵，以此歎息。今遹可以爲戒，恐其被斥，棄逐遠郊，始當悔過，無所復及。

昔戾太子無狀，稱兵距命，而壺關三老上書，有田千秋之言，猶曰：「子弄父兵，罪應笞耳！」漢武感悟之，築思子之臺。今遹無狀，言語悖逆，受罪之日，不敢失道，猶爲輕於戾太子，尚可禁持，重選保傅。如司空張華，道德深遠，乃心忠誠，以爲之師。光祿大夫劉寔，寒苦自立，終始不衰，年同呂望，經籍不廢，以爲之保。尚書僕射裴頠，明允恭肅，體道居正，以爲之友。置游談文學，皆選寒門孤宦以學行自立者，及取服勤更事、涉履艱難、事君事親、名行素聞者，使與共處。使嚴御史監護其家，絕貴戚子弟、輕薄賓客。如此，左右前後，莫非正人。師傅文學，可令十日一講，使共論議於前。敕使但道古今孝子慈親，忠臣事君，及思愆改過之義，皆聞善道，庶幾可全。

昔太甲有罪，放之三年，思庸克復，爲殷明王。又魏文帝懼於見廢，夙夜自祗，竟能自全。及至明帝，因母得罪，廢爲平原侯，爲置家臣庶子，師友文學，皆取正人，共相匡矯。兢兢慎罰，事父以孝，父沒，事母以謹，聞于天下，于今稱之。漢高皇帝數置酒於庭，欲廢太子，後四皓爲師，子房爲傅，竟復成就。前事不忘，後事之戒。孟軻有云，「孤臣孽子，其操心也危，慮患也深」，故多善功。李斯云：「慈母多敗子，嚴家無格虜。」

由陛下驕遹，使至於此，庶其受罪以來，足自思改。方今天下多虞，四夷未寧，將伺國隙。儲副大事，不宜空虛。宜爲大計，小復停留。先加嚴誨，依平原侯故事，若不悛改，棄之未晚也。

臣素寒門，無力仕宦，不經東宮，情不私遹。念昔楚國處女諫其王曰「有龍無尾」，言年四十，未有太子。臣嘗備近職，雖未得自結天日，情同閹寺，悾悾之誠，皆爲國計。臣老母見臣爲表，乃爲臣卜卦，云「書御卽死」。妻子守臣，涕泣見止。臣獨以爲頻見拔擢，嘗爲近職，此恩難忘，何以報德？唯當陳誠，以死獻忠。輒具棺絮，伏須刑誅。

書御不省。

及張華遇害，賈謐被誅，朝野震悚，纘獨撫華尸慟哭曰：「早語君遜位而不肯，今果不免，命也夫！」過叱賈謐尸曰：「小兒亂國之由，誅其晚矣！」

皇太孫立，纘復上疏曰：

臣前上書訟太子之枉，不見省覽。昔壺關三老陳衞太子之冤，而漢武築思子之臺。高廟令田千秋上書，不敢正言，託以鬼神之教，而孝武大感，月中三遷，位至丞相，乘車入殿，號曰車氏。恨臣精誠微薄，不能有感，竟使太子流離，沒命許昌。向令陛下卽納臣言，不致此禍。天贊聖意，三公獻謀，庶人賜死，罪人斯得，太子以明，臣恨其晚，無所復及。詔書慈悼，迎喪反葬，復其禮秩，誠副衆望，不意呂霍之變復生於今日！伏見詔書建立太孫，斯誠陛下上順先典以安社稷，中慰慈悼冤魂之痛，下令萬國心有所繫。追惟庶人，所爲無狀，幾傾宗廟，賴相國、太宰至忠憤發，潛謀俱斷，奉贊聖意，以成神武。雖周誅二叔，漢掃諸呂，未足以喻。臣願陛下因此大更釐改，以爲永制。禮置太子，居以士禮，與國人齒，爲置官屬，皆如朋友，不爲純臣。既使上厭至望，以崇孝道，又令不相嚴憚，易相規正。

昔漢武既信姦讒，危害太子，復用望氣之言，欲盡誅詔獄中囚。邴吉以皇孫在焉，閉門距命，後遂擁護皇孫，督罰乳母，卒至成人，立爲孝宣皇帝。苟志於忠，無往不可。歷觀古人雖不避死，亦由世教寬以成節。吉雖距詔書，事在於忠，故宥而不責。自晉興已來，用法太嚴，遲速之間，輒加誅斬。一身伏法，猶可强爲，今世之誅，動輒滅門。昔呂后臨朝，肆意無道。周昌相趙，三召其王而昌不遣，先徵昌入，乃後召王。此由漢制本寬，得使爲快。假令如今，呂后必謂昌已反，夷其三族，則誰敢復爲殺身成義者哉！此法宜改，可使經遠。又漢初廢趙王張敖，其臣貫高謀弒高祖，高祖不誅，以明臣道。田叔、孟舒十人爲奴，髡鉗隨王，隱親侍養，故令平安。向使晉法得容爲義，東宮之臣得如周昌，固護太子得如邴吉，距詔不坐，伏死諫爭，則聖意必變，太子以安。如田叔、孟舒侍從不罪者，則隱親左右，姦凶毒藥無緣得設，太子不夭也。

臣每責東宮臣故無侍從者，後聞頗有於道路望車拜辭，而有司收付洛陽獄，奏科其罪。然臣故莫從，良有以也。又本置三率，盛其兵馬，所以宿衞防虞。而使者卒至，莫有警嚴覆請審者，此由恐畏滅族。今皇孫沖幼，去事多故。若有不虞，强臣專制，姦邪矯詐，雖有相國保訓東宮，擁佑之恩同於邴吉，適可使玉體安全，宜開來防，可著于令：自今已後，諸有廢興倉卒，羣臣皆得輒嚴，須錄詣殿前，面受口詔，然後爲信，得同周昌不遣王節，下聽臣子隱親，得如田叔、孟舒，不加罪責，則永固儲副，以後安嗣之遠慮也。來事難知，往事可改。臣前每見詹事裴權用心懇惻，舍人秦戢數上疏啓諫；而爰倩贈以九列，權有忠意，獨不蒙賞。謂宜依倩爲比，以寵其魂。推尋表疏，如秦戢輩及司隸所奏，諸敢拜辭於道路者，明詔稱揚，使微異於衆，以勸爲善，以奬將來也。

纘又陳：

今相國雖已保傅東宮，保其安危。至於旦夕訓誨，輔導出入，動靜劬勞，宜選寒苦之士，忠貞清正，老而不衰，如城門校尉梁柳、白衣南安朱沖比者，以爲師傅。其侍臣以下文武將吏，且勿復取盛戚豪門子弟，若吳太妃家室及賈、郭之黨。如此之輩，生而富溢，無念修已，率多輕薄浮華，相驅放縱，皆非所補益於吾少主者也。皆可擇寒門篤行、學問素士、更履險易、節義足稱者，以備羣臣，可輕其禮儀，使與古同，於相切磋爲益。

昔魏文帝之在東宮，徐幹、劉楨爲友，文學相接之道並如氣類。吳太子登，顧譚爲友，諸葛恪爲賓，臥同牀帳，行則參乘，交如布衣，相呼以字，此則近代之明比也。天子之子不患不富貴，不患人不敬畏，患於驕盈，不聞其過，不知稼穡之艱難耳。至於甚者，乃不知名六畜，可不勉哉！昔周公親撻伯禽，曹參笞窋二百，聖考慈父皆不傷恩。今不忍小相維持，令至闕失頓相罪責，不亦誤哉！

在禮，太子朝夕視膳，昏定晨省，跪問安否，於情得盡。五日一朝，於敬既簡，於恩亦疏，易致構間。故曰「一朝不朝，其間容刀」。五日之制，起漢高祖，身爲天子，父爲庶人，萬機事多，故闕私敬耳。今主上臨朝，太子無事，專主孝養，宜改此俗。文王世子篇曰：「王季一飯亦一飯，再飯亦再飯。」〔二〕安有逸豫五日一覲哉！

纘又陳：

今迎太子神柩，孤魂獨行，太孫幼沖，不可涉道。謂可遣妃奉迎遠路，令其父衍隨行衞護。皇太子初見誣陷，臣家門無祐，三世假親，具嘗辛苦，以家觀國，固知太子有變。臣故求副監國，欲依邴吉故事，距違來使，供養擁護，身親飲食醫藥，冀足救危。主者以臣名資輕淺，不肯見與。世人見笑，謂爲此職進退難居，有必死憂。臣獨以爲苟全儲君，賈氏所誅，甘心所願。今監國御史直副皆當三族，侍衞無狀，實自宜然。臣謂其小人，不足具責。故孔子曰：「可以託六尺之孤，臨大節而不可奪。」是以聖王愼選。如故河南尹向雄，昔能犯難葬故將鍾會，文帝嘉之，始拔顯用，至於先帝，以爲右率。如閒之事，若得向雄之比，則豈可觸哉！此二使者，但爲愚怯，亦非與謀，但可誅身，自全三族。如郭俶、郭斌，則於刑爲當。

又東宮亦宜妙選忠直亮正，如向雄比。陛下千秋萬歲之後，太孫幼沖，選置兵衞，宜得柱石之士如周昌者。世俗淺薄，士無廉節，賈謐小兒，恃寵恣睢，而淺中弱植之徒，更相翕習，故世號魯公二十四友。又謐前見臣表理太子，曰：「閻兒作此爲健，然觀其意，欲與諸司馬家同。」皆爲臣寒心。伏見詔書，稱明滿奮、樂廣。侍郎賈胤，與謐親理，而亦疏遠，往免父喪之後，停家五年，雖爲小屈，有識貴之。潘岳、繆徵等皆謐父黨，〔三〕共相沈浮，人士羞之，聞其晏然，莫不爲怪。今詔書暴揚其罪，並皆遣出，百姓咸云清當，臣獨謂非。但岳徵二十四人，宜皆齊黜，以肅風教。

朝廷善其忠烈，擢爲漢中太守。趙王倫死，旣葬，纘以車轢其冢。時張華兄子景後徙漢中，纘又表宜還。

纘不護細行，而慷慨好大節。卒於官，時年五十九。纘五子，皆開朗有才力。

長子亭爲遼西太守，屬王浚自用其人，亭不得之官。依青州刺史苟晞，刑政苛虐，亭數切諫，爲晞所害。

史臣曰：愍懷之廢也，天下稱其冤。然皆懼亂政之參夷，懾淫嬖之凶忍，遂使謀臣懷忠而結舌，義士蓄憤而吞聲。閻纘伯官既微於侍郎，位不登於執戟，輕生重義，視死如歸，伏奏而待嚴誅，輿棺以趨鼎鑊，察言觀行，豈非忠直壯乎！顧視晉朝公卿，曾不得與其徒隸齒也。茂伯篤終，哭王經以全節。休然追遠，理鄧艾以成名。故得義感明時，仁流枯骨。雖朱勃追論新息，欒布奏事彭王，弗之尚也。

贊曰：感義收會，篤終理艾。道既相侔，名亦俱泰。續伯區區，輿櫬陳蓍。偪茲淫嬖，弗遂良圖。啜其泣矣，何嗟及乎！

校勘記

〔一〕劉毅嘗以非罪笞雄　勞校：「劉毅」當從世說方正作「劉準」。按：勞說是。劉毅傳不言其曾爲侍中與河內太守，劉準則曾爲侍中與河內太守（見世說方正注引晉諸公贊）。下同。

〔二〕此又固足以彰先帝之善任矣　「又」，各本作「艾」，今從局本。

〔三〕如在州郡　各本無「在」字，今從殿本。

〔四〕雖功高不封　各本「雖」下衍「下」字，今從殿本。

〔五〕迎蹇叔於宗里　「宗」當爲「宋」字之誤。自「招由余於西戎」四語，都用李斯諫逐客書。史記李斯傳此句作「迎蹇叔於宋」。

〔六〕士之歸仁　此用孟子離婁上文。孟子「士」作「民」，此蓋唐人諱二名改。

〔七〕閻纘　「纘」，楊駿傳、五行志上作「纂」。

〔八〕仕吳至牂柯太守　勞校：牂柯郡未嘗屬吳，「吳」字疑衍。斠注：唐書宰相世系表但云牂柯太守璞，無「吳」字。

〔九〕駿從弟模告武陵王澹　舉正與梁玉繩瞥記謂，楊駿被誅，親黨夷三族，不得再有從弟。史稱賈模參與誅楊駿之謀，則「模」乃賈后族兄賈模也。又司馬澹時爲東武公，未封王。

〔一〇〕堪佐著作　各本原脫「作」字。校文：通典二六引纂集作「可佐著作」，此奪一字。按：册府八二八「著」下亦有「作」字，今據補。

〔一一〕王季一飯亦一飯再飯亦再飯　禮記文王世子作「文王一飯亦一飯，文王再飯亦再飯」。

〔一二〕繆徵　原誤作「繆徽」，參卷四四校記。

晉書卷四十九

列傳第十九

阮籍 兄子咸 咸子瞻 瞻弟孚 從子脩 族弟放 放弟裕

阮籍字嗣宗，陳留尉氏人也。父瑀，魏丞相掾，知名於世。籍容貌瓌傑，志氣宏放，傲然獨得，任性不羈，而喜怒不形於色。或閉戶視書，累月不出；或登臨山水，經日忘歸。博覽羣籍，尤好莊老。嗜酒能嘯，善彈琴。當其得意，忽忘形骸。時人多謂之癡，惟族兄文業每歎服之，以爲勝己，由是咸共稱異。

籍嘗隨叔父至東郡，兗州刺史王昶請與相見，終日不開一言，自以不能測。太尉蔣濟聞其有儁才而辟之，籍詣都亭奏記曰：「伏惟明公以含一之德，據上台之位，英豪翹首，俊賢抗足。開府之日，人人自以爲掾屬；辟書始下，而下走爲首。昔子夏在於西河之上，而文侯擁篲；鄒子處於黍谷之陰，而昭王陪乘。夫布衣韋帶之士，孤居特立，王公大人所以禮下之者，爲道存也。今籍無鄉卜之道，而有其陋，猥見採擇，無以稱當。方將耕於東皋之陽，輸黍稷之餘稅。負薪疲病，足力不强，補吏之召，非所克堪。乞廻謬恩，以光淸擧。」初，濟恐籍不至，得記欣然。遣卒迎之，而籍已去，濟大怒。於是鄉親共喻之，乃就吏。後謝病歸。復爲尚書郎，少時，又以病免。及曹爽輔政，召爲參軍。籍因以疾辭，屏於田里。歲餘而爽誅，時人服其遠識。宣帝爲太傅，命籍爲從事中郎。及帝崩，復爲景帝大司馬從事中郎。高貴鄉公卽位，封關內侯，徙散騎常侍。

籍本有濟世志，屬魏晉之際，天下多故，名士少有全者，籍由是不與世事，遂酣飮爲常。文帝初欲爲武帝求婚於籍，籍醉六十日，不得言而止。鍾會數以時事問之，欲因其可否而致之罪，皆以酣醉獲免。及文帝輔政，籍嘗從容言於帝曰：「籍平生曾游東平，樂其風土。」帝大悅，卽拜東平相。籍乘驢到郡，壞府舍屏鄣，使內外相望，法令淸簡，旬日而還。帝引爲大將軍從事中郎。有司言有子殺母者，籍曰：「嘻！殺父乃可，至殺母乎！」坐者怪其失言。帝曰：「殺父，天下之極惡，而以爲可乎？」籍曰：「禽獸知母而不知父，殺父，禽獸之類也。殺母，禽獸之不若。」衆乃悅服。

籍聞步兵廚營人善釀，有貯酒三百斛，乃求爲步兵校尉。遺落世事，雖去佐職，恒游府內，朝宴必與焉。會帝讓九錫，公卿將勸進，使籍爲其辭。籍沈醉忘作，臨詣府，使取之，見籍方據案醉眠。使者以告，籍便書案，使寫之，無所改竄。辭甚淸壯，爲時所重。

籍雖不拘禮教，然發言玄遠，口不臧否人物。性至孝，母終，正與人圍棊，對者求止，籍留與決賭。既而飲酒二斗，舉聲一號，吐血數升。及將葬，食一蒸肫，飲二斗酒，然後臨訣，直言窮矣，舉聲一號，因又吐血數升。毀瘠骨立，殆致滅性。裴楷往弔之，籍散髮箕踞，醉而直視，楷弔唁畢便去。或問楷：「凡弔者，主哭，客乃爲禮。籍既不哭，君何爲哭？」楷曰：「阮籍既方外之士，故不崇禮典。我俗中之士，故以軌儀自居。」時人歎爲兩得。籍又能爲青白眼，見禮俗之士，以白眼對之。及嵇喜來弔，籍作白眼，喜不懌而退。喜弟康聞之，乃齎酒挾琴造焉，籍大悅，乃見青眼。由是禮法之士疾之若讎，而帝每保護之。

籍嫂嘗歸寧，籍相見與別。或譏之，籍曰：「禮豈爲我設邪！」鄰家少婦有美色，當壚沽酒。籍嘗詣飲，醉，便臥其側。籍既不自嫌，其夫察之，亦不疑也。兵家女有才色，未嫁而死。籍不識其父兄，徑往哭之，盡哀而還。其外坦蕩而內淳至，皆此類也。時率意獨駕，不由徑路，車迹所窮，輒慟哭而反。嘗登廣武，觀楚漢戰處，歎曰：「時無英雄，使豎子成名！」登武牢山，望京邑而歎，於是賦豪傑詩。景元四年冬卒，時年五十四。

籍能屬文，初不留思。作詠懷詩八十餘篇，爲世所重。著達莊論，敍無爲之貴。文多不錄。

籍嘗於蘇門山遇孫登，與商略終古及栖神導氣之術，登皆不應，籍因長嘯而退。至半嶺，聞有聲若鸞鳳之音，響乎巖谷，乃登之嘯也。遂歸著大人先生傳，其略曰：「世人所謂君子，惟法是修，惟禮是克。手執圭璧，足履繩墨。行欲爲目前檢，言欲爲無窮則。少稱鄉黨，長聞鄰國。上欲圖三公，下不失九州牧。獨不見羣蝨之處褌中，逃乎深縫，匿乎壞絮，自以爲吉宅也。行不敢離縫際，動不敢出褌襠，自以爲得繩墨也。然炎丘火流，焦邑滅都，羣蝨處於褌中而不能出也。君子之處域內，何異夫蝨之處褌中乎！」此亦籍之胸懷本趣也。

子渾，字長成，有父風。少慕通達，不飾小節。籍謂曰：「仲容已豫吾此流，汝不得復爾！」太康中，爲太子庶子。

咸字仲容。父熙，武都太守。咸任達不拘，與叔父籍爲竹林之游，當世禮法者譏其所爲。咸與籍居道南，諸阮居道北，北阮富而南阮貧。七月七日，北阮盛曬衣服，皆錦綺粲目。咸以竿挂大布犢鼻於庭，人或怪之，答曰：「未能免俗，聊復爾耳！」

歷仕散騎侍郎。山濤舉咸典選，曰：「阮咸貞素寡欲，深識淸濁，萬物不能移。若在官人之職，必絕於時。」武帝以咸耽酒浮虛，遂不用。太原郭奕高爽有識量，知名於時，少所推先，見咸心醉，不覺歎焉。而居母喪，縱情越禮。素幸姑之婢，姑當歸于夫家，初云留婢，既而自從去。時方有客，咸聞之，遽借客馬追婢，既及，與婢累騎而還，論者甚非之。

咸妙解音律，善彈琵琶。雖處世不交人事，惟共親知絃歌酣宴而已。與從子脩特相善，每以得意爲歡。諸阮皆飲酒，咸至，宗人間共集，不復用杯觴斟酌，以大盆盛酒，圓坐相向，大酌更飲。時有羣豕來飲其酒，咸直接去其上，〔一〕便共飲之。羣從昆弟莫不以放達爲行，籍弗之許。荀勖每與咸論音律，自以爲遠不及也，疾之，出補始平太守。以壽終。二子：瞻、孚。

瞻字千里。性清虛寡欲，自得於懷。讀書不甚研求，而默識其要，遇理而辯，辭不足而旨有餘。善彈琴，人聞其能，多往求聽，不問貴賤長幼，皆爲彈之。神氣沖和，而不知向人所在。內兄潘岳每令鼓琴，終日達夜，無忤色。由是識者歎其恬澹，不可榮辱矣。舉止灼然。〔二〕見司徒王戎，戎問曰：「聖人貴名教，老莊明自然，其旨同異？」瞻曰：「將無同。」戎咨嗟良久，卽命辟之。時人謂之「三語掾」。太尉王衍亦雅重之。瞻嘗羣行，冒熱渴甚，逆旅有井，衆人競趨之，瞻獨逡巡在後，須飲者畢乃進，其夷退無競如此。

東海王越鎭許昌，以瞻爲記室參軍，與王承、謝鯤、鄧攸俱在越府。越與瞻等書曰：「禮，年八歲出就外傅，明始可以加師訓之則；十年曰幼學，明可漸先王之教也。然學之所入淺，體之所安深。是以閑習禮容，不如式瞻儀度；諷誦遺言，不若親承音旨。小兒毗既無令淑之質，不聞道德之風，望諸君時以閑豫，周旋誨接。」

永嘉中，爲太子舍人。瞻素執無鬼論，物莫能難，每自謂此理足可以辯正幽明。忽有一客通名詣瞻，寒溫畢，聊談名理。客甚有才辯，瞻與之言，良久及鬼神之事，反覆甚苦。客遂屈，乃作色曰：「鬼神，古今聖賢所共傳，君何得獨言無！卽僕便是鬼。」於是變爲異形，須臾消滅。瞻默然，意色大惡。後歲餘，病卒於倉垣，時年三十。

孚字遙集。其母，卽胡婢也。孚之初生，其姑取王延壽魯靈光殿賦曰「胡人遙集於上楹」而以字焉。初辟太傅府，遷騎兵屬。避亂渡江，元帝以爲安東參軍。蓬髮飲酒，不以王務嬰心。時帝既用申韓以救世，而孚之徒未能棄也。雖然，不以事任處之。轉丞相從事中郎。終日酣縱，恒爲有司所按，帝每優容之。

琅邪王裒爲車騎將軍，鎭廣陵，高選綱佐，以孚爲長史。帝謂曰：「卿既統軍府，郊壘多事，宜節飲也。」孚答曰：「陛下不以臣不才，委之以戎旅之重。臣僶勉從事，不敢有言者，竊以今王莅鎭，威風赫然，皇澤遐被，賊寇斂迹，氛祲既澄，日月自朗，臣亦何可爝火不息？正應端拱嘯詠，以樂當年耳。」遷黃門侍郎、散騎常侍。嘗以金貂換酒，復爲所司彈劾，帝宥之。轉太子中庶子、左衞率，領屯騎校尉。明帝卽位，遷侍中。從平王敦，賜爵南安縣侯。轉吏部尙書，領東海王師，稱疾不拜。詔就家用之，尙書令郗鑒以爲非禮。帝曰：「就用之誠不快，不爾便廢才。」及帝疾大漸，溫嶠入受顧命，過孚，要與同行。升車，乃告之曰：「主上遂大漸，江左危弱，實資羣賢，共康世務。卿時望所歸，今欲屈卿同受顧託。」孚不答，固求下車，嶠不許。垂至臺門，告嶠內迫，求暫下，便徒步還家。

初，祖約性好財，孚性好屐，同是累而未判其得失。有詣約，見正料財物，客至，屛當不盡，餘兩小簏，以著背後，傾身障之，意未能平。或有詣阮，正見自蠟屐，因自嘆曰：「未知一生當著幾量屐！」神色甚閑暢。於是勝負始分。

咸和初，拜丹楊尹。時太后臨朝，政出舅族。孚謂所親曰：「今江東雖累世，而年數實淺。主幼時艱，運終百六，而庾亮年少，德信未孚，以吾觀之，將兆亂矣。」會廣州刺史劉顗卒，遂苦求出。王導等以孚疏放，非京尹才，乃除都督交廣寧三州軍事、鎭南將軍、領平越中郞將、廣州刺史、假節。未至鎭，卒，年四十九。尋而蘇峻作逆，識者以爲知幾。無子，從孫廣嗣。

脩字宣子。好易老，善清言。嘗有論鬼神有無者，皆以人死者有鬼，脩獨以爲無，曰：「今見鬼者云著生時衣服，若人死有鬼，衣服有鬼邪？」論者服焉。後遂伐社樹，或止之，脩曰：「若社而爲樹，伐樹則社移；樹而爲社，伐樹則社亡矣。」

性簡任，不修人事。絕不喜見俗人，遇便舍去。意有所思，率爾褰裳，不避晨夕，至或無言，但欣然相對。常步行，以百錢挂杖頭，至酒店，便獨酣暢。雖當世富貴而不肯顧，家無儋石之儲，宴如也。與兄弟同志，常自得於林阜之間。

王衍當時談宗，自以論易略盡，然有所未了，研之終莫悟，每云「不知比沒當見能通之者不」。衍族子敦謂衍曰：「阮宣子可與言。」衍曰：「吾亦聞之，但未知其亹亹之處定何如耳！」及與脩談，言寡而旨暢，衍乃歎服焉。

梁國張偉志趣不常，自隱於屠釣，脩愛其才美，而知其不眞。偉後爲黃門郎、陳留內史，果以世事受累。

脩居貧，年四十餘未有室，王敦等斂錢爲婚，皆名士也，時慕之者求入錢而不得。

脩所著述甚寡，嘗作大鵬贊曰：「蒼蒼大鵬，誕自北溟。假精靈鱗，神化以生。如雲之翼，如山之形。海運水擊，扶搖上征。翕然層舉，背負太清。志存天地，不屑唐庭。鷽鳩仰笑，尺鷃所輕。超世高逝，莫知其情。」

王敦時爲鴻臚卿，謂脩曰：「卿常無食，鴻臚丞差有祿，能作不？」脩曰：「亦復可爾耳！」遂爲之。轉太傅行參軍、太子洗馬。避亂南行，至西陽期思縣，爲賊所害，時年四十二。

放字思度。祖略，齊郡太守。父顗，淮南內史。放少與孚並知名。中興，除太學博士、太子中舍人、庶子。時雖戎車屢駕，而放侍太子，常說老莊，不及軍國。明帝甚友愛之。轉黃門侍郎，遷吏部郎，在銓管之任，甚有稱績。

時成帝幼沖，庾氏執政，放求爲交州，乃除監交州軍事、揚威將軍、交州刺史。行達寧浦，逢陶侃將高寶平梁碩自交州還，放設饌請寶，伏兵殺之。寶衆擊放，敗走，保簡陽城，得免。到州少時，暴發渴，見寶爲祟，遂卒，朝廷甚悼惜之，年四十四。追贈廷尉。

放素知名，而性淸約，不營產業，爲吏部郎，不免饑寒。王導、庾亮以其名士，常供給衣食。子晞之，南頓太守。

裕字思曠。宏達不及放，〔三〕而以德業知名。弱冠辟太宰掾。大將軍王敦命爲主簿，甚被知遇。裕以敦有不臣之心，乃終日酣觴，以酒廢職。敦謂裕非當世實才，徒有虛譽而已，出爲溧陽令，復以公事免官。由是得違敦難，論者以此貴之。

咸和初，除尚書郎。時事故之後，公私弛廢，裕遂去職還家，居會稽剡縣。司徒王導引爲從事中郎，固辭不就。朝廷將欲徵之，裕知不得已，乃求爲王舒撫軍長史。舒薨，除吏部郎，不就。卽家拜臨海太守，少時去職。司空郗鑒請爲長史，詔徵祕書監，皆以疾辭。復除東陽太守。尋徵侍中，不就。還剡山，有肥遁之志。有以問王羲之，羲之曰：「此公近不驚寵辱，雖古之沈冥，何以過此！」人云，〔四〕裕骨氣不及逸少，簡秀不如眞長，韶潤不如仲祖，思致不如殷浩，而兼有諸人之美。成帝崩，裕赴山陵，事畢便還。諸人相與追之，裕亦審時流必當逐已，而疾去，至方山不相及。劉惔歎曰：「我入東，正當泊安石渚下耳，不敢復近思曠傍。」

裕雖不博學，論難甚精。嘗問謝萬云：「未見四本論，君試爲言之。」萬敍說既畢，裕以傅嘏爲長，於是構辭數百言，精義入微，聞者皆嗟味之。裕嘗以人不須廣學，正應以禮讓爲先，故終日靜默，無所修綜，而物自宗焉。在剡曾有好車，借無不給。有人葬母，意欲借而不敢言。後裕聞之，乃歎曰：「吾有車而使人不敢借，何以車爲！」遂命焚之。

在東山久之，復徵散騎常侍，領國子祭酒。俄而復以爲金紫光祿大夫，領琅邪王師。經年敦逼，並無所就。御史中丞周閔奏裕及謝安違詔累載，並應有罪，禁錮終身，詔書貫之。或問裕曰：「子屢辭徵聘，而宰二郡，何邪？」裕曰：「雖屢辭王命，非敢爲高也。吾少無宦情，兼拙於人間，既不能躬耕自活，必有所資，故曲躬二郡。豈以騁能，私計故耳。」年六十二卒。〔五〕三子：傭、寧、普。

傭，早卒。寧，鄱陽太守。普，驃騎諮議參軍。傭子歆之，中領軍。寧子腆，〔六〕祕書監。腆弟萬齡及歆之子彌之，元熙中並列顯位。

嵇康

嵇康字叔夜，譙國銍人也。其先姓奚，會稽上虞人，以避怨，徙焉。銍有嵇山，家于其側，因而命氏。兄喜，有當世才，歷太僕、宗正。

康早孤，有奇才，遠邁不羣。身長七尺八寸，美詞氣，有風儀，而土木形骸，不自藻飾，人以爲龍章鳳姿，天質自然。恬靜寡欲，含垢匿瑕，寬簡有大量。學不師受，博覽無不該通，長好老莊。與魏宗室婚，拜中散大夫。常修養性服食之事，彈琴詠詩，自足於懷。以爲神仙稟之自然，非積學所得，至於導養得理，則安期、彭祖之倫可及，乃著養生論。又以爲君子無私，其論曰：「夫稱君子者，心不措乎是非，而行不違乎道者也。何以言之？夫氣靜神虛者，心不存於矜尙；體亮心達者，情不繫於所欲。矜尙不存乎心，故能越名教而任自然；情不繫於所欲，故能審貴賤而通物情。物情順通，故大道無違；越名任心，故是非無措也。是故言君子則以無措爲主，以通物爲美；言小人則以匿情爲非，以違道爲闕。何者？匿情矜吝，小人之至惡；虛心無措，君子之篤行也。是以大道言「及吾無身，吾又何患」。無以生爲貴者，是賢於貴生也。由斯而言，夫至人之用心，固不存有措矣。故曰，「君子行道，忘其爲身」，斯言是矣。君子之行賢也，不察於有度而後行也；任心無邪，不議於善而後正也；顯情無措，不論於是而後爲也。是故傲然忘賢，而賢與度會；忽然任心，而心與善遇；儻然無措，而事與是俱也。」其略如此。蓋其胸懷所寄，以高契難期，每思郢質。所與神交者惟陳留阮籍、河內山濤，豫其流者河內向秀、沛國劉伶、籍兄子咸、琅邪王戎，遂爲竹林之游，世所謂「竹林七賢」也。戎自言與康居山陽二十年，未嘗見其喜慍之色。

康嘗採藥游山澤，會其得意，忽焉忘反。時有樵蘇者遇之，咸謂爲神。至汲郡山中見孫登，康遂從之遊。登沈默自守，無所言說。康臨去，登曰：「君性烈而才雋，其能免乎！」康又遇王烈，共入山，烈嘗得石髓如飴，卽自服半，餘半與康，皆凝而爲石。又於石室中見一卷素書，遽呼康往取，輒不復見。烈乃歎曰：「叔夜志趣非常而輒不遇，命也！」其神心所感，每遇幽逸如此。

山濤將去選官，舉康自代。康乃與濤書告絕，曰：

聞足下欲以吾自代，雖事不行，知足下故不知之也。恐足下羞庖人之獨割，引尸祝以自助，故爲足下陳其可否。

老子、莊周，吾之師也，親居賤職；柳下惠、東方朔，達人也，安乎卑位。吾豈敢短之哉！又仲尼兼愛，不羞執鞭；子文無欲卿相，而三爲令尹，是乃君子思濟物之意也。所謂達能兼善而不渝，窮則自得而無悶。以此觀之，故知堯舜之居世，許由之巖棲，子房之佐漢，接輿之行歌，其揆一也。仰瞻數君，可謂能遂其志者也。故君子百行，殊塗同致，循性而動，各附所安。故有「處朝廷而不出，入山林而不反」之論。且延陵高子臧之風，長卿慕相如之節，意氣所託，〔七〕亦不可奪也。

吾每讀尙子平、臺孝威傳，慨然慕之，想其爲人。加少孤露，母兄驕恣，不涉經學，又讀老莊，重增其放，故使榮進之心日穨，任逸之情轉篤。阮嗣宗口不論人過，吾每師之，而未能及。至性過人，與物無傷，惟飮酒過差耳，至爲禮法之士所繩，疾之如仇讎，幸賴大將軍保持之耳。吾以不如嗣宗之資，而有慢弛之闕；又不識物情，闇於機宜；無萬石之愼，而有好盡之累；久與事接，疵釁日興，雖欲無患，其可得乎！

又聞道士遺言，餌朮黃精，令人久壽，意甚信之。游山澤，觀魚鳥，心甚樂之。一行作吏，此事便廢，安能舍其所樂，而從其所懼哉！

夫人之相知，貴識其天性，因而濟之。禹不逼伯成子高，全其長也；仲尼不假蓋於子夏，護其短也。近諸葛孔明不迫元直以入蜀，華子魚不强幼安以卿相，此可謂能相終始，眞相知者也。自卜已審，若道盡塗殫則已耳，足下無事寃之令轉於溝壑也。吾新失母兄之歡，意常悽切。女年十三，男年八歲，未及成人，況復多疾，顧此悢悢，如何可言。今但欲守陋巷，教養子孫，時時與親舊敍離闊，陳說平生，濁酒一杯，彈琴一曲，志意畢矣，豈可見黄門而稱貞哉！若趣欲共登王塗，期於相致，時爲歡益，一旦迫之，必發狂疾。自非重讐，不至此也。既以解足下，并以爲別。

此書既行，知其不可羈屈也。

性絕巧而好鍛。宅中有一柳樹甚茂，乃激水圜之，每夏月，居其下以鍛。東平呂安服康高致，每一相思，輒千里命駕，康友而善之。後安爲兄所枉訴，以事繫獄，辭相證引，遂復收康。康性愼言行，一旦縲紲，乃作幽憤詩，曰：

嗟余薄祜，少遭不造，哀煢靡識，越在繈褓。母兄鞠育，有慈無威，恃愛肆姐，不訓不師。爰及冠帶，憑寵自放，抗心希古，任其所尙。託好莊老，賤物貴身，志在守樸，養素全眞。

曰予不敏，好善闇人，子玉之敗，屢增惟塵。大人含弘，藏垢懷恥。人之多僻，政不由己。惟此褊心，顯明臧否；感悟思愆，怛若創痏。欲寡其過，謗議沸騰，性不傷物，頻致怨憎。昔慚柳惠，今愧孫登，內負宿心，外恧良朋。仰慕嚴鄭，樂道閑居，與世無營，神氣晏如。

咨予不淑，嬰累多虞。匪降自天，實由頑疏，理弊患結，卒致囹圄。對答鄙訊，縶此幽阻，實恥訟寃，時不我與。雖曰義直，神辱志沮，澡身滄浪，曷云能補。雍雍鳴雁，厲翼北游，順時而動，得意忘憂。嗟我憤歎，曾莫能儔。事與願違，遘茲淹留，窮達有命，亦又何求？

古人有言，善莫近名。奉時恭默，咎悔不生。萬石周慎，安親保榮。世務紛紜，祇攪余情，安樂必誠，乃終利貞。煌煌靈芝，一年三秀；予獨何爲，有志不就。懲難思復，心焉內疚，庶勖將來，無馨無臭。採薇山阿，散髮巖岫，永嘯長吟，頤神養壽。

初，康居貧，嘗與向秀共鍛於大樹之下，以自贍給。潁川鍾會，貴公子也，精練有才辯，故往造焉。康不爲之禮，而鍛不輟。良久會去，康謂曰：「何所聞而來？何所見而去？」會曰：「聞所聞而來，見所見而去。」會以此憾之。及是，言於文帝曰：「嵇康，臥龍也，不可起。公無憂天下，顧以康爲慮耳。」因譖「康欲助毌丘儉，賴山濤不聽。昔齊戮華士，魯誅少正卯，誠以害時亂教，故聖賢去之。康、安等言論放蕩，非毀典謨，帝王者所不宜容。宜因釁除之，以淳風俗」。帝既昵聽信會，遂并害之。

康將刑東市，太學生三千人請以爲師，弗許。康顧視日影，索琴彈之，曰：「昔袁孝尼嘗從吾學廣陵散，吾每靳固之，廣陵散於今絕矣！」時年四十。海內之士，莫不痛之。帝尋悟而恨焉。初，康嘗游于洛西，暮宿華陽亭，引琴而彈。夜分，忽有客詣之，稱是古人，與康共談音律，辭致清辯，因索琴彈之，而爲廣陵散，聲調絕倫，遂以授康，仍誓不傳人，亦不言其姓字。

康善談理，又能屬文，其高情遠趣，率然玄遠。撰上古以來高士爲之傳贊，欲友其人於千載也。又作太師箴，亦足以明帝王之道焉。復作聲無哀樂論，甚有條理。子紹，別有傳。

向秀

向秀字子期，河內懷人也。清悟有遠識，少爲山濤所知，雅好老莊之學。莊周著內外數十篇，歷世才士雖有觀者，莫適論其旨統也，秀乃爲之隱解，發明奇趣，振起玄風，讀之者超然心悟，莫不自足一時也。惠帝之世，郭象又述而廣之，儒墨之迹見鄙，道家之言遂盛焉。始，秀欲注，嵇康曰：「此書詎復須注，正是妨人作樂耳。」及成，示康曰：「殊復勝不？」又與康論養生，辭難往復，蓋欲發康高致也。

康善鍛，秀爲之佐，相對欣然，傍若無人。又共呂安灌園於山陽。康既被誅，秀應本郡計入洛。文帝問曰：「聞有箕山之志，何以在此？」秀曰：「以爲巢許狷介之士，未達堯心，豈足多慕。」帝甚悅。秀乃自此役，作思舊賦云：

余與嵇康、呂安居止接近，其人並有不羈之才。嵇意遠而疏，呂心曠而放，其後並以事見法。嵇博綜伎藝，於絲竹特妙，臨當就命，顧視日影，索琴而彈之。逝將西邁，經其舊廬。于時日薄虞泉，寒冰淒然。鄰人有吹笛者，發聲寥亮。追想曩昔游宴之好，感音而歎，故作賦曰：

將命適於遠京兮，遂旋反以北徂。濟黃河以汎舟兮，經山陽之舊居。瞻曠野之蕭條兮，息余駕乎城隅。踐二子之遺迹兮，歷窮巷之空廬。歎黍離之愍周兮，悲麥秀於殷墟。惟追昔以懷今兮，心徘徊以躊躇。棟宇在而弗毀兮，形神逝其焉如。昔李斯之受罪兮，歎黃犬而長吟。悼嵇生之永辭兮，顧日影而彈琴。託運遇於領會兮，寄餘命於寸陰。聽鳴笛之慷慨兮，妙聲絕而復尋。佇駕言其將邁兮，故援翰以寫心。

後爲散騎侍郎、轉黃門侍郎、散騎常侍，在朝不任職，容迹而已。卒於位。二子：純、悌。

劉伶

劉伶字伯倫，沛國人也。身長六尺，容貌甚陋。放情肆志，常以細宇宙齊萬物爲心。

澹默少言，不妄交游，與阮籍、嵇康相遇，欣然神解，攜手入林。初不以家產有無介意。常乘鹿車，攜一壺酒，使人荷鍤而隨之，謂曰：「死便埋我。」其遺形骸如此。嘗渴甚，求酒於其妻。妻捐酒毀器，涕泣諫曰：「君酒太過，非攝生之道，必宜斷之。」伶曰：「善！吾不能自禁，惟當祝鬼神自誓耳。便可具酒肉。」妻從之。伶跪祝曰：「天生劉伶，以酒爲名。一飲一斛，五斗解酲。婦兒之言，〔八〕愼不可聽。」仍引酒御肉，隗然復醉。嘗醉與俗人相忤，其人攘袂奮拳而往。伶徐曰：「雞肋不足以安尊拳。」其人笑而止。

伶雖陶兀昏放，而機應不差。未嘗厝意文翰，惟著酒德頌一篇。其辭曰：「有大人先生，以天地爲一朝，萬期爲須臾，日月爲扃牖，八荒爲庭衢。行無轍迹，居無室廬，幕天席地，縱意所如。止則操卮執觚，動則挈榼提壺，惟酒是務，焉知其餘。有貴介公子、搢紳處士，聞吾風聲，議其所以，乃奮袂攘襟，怒目切齒，陳說禮法，是非蜂起。先生於是方捧甖承槽，銜杯漱醪，奮髯箕踞，枕麴藉糟，無思無慮，其樂陶陶。兀然而醉，怳爾而醒。靜聽不聞雷霆之聲，熟視不睹泰山之形。不覺寒暑之切肌，利欲之感情。俯觀萬物，擾擾焉若江海之載浮萍。二豪侍側焉，如蜾蠃之與螟蛉。」

嘗爲建威參軍。泰始初對策，盛言無爲之化。時輩皆以高第得調，伶獨以無用罷。竟以壽終。

謝鯤

謝鯤字幼輿，陳國陽夏人也。祖纘，典農中郎將。父衡，以儒素顯，仕至國子祭酒。鯤少知名，通簡有高識，不修威儀，好老易，能歌善鼓琴，王衍、嵇紹並奇之。

永興中，〔九〕長沙王乂入輔政，時有疾鯤者，言其將出奔。乂欲鞭之，鯤解衣就罰，曾無忤容。既舍之，又無喜色。太傅東海王越聞其名，辟爲掾，任達不拘，尋坐家僮取官槀除名。于時名士王玄、阮脩之徒，並以鯤初登宰府，便至黜辱，爲之歎恨。鯤聞之，方清歌鼓琴，不以屑意，莫不服其遠暢，而恬於榮辱。鄰家高氏女有美色，鯤嘗挑之，女投梭，折其兩齒。時人爲之語曰：「任達不已，幼輿折齒。」鯤聞之，傲然長嘯曰：「猶不廢我嘯歌。」越尋更辟之，轉參軍事。鯤以時方多故，乃謝病去職，避地于豫章。嘗行經空亭中夜宿，此亭舊每殺人。將曉，有黃衣人呼鯤字令開戶，鯤憺然無懼色，便於窗中度手牽之，胛斷，視之，鹿也，尋血獲焉。爾後此亭無復妖怪。

左將軍王敦引爲長史，以討杜弢功封咸亭侯。母憂去職，服闋，遷敦大將軍長史。時王澄在敦坐，見鯤談話無勌，惟歎謝長史可與言，都不眄敦，其爲人所慕如此。鯤不徇功名，無砥礪行，居身於可否之間，雖自處若穢，而動不累高。敦有不臣之迹，顯於朝野。鯤知不可以道匡弼，乃優游寄遇，不屑政事，從容諷議，卒歲而已。每與畢卓、王尼、阮放、羊曼、桓彝、阮孚等縱酒，敦以其名高，雅相賓禮。

嘗使至都，明帝在東宮見之，甚相親重。問曰：「論者以君方庾亮，自謂何如？」答曰：「端委廟堂，使百僚準則，鯤不如亮。一丘一壑，自謂過之。」溫嶠嘗謂鯤子尙曰：「尊大君豈惟識量淹遠，至於神鑒沈深，雖諸葛瑾之喩孫權不過也。」

及敦將爲逆，謂鯤曰：「劉隗姦邪，將危社稷。吾欲除君側之惡，匡主濟時，何如？」對曰：「隗誠始禍，然城狐社鼠也。」敦怒曰：「君庸才，豈達大理。」出鯤爲豫章太守，又留不遣，藉其才望，逼與俱下。

敦至石頭，歎曰：「吾不復得爲盛德事矣。」鯤曰：「何爲其然？但使自今以往，日忘日去耳。」初，敦謂鯤曰：「吾當以周伯仁爲尙書令，戴若思爲僕射。」及至都，復曰：「近來人情何如？」鯤對曰：「明公之舉，雖欲大存社稷，然悠悠之言，實未達高義。周顗、戴若思，南北人士之望，明公舉而用之，羣情帖然矣。」是日，敦遣兵收周、戴，而鯤弗知，敦怒曰：「君粗疏邪！二子不相當，吾已收之矣。」鯤與顗素相親重，聞之愕然，若喪諸己。參軍王嶠以敦誅顗，諫之甚切，敦大怒，命斬嶠，時人士畏懼，莫敢言者。鯤曰：「明公舉大事，不戮一人。嶠以獻替忤旨，便以釁鼓，不亦過乎！」敦乃止。

敦既誅害忠賢，而稱疾不朝，將還武昌。鯤喻敦曰：「公大存社稷，建不世之勳，然天下之心實有未達。若能朝天子，使君臣釋然，萬物之心於是乃服。杖衆望以順羣情，盡沖退以奉主上，如斯則勳侔一匡，名垂千載矣。」敦曰：「君能保無變乎？」對曰：「鯤近日入覲，主上側席，遲得見公，宮省穆然，必無虞矣。公若入朝，鯤請侍從。」敦勃然曰：「正復殺君等數百人，亦復何損於時！」竟不朝而去。

是時朝望被害，皆爲其憂。而鯤推理安常，時進正言。敦既不能用，內亦不悅。軍還，使之郡，涖政清肅，百姓愛之。尋卒官，時年四十三。敦死後，追贈太常，謚曰康。子尙嗣，別有傳。

胡毋輔之 子謙之

胡毋輔之字彥國，泰山奉高人也。高祖班，漢執金吾。父原，練習兵馬，山濤稱其才堪邊任，舉爲太尉長史，終河南令。輔之少擅高名，有知人之鑒。性嗜酒，任縱不拘小節。與王澄、王敦、庾敳俱爲太尉王衍所昵，號曰四友。澄嘗與人書曰：「彥國吐佳言如鋸木屑，霏霏不絕，誠爲後進領袖也。」

辟別駕、太尉掾，並不就。以家貧，求試守繁昌令，始節酒自厲，甚有能名。遷尙書郎。

豫討齊王冏，賜爵陰平男。累轉司徒左長史。復求外出，爲建武將軍、樂安太守。與郡人光逸晝夜酣飲，不視郡事。成都王穎爲太弟，召爲中庶子，遂與謝鯤、王澄、阮脩、王尼、畢卓俱爲放達。

嘗過河南門下飲，河南騶王子博箕坐其傍，輔之叱使取火。子博曰：「我卒也，惟不乏吾事則已，安復爲人使！」輔之因就與語，歎曰：「吾不及也！」薦之河南尹樂廣，廣召見，甚悅之，擢爲功曹。其甄拔人物若此。

東海王越聞輔之名，引爲從事中郎，復補振威將軍、陳留太守。王彌經其郡，輔之不能討，坐免官。尋除寧遠將軍、揚州刺史，不之職，越復以爲右司馬、本州大中正。越薨，避亂渡江，元帝以爲安東將軍諮議祭酒，遷揚武將軍、湘州刺史、假節。到州未幾卒，時年四十九。子謙之。

謙之字子光。才學不及父，而傲縱過之。至酣醉，常呼其父字，輔之亦不以介意，談者以爲狂。輔之正酣飲，謙之闚而厲聲曰：「彥國年老，不得爲爾！將令我尻背東壁。」輔之歡笑，呼入與共飲。其所爲如此。年未三十卒。

畢卓

畢卓字茂世，新蔡鮦陽人也。父諶，中書郎。卓少希放達，爲胡毋輔之所知。太興末，爲吏部郎，常飲酒廢職。比舍郎釀熟，卓因醉夜至其甕間盜飲之，爲掌酒者所縛，明旦視之，乃畢吏部也，遽釋其縛。卓遂引主人宴於甕側，致醉而去。

卓嘗謂人曰：「得酒滿數百斛船，四時甘味置兩頭，右手持酒杯，左手持蟹螯，拍浮酒船中，便足了一生矣。」及過江，爲溫嶠平南長史，卒官。

王尼

王尼字孝孫，城陽人也，或云河內人。本兵家子，寓居洛陽，卓犖不羈。初爲護軍府軍士，胡毋輔之與琅邪王澄、北地傅暢、中山劉輿、潁川荀邃、河東裴遐迭屬河南功曹甄述及洛陽令曹攄請解之。攄等以制旨所及，不敢。輔之等齎羊酒詣護軍門，門吏疏名呈護軍，護軍歎曰：「諸名士持羊酒來，將有以也。」尼時以給府養馬，輔之等入，遂坐馬廄下，與尼炙羊飲酒，醉飽而去，竟不見護軍。護軍大驚，卽與尼長假，因免爲兵。

東嬴公騰辟爲車騎府舍人，不就。時尙書何綏奢侈過度，尼謂人曰：「綏居亂世，矜豪乃爾，將死不久。」人曰：「伯蔚聞言，必相危害。」尼曰：「伯蔚比聞我語，已死矣。」未幾，綏果爲東海王越所殺。初入洛，尼詣越不拜。越問其故，尼曰：「公無宰相之能，是以不拜。」因數之，言甚切。又云：「公負尼物。」越大驚曰：「寧有是也？」尼曰：「昔楚人亡布，謂令尹盜之。今尼屋舍資財，悉爲公軍人所略，尼今飢凍，是亦明公之負也。」越大笑，卽賜絹五十匹。諸貴人聞，競往餉之。

洛陽陷，避亂江夏。時王澄爲荊州刺史，遇之甚厚。尼早喪婦，止有一子。無居宅，惟畜露車，有牛一頭，每行，輒使子御之，暮則共宿車上。常歎曰：「滄海橫流，處處不安也。」俄而澄卒，荊土饑荒，尼不得食，乃殺牛壞車，煑肉噉之。旣盡，父子俱餓死。

羊曼 弟聃

羊曼字祖延，太傅祜兄孫也。父暨，陽平太守。曼少知名，本州禮命，太傅辟，皆不就。避難渡江，元帝以爲鎭東參軍，轉丞相主簿，委以機密。歷黃門侍郎、尚書吏部郎、晉陵太守，以公事免。曼任達穨縱，好飮酒。溫嶠、庾亮、阮放、桓彝同志友善，並爲中興名士。時州里稱陳留阮放爲宏伯，高平郗鑒爲方伯，〔一〇〕泰山胡毋輔之爲達伯，濟陰卞壼爲裁伯，陳留蔡謨爲朗伯，阮孚爲誕伯，高平劉綏爲委伯，〔一一〕而曼爲黠伯，凡八人，號兗州八伯，蓋擬古之八儁也。

王敦既與朝廷乖貳，羈錄朝士，曼爲右長史。曼知敦不臣，終日酣醉，諷議而已。敦以其士望，厚加禮遇，不委以事，故得不涉其難。敦敗，代阮孚爲丹楊尹。時朝士過江初拜官，相飾供饌。曼拜丹楊，客來早者得佳設，日宴則漸罄，不復及精，隨客早晚而不問貴賤。有羊固拜臨海太守，竟日皆美，雖晚至者猶獲盛饌。論者以固之豐腆，乃不如曼之眞率。

蘇峻作亂，加前將軍，率文武守雲龍門。王師不振，或勸曼避峻。曼曰：「朝廷破敗，吾安所求生？」勒衆不動，爲峻所害，年五十五。峻平，追贈太常。子賁嗣，少知名，尙明帝女南郡悼公主，除祕書郎，早卒。弟聃。

聃字彭祖。少不經學，時論皆鄙其凡庸。先是，兗州有八伯之號，其後更有四伯。大鴻臚陳留江泉以能食爲穀伯，豫章太守史疇以大肥爲笨伯，〔一三〕散騎郎高平張嶷以狡妄爲猾伯，而聃以狼戾爲瑣伯，蓋擬古之四凶。

聃初辟元帝丞相府，累遷廬陵太守。剛克粗暴，恃國戚，縱恣尤甚，睚眦之嫌輒加刑殺。疑郡人簡良等爲賊，殺二百餘人，誅及嬰孩，所髠鎖復百餘。庾亮執之，歸于京都。有司奏聃罪當死，以景獻皇后是其祖姑，應八議。成帝詔曰：「此事古今所無，何八議之有！

猶未忍肆之市朝，其賜命獄所。」兄子賁尙公主，自表求解婚。詔曰：「罪不相及，古今之令典也。聃雖極法，於賁何有！其特不聽離婚。」琅邪太妃山氏，聃之甥也，入殿叩頭請命。王導又啓：「聃罪不容恕，宜極重法。山太妃憂感成疾，陛下罔極之恩，宜蒙生全之宥。」於是詔下曰：「太妃惟此一舅，發言摧咽，乃至吐血，情慮深重。朕往丁荼毒，受太妃撫育之恩，同於慈親。若不堪難忍之痛，以致頓弊，朕亦何顏以寄。今便原聃生命，以慰太妃渭陽之思。」於是除名。頃之，遇疾，恒見簡良等爲祟，旬日而死。

光逸

光逸字孟祖，樂安人也。初爲博昌小吏，縣令使逸送客，冒寒舉體凍溼，還遇令不在，逸解衣炙之，入令被中臥。令還，大怒，將加嚴罰。逸曰：「家貧衣單，沾溼無可代。若不暫溫，勢必凍死，柰何惜一被而殺一人乎！君子仁愛，必不爾也，故寢而不疑。」令奇而釋之。

後爲門亭長，迎新令至京師。胡毋輔之與荀邃共詣令家，望見逸，謂邃曰：「彼似奇才。」便呼上車，與談良久，果俊器。令怪客不入，吏白與光逸語。令大怒，除逸名，斥遣之。

後舉孝廉，爲州從事，棄官投輔之。輔之時爲太傅越從事中郎，薦逸於越，越以門寒而不召。越後因閑宴，責輔之無所舉薦。輔之曰：「前舉光逸，公以非世家不召，非不舉也。」

越郎辟焉。書到郡縣，皆以爲誤，審知是逸，乃備禮遣之。

尋以世難，避亂渡江，復依輔之。初至，屬輔之與謝鯤、阮放、畢卓、羊曼、桓彝、阮孚散髮裸裎，閉室酣飲已累日。逸將排戶入，守者不聽，逸便於戶外脫衣露頭於狗竇中窺之而大叫。輔之驚曰：「他人決不能爾，必我孟祖也。」遽呼入，遂與飲，不捨晝夜。時人謂之八達。

元帝以逸補軍諮祭酒。中興建，爲給事中，卒官。

史臣曰：夫學非常道，則物靡不通；理有忘言，則在情斯遣。其進也，撫俗同塵，不居名利；其退也，餐和履順，以保天眞。若乃一其本原，體無爲之用，分其華葉，開寓言之道，是以伯陽垂範，鳴謙置式，欲崇諸己，先下於人，猶大樂無聲，而蹌鸞斯應者也。莊生放達其旨，而馳辯無窮；棄彼榮華，則俯輕爵位，懷其道術，則顧蔑王公；舐痔兼車，鳴鳶吞腐。以茲自口，於焉翫物，殊異虛舟，有同攘臂。嵇、阮竹林之會，劉畢芳樽之友，馳騁莊門，排登李室。若夫儀天布憲，百官從軌，經禮之外，棄而不存。是以帝堯縱許由於埃𡏖之表，光武舍子陵於潺湲之瀨，松蘿低舉，用以優賢，巖水澄華，茲焉賜隱；臣行厥志，主有嘉名。至於嵇康遺巨源之書，阮氏創先生之傳，軍諮散髮，吏部盜樽，豈以世疾名流，茲焉自垢？臨鍛竈而不迴，登廣武而長歎，則嵇琴絕響，阮氣徒存。通其旁徑，必彫風俗；召以效官，居然尸素。軌躅之外，或有可觀者焉。咸能符契情靈，各敦終始，愴神交於晚笛，或相思而動駕。史臣是以拾其遺事，附于篇云。

贊曰：老篇爰植，孔教提衡。各存其趣，道貴無名。相彼非禮，遵乎達生。秋水揚波，春雲斂映。旨酒厥德，憑虛其性。不翫斯風，誰虧王政？

校勘記

〔一〕直接去其上　册府八五五作「直接其上」，疑是。

〔二〕舉止灼然　勞校：孫志祖曰「止」字疑衍。「灼然」者，晉世選舉之名，于九品中正爲第二品，見溫嶠傳、鄧攸傳。

〔三〕宏達不及放　「達」，各本作「遠」，今從局本。通志一二三亦作「達」。

〔四〕人云　本作「又云」，今依册府八二七、通志一二三改。

〔五〕年六十二卒　「二」，南監本作「三」，局本作「一」，今從宋本、吳本、殿本。

〔六〕寧子腆　「腆」，安紀作「腆之」。

〔七〕意氣所託　「託」，各本作「先」，今從局本。

〔八〕婦兒之言　類聚七二引語林、御覽四八〇引竹林七賢論「婦兒」皆作「婦人」。

〔九〕永興中　勞校：「永興」當作「太安」。

〔一〇〕方伯　册府八八二引「方」作「放」。

〔一一〕委伯　斠注：御覽四〇七引晉中興書「委伯」作「秀伯」。册府八八二亦作「秀伯」。

〔一二〕史疇　斠注：御覽三七八引晉中興書「史疇」上有「陳留」二字。江泉、張嶷皆有郡名，此疑脫。

晉書卷五十

列傳第二十

曹志

曹志字允恭，譙國譙人，魏陳思王植之孽子也。少好學，以才行稱，夷簡有大度，兼善騎射。植曰：「此保家主也。」立以爲嗣。後改封濟北王。武帝爲撫軍將軍，迎陳留王于鄴，志夜謁見，帝與語，自暮達旦，甚奇之。及帝受禪，降爲鄄城縣公。詔曰：「昔在前世，雖曆運迭興，至於先代苗裔，傳祚不替，或列藩九服，式序王官。選衆命賢，惟德是與，蓋至公之道也。魏氏諸王公養德藏器，壅滯曠久，前雖有詔，當須簡授，而自頃衆職少缺，未得式敍。前濟北王曹志履德清純，才高行潔，好古博物，爲魏宗英，朕甚嘉之。其以志爲樂平太守。」志在郡上書，以爲宜尊儒重道，請爲博士置吏卒。遷章武、趙郡太守。雖累郡職，不以政事爲意，晝則遊獵，夜誦詩書，以聲色自娛，當時見者未能審其量也。

咸寧初，詔曰：「鄄城公曹志，篤行履素，達學通識，宜在儒林，以弘胄子之教。其以志爲散騎常侍、國子博士。」帝嘗閱六代論，問志曰：「是卿先王所作邪？」志對曰：「先王有手所作目錄，請歸尋按。」還奏曰：「按錄無此。」帝曰：「誰作？」志曰：「以臣所聞，是臣族父冏所作。以先王文高名著，欲令書傳于後，是以假託。」帝曰：「古來亦多有是。」顧謂公卿曰：「父子證明，足以爲審。自今已後，可無復疑。」

後遷祭酒。齊王攸將之國，下太常議崇錫文物。時博士秦秀等以爲齊王宜內匡朝政，不可之藩。志又常恨其父不得志於魏，因愴然歎曰：「安有如此之才，如此之親，不得樹本助化，而遠出海隅？晉朝之隆，其殆乎哉！」乃奏議曰：「伏聞大司馬齊王當出藩東夏，備物盡禮，同之二伯。今陛下爲聖君，稷契爲賢臣，內有魯衞之親，外有齊晉之輔，坐而守安，此萬世之基也。古之夾輔王室，同姓則周公其人也，異姓則太公其人也，皆身在內，五世反葬。後雖有五霸代興，桓文譎主，下有請隧之僭，上有九錫之禮，終於譎而不正，驗於尾大不掉，豈與召公之歌棠棣，周詩之詠鵻鴞同日論哉！今聖朝創業之始，始之不諒，後事難工。幹植不强，枝葉不茂；骨骾不存，皮膚不充。自羲皇以來，豈是一姓之獨有！欲結其心者，當有磐石之固。夫欲享萬世之利者，當與天下議之。故天之聰明，自我人之聰明。秦魏欲獨擅其威，而財得沒其身；周漢能分其利，而親疏爲之用。此自聖主之深慮，日月之所照。事雖淺，當深謀之；言雖輕，當重思之。志備位儒官，若言不及禮，是志寇竊。知忠不言，議所不敢。〔一〕志以爲當如博士等議。」議成當上，見其從弟高邑公嘉。嘉曰：「兄議甚切，百年之後必書晉史，目下將見責邪。」帝覽議，大怒曰：「曹志尚不明吾心，況四海乎！」以議者不指答所問，橫造異論，策免太常鄭默。於是有司奏收志等結罪，詔惟免志官，以公還第，其餘皆付廷尉。

頃之，志復爲散騎常侍。遭母憂，居喪過禮，因此篤病，喜怒失常。九年卒，太常奏以惡謚。崔褒歎曰：「魏顆不從亂，以病爲亂故也。今謚曹志而謚其病，豈謂其病不爲亂乎！」於是謚爲定。

庾峻 子珉 敳

庾峻字山甫，潁川鄢陵人也。祖乘，才學洽聞，漢司徒辟，有道徵，皆不就。伯父嶷，中正簡素，仕魏爲太僕。父道，〔二〕廉退貞固，養志不仕。牛馬有踶齧者，恐傷人，不貨於市。及諸子貴，賜拜太中大夫。

峻少好學，有才思。嘗游京師，聞魏散騎常侍蘇林老疾在家，往候之。林嘗就乘學，見峻流涕，良久曰：「尊祖高才而性退讓，慈和汎愛，淸靜寡欲，不營當世，惟修德行而已。鄢陵舊五六萬斤，聞今裁有數百。君二父孩抱經亂，獨至今日，尊伯爲當世令器，君兄弟復俊茂，此尊祖積德之所由也。」

歷郡功曹，舉計掾，州辟從事。太常鄭袤見峻，大奇之，舉爲博士。時重莊老而輕經史，峻懼雅道陵遲，乃潛心儒典。屬高貴鄉公幸太學，問尚書義於峻，峻援引師說，發明經旨，申暢疑滯，對答詳悉。遷祕書丞。長安有大獄，久不決，拜峻侍御史，往斷之，朝野稱允。武帝踐阼，賜爵關中侯，遷司空長史，轉祕書監、御史中丞，拜侍中，加諫議大夫。常侍帝講詩，中庶子何劭論風雅正變之義，峻起難往反，四坐莫能屈之。

是時風俗趣競，禮讓陵遲。峻上疏曰：

臣聞黎庶之性，人衆而賢寡，設官分職，則官寡而賢衆。爲賢衆而多官，則妨化，以無官而棄賢，則廢道。是故聖王之御世也，因人之性，或出或處，故有朝廷之士，又有山林之士。朝廷之士，佐主成化，猶人之有股肱心膂，共爲一體也。山林之士，被褐懷玉，太上棲於丘園，高節出於衆庶。其次輕爵服，遠恥辱以全志。〔三〕最下就列位，惟無功而能知止。彼其淸劭足以抑貪汙，退讓足以息鄙事。故在朝之士聞其風而悅之，將受爵者皆恥躬之不逮。斯山林之士、避寵之臣所以爲美也，先王嘉之。節雖離世，而德合於主，行雖詭朝，而功同於政。故大者有玉帛之命，其次有几杖之禮，以厚德載物，出處有地。既廊廟多賢才，而野人亦不失爲君子，此先王之弘也。

秦塞斯路，利出一官。雖有處士之名，〔四〕而無爵列於朝者，商君謂之六蝎，韓非謂之五蠹。時不知德，惟爵是聞。故閭閻以公乘侮其鄉人，郎中以上爵傲其父兄。漢祖反之，大暢斯否。任蕭曹以天下，重四晧於南山。以張良之勳，而班在叔孫之後；蓋公之賤，而曹相諮之以政。帝王貴德於上，俗亦反本於下。故田叔等十人，漢廷臣無能出其右者，而未嘗干祿於時。以釋之之貴，結王生之襪於朝，而其名愈重。自非主臣尚德兼愛，孰能通天下之志，如此其大者乎！

夫不革百王之弊，徒務救世之政，文士競智而務入，武夫恃力而爭先。官高矣，而意未滿；功報矣，其求不已。又國無隨才任官之制，俗無難進易退之恥。位一高，雖無功而不見下，已負敗而後見用。故因前而升，則處士之路塞矣。又仕者黜陟無章，是以普天之下，先競而後讓，舉世之士，有進而無退。大人溺於動俗，執政撓於羣言，衡石爲之失平，清濁安可復分？昔者先王患向之所以取天下者，今之爲弊，是故功成必改其物，業定必易其教。雖以爵祿使下，臣無貪陵之行；雖以甲兵定功，主無窮武之悔也。

臣愚以爲古者大夫七十懸車，今自非元功國老，三司上才，可聽七十致仕，則士無懷祿之嫌矣。其父母八十，可聽終養，則孝莫大於事親矣。吏歷試無績，依古終身不仕，則官無秕政矣。能小而不能大，可降還涖小，則使人以器矣。人主進人以禮，退人以禮，人臣亦量能受爵矣。其有孝如王陽，臨九折而去官，潔如貢禹，冠一免而不著，及知止如王孫，知足如疎廣，雖去列位而居東野，與人父言，依於慈，與人子言，依於孝。此其出言合於國檢，危行彰於本朝。去勢如脫屣，路人爲之隕涕；辭寵如金石，庸夫爲之興行。是故先王許之，而聖人貴之。

夫人之性陵上，猶水之趣下也，益而不已必決，升而不已必困。始於匹夫行義不敦，終於皇輿爲之敗績，固不可不慎也。下人幷心進趣，上宜以退讓去其甚者。退讓不可以刑罰使，莫若聽朝士時時從志，山林往往閒出。無使入者不能復出，往者不能復反。然後出處交泰，提衡而立，時靡有爭，天下可得而化矣。

又疾世浮華，不修名實，著論以非之，文繁不載。

九年卒，詔賜朝服一具、衣一襲、錢三十萬。臨終，敕子珉朝卒夕殯，幅巾布衣，葬勿擇日。珉奉遵遺命，斂以時服。二子：珉、敳。

珉字子琚。性淳和好學，行己忠恕。少歷散騎常侍、本國中正、侍中，封長岑男。懷帝之沒劉元海也，〔三〕珉從在平陽。元海大會，因使帝行酒，珉不勝悲憤，再拜上酒，因大號哭，賊惡之。會有告珉及王儁等謀應劉琨者，元海因圖弒逆，珉等並遇害。初，洛陽之未陷也，珉爲侍中，直于省內，謂同僚許遐曰：「世路如此，禍難將及，吾當死乎此屋耳！」及是，竟不免焉。太元末，追謚曰貞。

敳字子嵩。長不滿七尺，而腰帶十圍，雅有遠韵。爲陳留相，未嘗以事嬰心，從容酣暢，寄通而已。處衆人中，居然獨立。嘗讀老莊，曰：「正與人意闇同。」太尉王衍雅重之。敳見王室多難，終知嬰禍，乃著意賦以豁情，猶賈誼之服鳥也。其詞曰：「至理歸於渾一兮，榮辱固亦同貫。存亡既已均齊兮，正盡死復何歎。物咸定於無初兮，俟時至而後驗。若四節之素代兮，豈當今之得遠？且安有壽之與夭兮，或者情橫多戀。宗統竟初不別兮，大德亡其情願。蠢動皆神之爲兮，癡聖惟質所建。眞人都遣穢累兮，性茫蕩而無岸。縱軀於遼廓之庭兮，委體乎寂寥之館。天地短於朝生兮，億代促於始旦。顧瞻宇宙微細兮，眇若豪鋒之半。飄颻玄曠之域兮，深漠暢而靡玩。兀與自然并體兮，融液忽而四散。」從子亮見賦，問曰：「若有意也，非賦所盡；若無意也，復何所賦？」答曰：「在有無之閒耳！」

遷吏部郎。是時天下多故，機變屢起，敳常靜默無爲。參東海王越太傅軍事，轉軍諮祭酒。時越府多雋異，敳在其中，常自袖手。豫州牧長史河南郭象善老莊，時人以爲王弼之亞。敳甚知之，每曰：「郭子玄何必減庾子嵩。」象後爲太傅主簿，任事專勢。敳謂象曰：「卿自是當世大才，我疇昔之意都已盡矣。」

敳有重名，爲搢紳所推，而聚斂積實，談者譏之。都官從事溫嶠奏之，敳更器嶠，目嶠森森如千丈松，雖礧砢多節，施之大廈，有棟梁之用。時劉輿見任於越，人士多爲所構，惟敳縱心事外，無迹可間。後以其性儉家富，說越令就換錢千萬，冀其有吝，因此可乘。越於衆坐中問於敳，而敳乃積然已醉，幘墮机上，以頭就穿取，徐答云：「下官家有二千萬，隨公所取矣。」輿於是乃服。越甚悅，因曰：「不可以小人之慮度君子之心。」王衍不與敳交，敳卿之不置。衍曰：「君不得爲耳。」敳曰：「卿自君我，我自卿卿。我自用我家法，卿自用卿家法。」衍甚奇之。

石勒之亂，與衍俱被害，時年五十。

郭象

郭象字子玄，少有才理，好老莊，能清言。太尉王衍每云：「聽象語，如懸河瀉水，注而不竭。」州郡辟召，不就。常閑居，以文論自娛。後辟司徒掾，稍至黃門侍郎。東海王越引爲太傅主簿，甚見親委，遂任職當權，熏灼內外，由是素論去之。永嘉末病卒，著碑論十二篇。

先是注莊子者數十家，莫能究其旨統。向秀於舊注外而爲解義，妙演奇致，大暢玄風，惟秋水、至樂二篇未竟而秀卒。秀子幼，其義零落，然頗有別本遷流。象爲人行薄，以秀義不傳於世，遂竊以爲己注，乃自注秋水、至樂二篇，又易馬蹄一篇，其餘衆篇或點定文句而已。其後秀義別本出，故今有向、郭二莊，其義一也。

庾純 子旉

庾純字謀甫。博學有才義，爲世儒宗。郡補主簿，仍參征南府，累遷黃門侍郎，封關內侯，歷中書令、河南尹。

初，純以賈充姦佞，與任愷共舉充西鎮關中，充由是不平。充嘗宴朝士，而純後至，充謂曰：「君行常居人前，今何以在後？」純曰：「旦有小市井事不了，〔六〕是以來後。」世言純之先嘗有伍伯者，充之先有市魁者，充、純以此相譏焉。充自以位隆望重，意殊不平。及純行酒，充不時飲。純曰：「長者爲壽，何敢爾乎！」充曰：「父老不歸供養，將何言也！」純因發怒曰：「賈充！天下兇兇，由爾一人。」充曰：「充輔佐二世，蕩平巴蜀，有何罪而天下爲之兇兇？」純曰：「高貴鄉公何在？」衆坐因罷。充左右欲執純，中護軍羊琇、侍中王濟佑之，因得出。充慚怒，上表解職。純懼，上河南尹、關內侯印綬，上表自劾曰：「司空公賈充請諸卿校并及臣。臣不自量，飲酒過多。醉亂行酒，重酌於公，公不肯飲，言語往來，公遂訶臣父老不歸供養，卿爲無天地。臣不服罪自引，而更忿怒，厲聲名公，臨時諠譊，遂至荒越。禮，『八十月制』，誠以衰老之年，變難無常也。臣不惟生育之恩，求養老父，而懷祿貪榮，烏鳥之不若。充爲三公，論道興化，以教義責臣，是也。而以枉錯直，居下犯上，醉酒迷荒，昏亂儀度。臣得以凡才，擢授顯任。易戒濡首，論誨酒困，而臣聞義不服，過言盈庭，黷慢台司，違犯憲度，不可以訓。請臺免臣官，廷尉結罪，大鴻臚削爵土。敕身不謹，伏須罪誅。」御史中丞孔恂劾純，請免官。詔曰：「先王崇尊卑之禮，明貴賤之序，著溫克之德，記沈酗之禍，所以光宣道化，示人軌儀也。昔廣漢陵慢宰相，獲犯上之刑；灌夫託醉肆忿，致誅斃之罪。純以凡才，備位卿尹，不惟謙敬之節，不忌覆車之戒，陵上無禮，悖言自口，宜加顯黜，以肅朝倫。」遂免純官。

又以純父老不求供養，使據禮典正其臧否。太傅何曾、太尉荀顗、驃騎將軍齊王攸議曰：「凡斷正臧否，宜先稽之禮、律。八十者，一子不從政；九十者，其家不從政。新令亦如之。按純父年八十一，兄弟六人，三人在家，不廢侍養。純不求供養，其於禮、律未有違也。司空公以純備位卿尹，望其有加於人。而純荒醉，肆其忿怒。臣以爲純不遠布孝至之行，〔七〕而近習常人之失，〔八〕應在譏貶。」司徒石苞議：「純榮官忘親，惡聞格言，不忠不孝，宜除名削爵土。」司徒西曹掾劉斌議以爲：「敦敍風俗，以人倫爲先；人倫之教，以忠孝爲主。忠故不忘其君，孝故不忘其親。若孝必專心於色養，則明君不得而臣；忠必不顧其親，則父母不得而子也。是以爲臣者，必以義斷其恩；爲子也，必以情割其義。在朝則從君之命，在家則隨父之制。然後君父兩濟，忠孝各序。純兄峻以父老求歸，峻若得歸，純無不歸之勢；峻不得歸，純無得歸之理。純雖自聞，同不見聽。近遼東太守孫和、廣漢太守鄧良皆有老母，良無兄弟，授之遠郡，辛苦自歸，皆不見聽。且純近爲京尹，父在界內，時得自啓定省，獨於禮法外處其貶黜，斌愚以爲非理也。禮，年八十，一子不從政。純有二弟在家，不爲違禮。又令，年九十，乃聽悉歸。今純父實未九十，不爲犯令。罵辱宰相，宜加放斥，以明國典。聖恩愷悌，示加貶退，臣愚無所清議。」河南功曹史龐札等表曰：

臣郡前尹關內侯純，醉酒失常，戊申詔書旣免尹官，以父篤老不求供養，下五府依禮典正其臧否。臣謹按三王養老之制，八十，一子不從政；九十，其家不從政，斯誠使人無闕孝養之道，爲臣不違在公之節也。先王制禮垂訓，莫尙於周。當其時也，姬公留周，伯禽之魯，孝子不匱，典禮無愆。今公府議，七十時制，八十月制，欲以駁奪從政之限，削除爵土。是爲公旦立法，還自越之，魯侯爲子，卽爲罰首也。石奮期頤，四子列郡。近太宰獻王諸子，亦在藩外。古今同符，忠孝並濟。

臣聞悔吝之疵，君子有之。尹性少飲多，遂至沈醉。尹醒聞知，悼恨前失，執謙引罪，深自奏劾，求入重法。今公府不原所由，而謂傲很，是爲重罪過醉之言，而沒迷復之義也。臣聞父子天性，愛由自然，君臣之交，出自義合，而求忠臣必於孝子。是以先王立禮，敬同於父，原始要終，齊於所生，如此猶患人臣罕能致身。今公府議云，禮律雖有常限，至於疾病歸養，不奪其志。如此則爲禮禁正直，而陷人以詐，〔九〕違越王制，開其殆原。尹少履清苦，事親色養，歷職內外，公廉無私，此陛下之所以屢發明詔，而尹之所以仍見擢授也。尹行己也恭，率下也敬，先衆後己，實是宿心。一旦由醉，責以暴慢。按奏狀不忠不孝，羣公建議削除爵土，此愚臣所以自悲自悼，拊心泣血也。

按今父母年過八十，〔一〇〕聽令其子不給限外職，誠以得有歸來之緣。今尹居在郡內，前每表屢蒙定省。尹昆弟六人，三人在家，孝養不廢。兄侍中峻，家之嫡長，往比自表，求歸供養，詔喩不聽。國體法同，兄弟無異，而虛責尹不求供養如斯，臣懼長假飾之名，而損忠誠之實也。夫禮者，所以經國家，定社稷也。故陶唐之隆，順考古典，周成之美，率由舊章。伏惟陛下聖德欽明，敦禮崇教，疇諮四嶽，以詳典制。尹以犯違受黜，而所由者醉。公以教義見責，而所因者忿。積忿以立義，由醉以得罪，禮律不復爲斷，文致欲以成法。是以愚臣敢冒死亡之誅，而恥不伸於盛明之世。惟蒙哀察。」

帝復下詔曰：「自中世以來，多爲貴重順意，賤者生情，故令釋之、定國得揚名於前世。今議責庾純，不惟溫克，醉酒沈湎，此責人以齊聖也。疑賈公亦醉，若其不醉，終不於百客之中責以不去官供養也。大晉依聖人典禮，制臣子出處之宜，若有八十，皆當歸養，亦不獨純也。[3]古人云：『由醉之言，俾出童羖。』明不責醉，恐失度也。所以免純者，當爲將來之醉戒耳。齊王、劉掾議當矣。」復以純爲國子祭酒，加散騎常侍。後將軍荀眅於朝會中奏純以前坐不孝免黜，不宜升進。侍中甄德進曰：「孝以顯親爲大，祿養爲榮。詔赦純前愆，擢爲近侍，兼掌教官，此純召不俟駕之日。而後將軍眅敢以私議貶奪公論，抗言矯情，誣罔朝廷，宜加貶黜。」眅坐免官。

初，眅與純俱爲大將軍所辟，眅整麗車服，純率素而已，眅以爲愧恨。至是，毀純。眅既免黜，純更以此愧之，亟往慰勉之，時人稱純通恕。

遷侍中，以父憂去官。起爲御史中丞，轉尚書。除魏郡太守，不之官，拜少府。年六十四卒。子旉。

勇字允誠。少有清節，歷位博士。齊王攸之就國也，下禮官議崇錫之物。勇與博士太叔廣、劉暾、繆蔚、郭頤、秦秀、傅珍等上表諫曰：

書稱帝堯「克明俊德，以親九族」。武王光有天下，兄弟之國十有六人，同姓之國四十人，元勳睦親，顯以殊禮，而魯、衞、齊、晉大啓土宇，並受分器。所謂惟善所在，親疏一也。大晉龍興，隆唐周之遠跡，王室親屬，佐命功臣，咸受爵土，而四海乂安。今吳會已平，詔大司馬齊王出統方嶽，當遂撫其國家，將準古典，以垂永制。

昔周之選建明德以左右王室也，則周公爲太宰，康叔爲司寇，聃季爲司空。及召、芮、畢、毛諸國，皆入居公卿大夫之位，明股肱之任重，守地之位輕也，未聞古典以三事之重出之國者。漢氏諸侯王位尊勢重，在丞相三公上。其入讚朝政者，乃有兼官，其出之國，亦不復假台司虛名爲隆寵也。

昔申無宇曰「五大不在邊」，先儒以爲貴寵公子公孫，累世正卿也。又曰「五細不在庭」，先儒以爲賤妨貴，少陵長，遠間親，新間舊，小加大也。不在庭，不在朝廷爲政也。又曰：「親不在外，羈不在內。今棄疾在外，鄭丹在內，君其少戒之。」叔向有言：「公室將卑，其枝葉先落。」公族，公室之本，而去之，諺所謂芘焉而縱尋斧柯者也。

今使齊王賢邪，則不宜以母弟之親尊，居魯衞之常職；不賢邪，不宜大啓土宇，表建東海也。古禮，三公無職，坐而論道，不聞以方任嬰之。惟周室大壞，宣王中興，四夷交侵，救急朝夕，然後命召穆公征淮夷。故其詩曰「徐方不回，王曰旋歸」，宰相不得久在外也。今天下已定，六合爲家，將數延三事，與論太平之基，而更出之，去王城二千里，違舊章矣。

旉草議，先以呈父純，純不禁。太常鄭默、博士祭酒曹志並過其事。武帝以博士不答所問，答所不問，大怒，事下有司。尚書朱整、褚䂮等奏：「旉等侵官離局，迷罔朝廷，崇飾惡言，假託無諱，請收旉等八人付廷尉科罪。」旉父純詣廷尉自首：「旉以議草見示，愚淺聽之。」詔免純罪。

廷尉劉頌又奏旉等大不敬，棄市論，求平議。尚書又奏請報聽廷尉行刑。尚書夏侯駿謂朱整曰：「國家乃欲誅諫臣！官立八座，正爲此時，卿可共駁正之。」整不從，駿怒起，曰：「非所望也！」乃獨爲駁議。左僕射魏舒、右僕射下邳王晃等從駿議。奏留中七日，乃詔曰：「旉等備爲儒官，不念奉憲制，不指答所問，敢肆其誣罔之言，以干亂視聽。而旉是議主，應爲戮首。但旉及家人並自首，大信不可奪。秦秀、傅珍前者虛妄，幸而得免，復不以爲懼，當加罪戮，以彰凶慝。猶復不忍，皆丐其死命。秀、珍、旉等並除名。」

後數歲，復起爲散騎侍郎。終于國子祭酒。

秦秀

秦秀字玄良，新興雲中人也。父朗，魏驍騎將軍。秀少敦學行，以忠直知名。咸寧中，爲博士。

何曾卒，下禮官議謚。秀議曰：

故太宰何曾，雖階世族之胤，而少以高亮嚴肅，顯登王朝。事親有色養之名，在官奏科尹模，此二者實得臣子事上之概。然資性驕奢，不循軌則。詩云：「節彼南山，惟石巖巖，赫赫師尹，人具爾瞻。」言其德行高峻，動必以禮耳。丘明有言：「儉，德之恭；侈，惡之大也。」大晉受命，勞謙隱約，曾受寵二代，顯赫累世。暨乎耳順之年，身兼三公之位，食大國之租，荷保傅之貴，執司徒之均。二子皆金貂卿校，列于帝側。方之古人，責深負重，雖舉門盡死，猶不稱位。而乃驕奢過度，名被九域，行不履道，而享位非常。以古義言之，非惟失輔相之宜，違斷金之利也。穢皇代之美，壞人倫之敎，生天下之醜，示後生之傲，莫大於此。自近世以來，宰臣輔相，未有受垢辱之聲，被有司之劾，父子塵累而蒙恩貸若曾者也。

周公弔二季之陵遲，哀大教之不行，於是作諡以紀其終。曾參奉之，啓手歸全，易簀而沒，蓋明愼終，死而後已。齊之史氏，亂世陪臣耳，猶書君賊，累死不懲。況於皇代守典之官，敢畏强盛，而不盡禮。管子有言：「禮義廉恥，是謂四維，四維不張，國乃滅亡。」宰相大臣，人之表儀，若生極其情，死又無貶，是則帝室無正刑也。王公貴人，復何畏哉！所謂四維，復何寄乎！謹按諡法：「名與實爽曰繆，怙亂肆行曰醜。」曾之行己，皆與此同，宜諡繆醜公。

時雖不同秀議，而聞者懼焉。

秀性忌讒佞，疾之如讎，素輕鄙賈充，及伐吳之役，聞其爲大都督，謂所親者曰：「充文案小才，乃居伐國大任，吾將哭以送師。」或止秀曰：「昔蹇叔知秦軍必敗，故哭送其子耳。今吳君無道，國有自亡之形，羣率踐境，將不戰而潰。子之哭也，既爲不智，乃不赦之罪。」於是乃止。及孫晧降于王濬，充未之知，方以吳未可平，抗表請班師。充表與告捷同至，朝野以充位居人上，智出人下，僉以秀爲知言。

及充薨，秀議曰：「充舍宗族弗授，而以異姓爲後，悖禮溺情，以亂大倫。昔鄫養外孫莒公子爲後，春秋書『莒人滅鄫』。聖人豈不知外孫親邪！但以義推之，則無父子耳。又案詔書『自非功如太宰，始封無後如太宰，〔二〕所取必己自出如太宰，不得以爲比』。然則以外孫爲後，自非元功顯德，不之得也。天子之禮，蓋可然乎？絕父祖之血食，開朝廷之禍門。諡法『昏亂紀度曰荒』，請諡荒公。」不從。

王濬有平吳之勳，而爲王渾所譖毀。帝雖不從，無明賞罰，以濬爲輔國大將軍，天下咸爲之怨。秀乃上言曰：「自大晉啓祚，輔國之號，率以舊恩。此爲王濬無功之時，受九列之顯位，立功之後更得寵人之辱號也。四海視之，孰不失望！蜀小吳大，平蜀之後，二將皆就加三事，今濬還而降等，天下安得不惑乎！吳之未亡也，雖以三祖之神武，猶躬受其屈。以孫晧之虛名，足以驚動諸夏，每一小出，雖聖心知其垂亡，然中國輒懷惶怖。當爾時，有能借天子百萬之衆，平而有之，與國家結兄弟之交，臣恐朝野實皆甘之耳。今濬舉蜀漢之卒，數旬而平吳，雖舉吳人之財寶以與之，本非己分有焉，而遽與計校乎？」〔一二〕

後與劉暾等同議齊王攸事，忤旨，除名。尋復起爲博士。秀性婞直，與物多忤。爲博士前後垂二十年，卒於官。

史臣曰：齊獻王以明德茂親，經邦論道，允釐庶績，式敍彝倫。武帝納姦諂之邪謀，懷始終之遠慮，遂乃君茲靑土，作牧東藩。遠邇驚嗟，朝野失望。曹志等服膺教義，方軌儒門，蹇蹇匪躬，慺慺體國。故能抗言鳳闕，忤犯龍鱗，身雖暫屈，道亦弘矣！庾氏世載淸德，見稱於世，汝潁之多奇士，斯焉取斯。謀甫素疾佞邪，而發因醉飽，投鼠忌器，豈易由言。竊人之財，猶謂之盜，子玄假譽攘善，將非盜乎！

贊曰：魏氏維城，濟北知名。潁川多士，峻亦飛英。長岑徇義，祭酒遺榮。謀甫三爵，酗醟斯作。象既攘善，秀惟瘴惡。傅獻嘉謀，幾趨鼎鑊。

校勘記

〔一〕議所不敢　周校：「義」誤「議」。

〔二〕父道　斠注：魏志管寧傳注、張琦傳注兩引庾氏譜以及元和姓纂、鄧名世姓氏辨證「道」皆作「遁」，此作「道」，乃「遁」之誤。

〔三〕全志　「全志」，各本作「全名」，今從局本。

〔四〕雖有處士之名　「雖」，各本作「唯」，今從局本。

〔五〕懷帝之沒劉元海也　勞校：「劉元海」當作「劉聰」。

〔六〕旦有小市井事不了　「旦」，各本作「且」，今從局本。

〔七〕不遠布孝至之行　通志一二三「孝至」作「至孝」，與下句「常人」對文。

〔八〕而近習常人之失　「習」，各本作「惜」，今從宋本。

〔九〕而陷人以詐　「人」，各本作「入」，今從殿本。册府六一四亦作「人」。

〔一〇〕按今父母年過八十　通志一二三及册府六一四「今」作「令」。

〔一一〕始封無後　各本脫「無」字，今從殿本。賈充傳亦有「無」字。

〔一二〕而遽與計校乎　「遽」，各本作「據」，局本作「遽」，今從之。

晉書卷五十一

列傳第二十一

皇甫謐 子方回

皇甫謐字士安，幼名靜，安定朝那人，漢太尉嵩之曾孫也。出後叔父，徙居新安。年二十，不好學，游蕩無度，或以爲癡。嘗得瓜果，輒進所後叔母任氏。任氏曰：「孝經云：『三牲之養，猶爲不孝。』汝今年餘二十，目不存教，心不入道，無以慰我。」因歎曰：「昔孟母三徙以成仁，曾父烹豕以存教，豈我居不卜鄰，教有所闕，何爾魯鈍之甚也！修身篤學，自汝得之，於我何有！」因對之流涕。謐乃感激，就鄉人席坦受書，勤力不怠。居貧，躬自稼穡，帶經而農，遂博綜典籍百家之言。沈靜寡欲，始有高尚之志，以著述爲務，自號玄晏先生。著禮樂、聖眞之論。後得風痹疾，猶手不輟卷。

或勸謐修名廣交，謐以爲「非聖人孰能兼存出處，居田里之中亦可以樂堯舜之道，何必崇接世利，事官鞅掌，然後爲名乎」。作玄守論以答之，曰：

或謂謐曰：「富貴人之所欲，貧賤人之所惡，何故委形待於窮而不變乎？且道之所貴者，理世也；人之所美者，及時也。先生年邁齒變，饑寒不贍，轉死溝壑，其誰知乎？」謐曰：「人之所至惜者，命也；道之所必全者，形也；性形所不可犯者，疾病也。若擾全道以損性命，安得去貧賤存所欲哉？吾聞食人之祿者懷人之憂，形强猶不堪，況吾之弱疾乎！且貧者士之常，賤者道之實，處常得實，沒齒不憂，孰與富貴擾神耗精者乎！又生爲人所不知，死爲人所不惜，至矣！喑聾之徒，天下之有道者也。夫一人死而天下號者，以爲損也；一人生而四海笑者，以爲益也。然則號笑非益死損生也。是以至道不損，至德不益。何哉？體足也。如迴天下之念以追損生之禍，運四海之心以廣非益之病，豈道德之至乎！夫唯無損，則至堅矣；夫唯無益，則至厚矣。堅故終不損，厚故終不薄。苟能體堅厚之實，居不薄之眞，立乎損益之外，游乎形骸之表，則我道全矣。」

遂不仕。耽翫典籍，忘寢與食，時人謂之「書淫」。或有箴其過篤，將損耗精神。謐曰：「朝聞道，夕死可矣，況命之修短分定懸天乎！」

叔父有子既冠，謐年四十喪所生後母，遂還本宗。

城陽太守梁柳，謐從姑子也，當之官，人勸謐餞之。謐曰：「柳爲布衣時過吾，吾送迎不出門，食不過鹽菜，貧者不以酒肉爲禮。今作郡而送之，是貴城陽太守而賤梁柳，豈中古人之道，是非吾心所安也。」

時魏郡召上計掾，舉孝廉；景元初，相國辟，皆不行。其後鄉親勸令應命，謐爲釋勸論以通志焉。其辭曰：

相國晉王辟余等三十七人，及泰始登禪，同命之士莫不畢至，皆拜騎都尉，或賜爵關內侯，進奉朝請，禮如侍臣。唯余疾困，不及國寵。宗人父兄及我僚類，咸以爲天下大慶，萬姓賴之，雖未成禮，不宜安寢，縱其疾篤，猶當致身。余唯古今明王之制，事無巨細，斷之以情，實力不堪，豈慢也哉！乃伏枕而歎曰：「夫進者，身之榮也；退者，命之實也。設余不疾，執高箕山，尚當容之，況余實篤！故堯舜之世，士或收迹林澤，或過門不敢入。咎繇之徒兩遂其願者，遇時也。故朝貴致功之臣，野美全志之士。彼獨何人哉！今聖帝龍興，配名前哲，仁道不遠，斯亦然乎！客或以常言見逼，或以逆世爲慮。余謂上有寬明之主，下必有聽意之人，〔一〕天網恢恢，至否一也，何尤於出處哉！」遂究賓主之論，以解難者，名曰釋勸。

客曰：「蓋聞天以懸象致明，地以含通吐靈。故黃鍾次序，律呂分形。是以春華發莩，夏繁其實，秋風逐暑，冬冰乃結。人道以之，應機乃發。三材連利，明若符契。故士或同升於唐朝，或先覺於有莘，或通夢以感主，或釋釣於渭濱，或叩角以干齊，或解褐以相秦，或冒謗以安鄭，或乘駟以救屯，或班荆以求友，或借術於黄神。故能電飛景拔，超次邁倫，騰高聲以奮遠，抗宇宙之清音。由此觀之，進德貴乎及時，何故屈此而不伸？今子以英茂之才，游精於六藝之府、散意於衆妙之門者有年矣。既遭皇禪之朝，又投祿利之際，委聖明之主，偶知己之會，時清道眞，可以沖邁，此眞吾生濯髮雲漢、鴻漸之秋也。韜光逐藪，含章未曜，龍潛九泉，硜焉執高，棄通道之遠由，守介人之局操，無乃乖於道之趣乎？

且吾聞招搖昏迴則天位正，五教班敍則人理定。如今王命切至，委慮有司，上迕主之累，下致駭衆之疑。達者貴同，何必獨異？羣賢可從，何必守意？方今同命並臻，饑不待餐，振藻皇塗，咸秩天官。子獨栖遲衡門，放形世表，遜遁丘園，不睨華好，惠不加人，行不合道，身嬰大疢，性命難保。若其羲和促轡，大火西頹，臨川恨晚，將復何階！夫貴陰賤璧，聖所約也；顚倒衣裳，明所箴也。子其鑒先哲之洪範，副聖朝之虛心，沖靈翼於雲路，浴天池以濯鱗，排閶闔，步玉岑，登紫闥，侍北辰，翻然景曜，雜沓英塵。輔唐虞之主，化堯舜之人，宣刑錯之政，配殷周之臣，銘功景鍾，參敍彝倫，存則鼎食，亡爲貴臣，不亦茂哉！而忽金白之輝曜，忘青紫之班瞵，辭容服之光粲，抱弊褐之終年，無乃勤乎！」

主人笑而應之曰：「吁！若賓可謂習外觀之暉暉，未覩幽人之髣髴也；見俗人之不容，未喻聖皇之兼愛也；循方圓於規矩，未知大形之無外也。故曰，天玄而淸，地靜而寧，含羅萬類，旁薄羣生，寄身聖世，託道之靈。若夫春以陽散，冬以陰凝，泰液含光，元氣混蒸，衆品仰化，誕制殊徵。故進者享天祿，處者安丘陵。是以寒暑相推，四宿代中，陰陽不治，運化無窮，自然分定，兩克厥中。二物俱靈，是謂大同；彼此無怨，是謂至通。

若乃衰周之末，貴詐賤誠，牽於權力，以利要榮。故蘇子出而六主合，張儀入而橫勢成，廉頗存而趙重，樂毅去而燕輕，公叔沒而魏敗，孫臏刖而齊寧，蠡種親而越霸，屈子疏而楚傾。是以君無常籍，臣無定名，損義放誠，一虛一盈。故馮以彈劍感主，女有反賜之說，項奮拔山之力，蒯陳鼎足之勢，東郭劫於田榮，顏闔恥於見逼。斯皆棄禮喪眞，苟榮朝夕之急者也，豈道化之本與！

若乃聖帝之創化也，參德乎二皇，〔三〕齊風乎虞夏，欲溫溫而和暢，不欲察察而明切也；欲混混若玄流，不欲蕩蕩而名發也；欲索索而條解，不欲契契而繩結也；欲芒芒而無垠際，不欲區區而分別也；欲闇然而日章，〔三〕不欲示白若冰雪也；欲醇醇而任德，不欲瑣瑣而執法也。是以見機者以動成，好遁者無所迫。故曰，一明一昧，得道之槪；一弛一張，合禮之方；一浮一沈，兼得其眞。故上有勞謙之愛，下有不名之臣；朝有聘賢之禮，野有遁竄之人。是以支伯以幽疾距唐，李老寄迹於西鄰，顏氏安陋以成名，原思娛道於至貧，榮期以三樂感尼父，黔婁定謚於布衾，干木偃息以存魏，荆萊志邁於江岑，君平因著以道著，四皓潛德於洛濱，鄭眞躬耕以致譽，幼安發令乎今人。皆持難奪之節，執不迴之意，遭拔俗之主，全彼人之志。故有獨定之計者，不借謀於衆人；守不動之安者，不假慮於羣賓。故能棄外親之華，通內道之眞，去顯顯之明路，入昧昧之埃塵，宛轉萬情之形表，排託虛寂以寄身，居無事之宅，交釋利之人。輕若鴻毛，重若泥沈，損之不得，測之愈深。眞吾徒之師表，余迫疾而不能及者也。子議吾失宿而駭衆，吾亦怪子較論而不折中也。

夫才不周用，衆所斥也；寢疾彌年，朝所棄也。是以胥克之廢，丘明列焉；伯牛有疾，孔子斯歎。若黃帝創制於九經，岐伯剖腹以蠲腸，扁鵲造虢而尸起，文摯徇命於齊王，醫和顯術於秦晉，倉公發祕於漢皇，華佗存精於獨識，仲景垂妙於定方。徒恨生不逢乎若人，故乞命訴乎明王。求絕編於天錄，亮我躬之辛苦，冀微誠之降霜，故俟罪而窮處。

其後武帝頻下詔敦逼不已，謐上疏自稱草莽臣曰：「臣以尪弊，迷於道趣，因疾抽簪，散髮林皐，人綱不閑，鳥獸爲羣。陛下披榛採蘭，并收蒿艾。是以皐陶振褐，不仁者遠。臣惟頑蒙，備食晉粟，猶識唐人擊壤之樂，宜赴京城，稱壽闕外。而小人無良，致災速禍，久嬰篤疾，軀半不仁，右脚偏小，十有九載。又服寒食藥，違錯節度，辛苦荼毒，于今七年。隆冬裸袒食冰，當暑煩悶，加以咳逆，或若溫瘧，或類傷寒，浮氣流腫，四肢酸重。於今困劣，救命呼噏，父兄見出，妻息長訣。仰迫天威，扶輿就道，所苦加焉，〔四〕不任進路，委身待罪，伏枕歎息。臣聞韶衞不並奏，雅鄭不兼御，故郤子入周，禍延王叔；虞丘稱賢，樊姬掩口。君子小人，禮不同器，況臣糠麩，糅之彫胡？庸夫錦衣，不稱其服也。竊聞同命之士，咸以畢到，唯臣疾疢，抱釁牀蓐，雖貪明時，懼斃命路隅。設臣不疾，已遭堯舜之世，執志箕山，猶當容之。臣聞上有明聖之主，下有輸實之臣；上有在寬之政，下有委情之人。唯陛下留神垂恕，更旌瓌俊，索隱於傅巖，收釣於渭濱，無令泥滓久濁清流。」謐辭切言至，遂見聽許。

歲餘，又舉賢良方正，並不起。自表就帝借書，帝送一車書與之。謐雖羸疾，而披閱不怠。初服寒食散，而性與之忤，每委頓不倫，嘗悲恚，叩刃欲自殺，叔母諫之而止。

濟陰太守蜀人文立，表以命士有贄爲煩，請絕其禮幣，詔從之。謐聞而歎曰：「亡國之大夫不可與圖存，而以革歷代之制，其可乎！夫『束帛戔戔』，易之明義，玄纁之贄，自古之舊也。故孔子稱夙夜强學以待問，席上之珍以待聘。士於是乎三揖乃進，明致之難也；一讓而退，明去之易也。若殷湯之於伊尹，文王之於太公，或身卽莘野，或就載以歸，唯恐禮之不重，豈吝其煩費哉！且一禮不備，貞女恥之，況命士乎！孔子曰：『賜也，爾愛其羊，我愛其禮。』棄之如何？政之失賢，於此乎在矣。」

咸寧初，又詔曰：「男子皇甫謐沈静履素，守學好古，與流俗異趣，其以謐爲太子中庶子。」謐固辭篤疾。帝初雖不奪其志，尋復發詔徵爲議郎，又召補著作郎。司隸校尉劉毅請爲功曹，並不應。著論爲葬送之制，名曰篤終，曰：

玄晏先生以爲存亡天地之定制，人理之必至也。故禮六十而制壽，至于九十，各有等差，防終以素，豈流俗之多忌者哉！吾年雖未制壽，然嬰疢彌紀，仍遭喪難，神氣損劣，困頓數矣。常懼夭隕不期，慮終無素，是以略陳至懷。

夫人之所貪者，生也；所惡者，死也。雖貪，不得越期；雖惡，不可逃遁。人之死也，精歇形散，魂無不之，故氣屬于天；寄命終盡，窮體反眞，故尸藏于地。是以神不存體，則與氣升降；尸不久寄，與地合形。形神不隔，天地之性也；尸與土并，反眞之理也。今生不能保七尺之軀，死何故隔一棺之土？然則衣衾所以穢尸，棺椁所以隔眞，故桓司馬石槨不如速朽；季孫璵璠比之暴骸；文公厚葬，春秋以爲華元不臣，楊王孫親土，漢書以爲賢於秦始皇。如令魂必有知，則人鬼異制，黃泉之親，死多於生，必將備其器物，用待亡者。今若以存況終，非卽靈之意也。如其無知，則空奪生用，損之無益，而啓姦心，是招露形之禍，增亡者之毒也。

夫葬者，藏也；藏也者，欲人之不得見也。而大爲棺槨，備贈存物，無異於埋金路隅而書表於上也。雖甚愚之人，必將笑之。豐財厚葬以啓姦心，或剖破棺槨，或牽曳形骸，或剝臂捋金環，或捫腸求珠玉。焚如之形，〔三〕不痛於是？自古及今，未有不死之人，又無不發之墓也。故張釋之曰：「使其中有欲，雖固南山猶有隙；使其中無欲，雖無石槨，又何戚焉！」斯言達矣，吾之師也。夫贈終加厚，非厚死也，生者自爲也。遂生意於無益，棄死者之所屬，知者所不行也。易稱「古之葬者，衣之以薪，葬之中野，不封不樹」。是以死得歸眞，亡不損生。

故吾欲朝死夕葬，夕死朝葬，不設棺槨，不加纏斂，不修沐浴，不造新服，殯唅之物，一皆絕之。吾本欲露形入阬，以身親土，或恐人情染俗來久，頓革理難，今故觕爲之制。奢不石槨，儉不露形。氣絕之後，便卽時服，幅巾故衣，以籧篨裹尸，麻約二頭，置尸牀上。擇不毛之地，穿阬深十尺，長一丈五尺，廣六尺，阬訖，舉牀就阬，去牀下尸。平生之物，皆無自隨，唯齎孝經一卷，示不忘孝道。籧篨之外，便以親土。土與地平，還其故草，使生其上，無種樹木、削除，使生迹無處，自求不知。不見可欲，則姦不生心，終始無怵惕，千載不慮患。形骸與后土同體，魂爽與元氣合靈，眞篤愛之至也。若亡有前後，不得移祔。祔葬自周公來，非古制也。舜葬蒼梧，二妃不從，以爲一定，何必周禮。無問師工，無信卜筮，無拘俗言，無張神坐，無十五日朝夕上食。禮不墓祭，但月朔於家設席以祭，百日而止。臨必昏明，不得以夜。制服常居，不得墓次。夫古不崇墓，智也。今之封樹，愚也。若不從此，是戮尸地下，死而重傷。魂而有靈，則冤悲沒世，長爲恨鬼。王孫之子，可以爲誡。死誓難違，幸無改焉！」而竟不仕。太康三年卒，時年六十八。子童靈、方回等遵其遺命。

謐所著詩賦誄頌論難甚多，又撰帝王世紀、年曆、高士、逸士、列女等傳、玄晏春秋，並重於世。門人摯虞、張軌、牛綜、席純，皆爲晉名臣。

方回少遵父操，兼有文才。永嘉初，博士徵，不起。避亂荆州，閉戶閑居，未嘗入城府。蠶而後衣，耕而後食，先人後己，尊賢愛物，南土人士咸崇敬之。刺史陶侃禮之甚厚。侃每造之，著素士服，望門輒下而進。王敦遣從弟廙代侃，遷侃爲廣州。侃將詣敦，方回諫曰：

「吾聞敵國滅，功臣亡。足下新破杜弢，功莫與二，欲無危，其可得乎！」侃不從而行。敦果欲殺侃，賴周訪獲免。廙既至荆州，大失物情，百姓叛廙迎杜弢。廙大行誅戮以立威，以方回爲侃所敬，責其不來詣己，乃收而斬之。荆土華夷，莫不流涕。

摯虞

摯虞字仲洽，京兆長安人也。父模，魏太僕卿。虞少事皇甫謐，才學通博，著述不倦。郡檄主簿。

虞嘗以死生有命，富貴在天。天之所祐者義也，〔六〕人之所助者信也；履信思順，所以延福；違此而行，所以速禍。然道長世短，禍福舛錯，怵迫之徒，不知所守，蕩而積憤，或迷或放。故借之以身，假之以事，先陳處世不遇之難，遂棄彝倫，輕舉遠游，以極常人罔惑之情，而後引之以正，反之以義，推神明之應於視聽之表，崇否泰之運於智力之外，以明天任命之不可違，故作思游賦。其辭曰：

有軒轅之遐胄兮，氏仲任之洪裔。敷華穎於末葉兮，晞靈根於上世。準乾坤以斡度兮，儀陰陽以定制。匪時運其焉行兮，乘太虛而搖曳。戴朗月之高冠兮，綴太白之明璜。製文霓以爲衣兮，襲采雲以爲裳。要華電之煜爚兮，珮玉衡之琳琅。明景日以鑒形兮，信煥曜而重光。

至美詭好於凡觀兮，修稀合而靡呈。燕石緹襲以華國兮，和璞遙棄於南荆。夏像韜塵于市北兮，瓶罍抗方於兩楹。鸞皇耿介而偏栖兮，蘭桂背時而獨榮。闕寒暑以練眞兮，豈改容而爽情。

感昆吾之易越兮，懷暉光之速暮。羡一稔而三春兮，尚含英以容豫。悼曜靈之靡暇兮，限天晷之有度。聆鳴蜩之號節兮，恐隕葉於凝露。希前軌而增騖兮，眷後塵而旋顧。往者倏忽而不逮兮，來者冥昧而未著。二儀泊焉其無央兮，四節環轉而靡窮。星鳥逝而時反兮，夕景潛而且融。景三后之在天兮，〔七〕歎聖哲之永終。諒道修而命微兮，孰舍盈而戢沖。握隋珠與蕙若兮，時莫悅而未遑。彼未遑其何恤兮，懼獨美之有傷。蹇委深而投奥兮，庶芬藻之不彰。芳處幽而彌馨兮，寶在夜而愈光。逼區內之迫脅兮，思攄翼乎八荒。望雲階之崇壯兮，願輕舉而高翔。

造庖犧以問象兮，辨吉繇於姬文。將遠游於太初兮，鑒形魄之未分。四靈儼而爲衞兮，六氣紛以成羣。驂白獸於商風兮，御蒼龍於景雲。簡厮徒於靈囿兮，從馮夷而問津。召陵陽於游谿兮，旌王子於柏人。前祝融以掌燧兮，殿玄冥以掩塵。形彯彯而遂遐兮，氣亹亹而愈新。挹玉膏於萊嵎兮，掇紫英於瀛濱。揖太昊以假憩兮，聽賦政於三春。洪範翕而復張兮，百卉隕而更震。睇玉女之紛彯兮，執懿筐於扶木。覽玄象之韡曅兮，仍騰躍乎陽谷。吸朝霞以療飢兮，降廩泉而濯足。將縱轡以逍遙兮，悵東極之路促。詔纖阿而右迴兮，覿朱明之赫戲。莅羣神於夏庭兮，迴蒼梧而結知。纚鵠明以承旂兮，驅天馬而高馳。讒羲和於丹丘兮，誚倒景之亂儀。尋凱風而南暨兮，謝太陽於炎離。戚溽暑之陶鬱兮，余安能乎留斯！聞碧雞之長晨兮，吾將往乎西游。奧浮鶂於弱水兮，泊舳艫兮中流。苟精粹之攸存兮，誠沈羽以汎舟。軼望舒以陵厲兮，羌神漂而氣浮。訊碩老於金室兮，采舊聞於前修。譏淪陰於危山兮，問王母於椒丘。觀玄烏之參趾兮，會根壹之神籌。擾毚兔於月窟兮，詰姮娥於蓐收。爰攬轡而旋驅兮，訪北叟之倚伏。乘增冰而遂濟兮，凌固陰之所滀。探龜蛇於幽穴兮，瞰罔養之潛育。哂倏忽之躁狂兮，喪中黃於耳目，佪燭龍而游衍兮，窮大明於北陸。

攀招搖而上躋兮，忽蹈廓而凌虛。登閶闔而遺眷兮，頫玄黃於地輿。召黔雷以先導兮，覲天帝於清都。觀渾儀以寓目兮，拊造化之大鑪。爰辨惑於上皇兮，稽吉凶之元符。唐則天而民咨兮，癸亂常而感虞。孔揮涕於西狩兮，臧考祥於婁句。跖肆暴而保乂兮，顏履仁而夙徂。何否泰之靡所兮，眩榮辱之不圖？運可期兮不可思，道可知兮不可爲。求之者勞兮欲之者惑，信天任命兮理乃自得。

且也四位爲匠，乾巛爲均。散而爲物，結而爲人。陽降陰升，一替一興。流而爲川，滯而爲陵。禍不可攘，福不可徼。其否兮有豫，其泰兮有數。成形兮未察，靈像兮已固。承明訓以發蒙兮，審性命之靡求。將澄神而守一兮，奚飀飀而遐游！斐陳辭以告退兮，主悖惘而永歎。惟升降之不仍兮，詠別易而會難。願大饗以致好兮，盍息駕於一餐。會司儀於有始兮，延嘉賓於九乾。陳鈞天之廣樂兮，展萬舞之至歡。枉矢鑠其在手兮，狼弧翲其斯彎。睨翟犬於帝側兮，殪熊羆於靈軒。

爾乃清道夙蹕，載輪修祖。班命授號，轙軔整旅。兆司鬱以凮路兮，萬靈森而陳庭。豐隆軒其警衆兮，鉤陳帥以屬兵。堪輿竦而進時兮，文昌肅以司行。抗蚩尤之修旃兮，建雄虹之采旄。乘雲車電鞭之扶輿委移兮，駕應龍青蚪之容裔陸離。俯游光逸景倏爍徽霍兮，仰流旌垂旄焱攸襳纚。前湛湛而攝進兮，後僸僸而方馳。且啓行於重陽兮，奄稅駕乎少儀。跨列缺兮闚乾巛，揮玉闢兮出天門。涉漢津兮望崐崘，經赤霄兮臨玄根。覿品物兮終復魂，形已消兮氣猶存。眺懸舟之離離兮，懷舊都之藹藹。仍繁榮而督引兮，將遄降而速邁。華雲依霏而翼衡兮，日月炫晃而映蓋。蹈煙熅兮辭天衢，心闓易兮識故居。路逶迤兮情欣欣，奄忽歸兮反常閭。修中和兮崇彝倫，大道繇兮味琴書。樂自然兮識窮達，澹無思兮心恒娛。

舉賢良，與夏侯湛等十七人策爲下第，拜中郎。武帝詔曰：「省諸賢良答策，雖所言殊塗，皆明於王義，有益政道。欲詳覽其對，究觀賢士大夫用心。」因詔諸賢良方正直言，會東堂策問，曰：「頃日食正陽，水旱爲災，將何所修，以變大眚？及法令有不宜於今，爲公私所患苦者，皆何事？凡平世在於得才，得才者亦借耳目以聽察。若有文武器能有益於時務而未見申敍者，各舉其人。及有負俗謗議，宜先洗濯者，亦各言之。」虞對曰：「臣聞古之聖明，原始以要終，體本以正末。故憂法度之不當，而不憂人物之失所；憂人物之失所，而不憂災害之流行。誠以法得於此，則物理於彼；人和於下，則災消於上。其有日月之眚，水旱之災，則反聽內視，求其所由，遠觀諸物，近驗諸身。耳目聽察，豈或有蔽其聰明者乎？動心出令，豈或有傾其常正者乎？大官大職，豈或有授非其人者乎？賞罰黜陟，豈或有不得其所者乎？河濱山巖，豈或有懷道釣築而未感於夢兆者乎？方外遐裔，豈或有命世傑出而未蒙膏澤者乎？推此類也，以求其故，詢事考言，以盡其實，則天人之情可得而見，咎徵之至可得而救也。若推之於物則無忤，求之於身則無尤，萬物理順，內外咸宜，祝史正辭，言不負誠，而日月錯行，夭癘不戒，此則陰陽之事，非吉凶所在也。期運度數，自然之分，固非人事所能供御，其亦振廪散滯，貶食省用而已矣。是故誠遇期運，則雖陶唐、殷湯有所不變；苟非期運，則宋衞之君，諸侯之相，猶能有感。唯陛下審其所由，以盡其理，則天下幸甚。

臣生長華門，不逮異物，雖有賢才，所未接識，不敢瞽言妄舉，無以疇答聖問。」擢爲太子舍人，除聞喜令。

時天子留心政道，又吳寇新平，天下乂安，上太康頌以美晉德。其辭曰：

於休上古，人之資始。四隩咸宅，萬國同軌。有漢不競，喪亂靡紀。畿服外叛，侯衞內圮。天難既降，時惟鞠凶。龍戰獸爭，分裂遐邦。備僭岷蜀，度逆海東。權乃緣間，割據三江。明明上帝，臨下有赫。乃宣皇威，致天之辟。奮武遼隧，罪人斯獲。撫定朝鮮，奄征韓貊。文既應期，席卷梁益。元憝委命，九夷重譯。邛、冉、哀牢，是焉底績。

我皇之登，二國既平。靡適不懷，以育羣生。吳乃負固，放命南冥。聲敎未曁，弗及王靈。皇震其威，赫如雷霆。截彼江沔，荆舒以清。邈矣聖皇，參乾兩離。陶化以正，取亂以奇。耀武六旬，輿徒不疲。飮至數實，干旄無虧。洋洋四海，率禮和樂。穆穆宮廟，歌雍詠鑠。光天之下，莫匪帝略。窮髮反景，承正受朔。龍馬騤騤，風于華陽。弓矢櫜服，干戈戢藏。嚴嚴南金，業業餘皇。雄劍班朝，造舟爲梁。聖明有造，實代天工。天地不違，黎元時邕。三務斯協，用底厥庸。既遠其迹，將明其蹤。喬山惟嶽，望帝之封。猗歟聖帝，胡不封哉！

以母憂解職。久之，召補尚書郎。

將作大匠陳勰掘地得古尺，尚書奏：「今尺長於古尺，宜以古爲正。」潘岳以爲習用已久，不宜復改。虞駁曰：「昔聖人有以見天下之賾而擬其形容，象物制器，以存時用。故參天兩地，以正算數之紀；依律計分，以定長短之度。其作之也有則，故用之也有徵。考步兩儀，則天地無所隱其情；準正三辰，則懸象無所容其謬；施之金石，則音韻和諧；措之規矩，則器用合宜。一本不差而萬物皆正，及其差也，事皆反是。今尺長於古尺幾於半寸，樂府用之，律呂不合；史官用之，曆象失占；醫署用之，孔穴乖錯。此三者，度量之所由生，得失之所取徵，皆絓閡而不得通，故宜改今而從古也。唐虞之制，同律度量衡；仲尼之訓，謹權審度。今兩尺並用，不可謂之同；知失而行，不可謂之謹。不同不謹，是謂謬法，非所以軌物垂則，示人之極。凡物有多而易改，亦有少而難變，亦有改而致煩，有變而之簡。度量是人所常用，而長短非人所戀惜，是多而易改者也。正失於得，反邪於正，一時之變，永世無二，是變而之簡者也。憲章成式，不失舊物，季末苟合之制，異端雜亂之用，當以時釐改，貞夫一者也。臣以爲宜如所奏。」又表論封禪，見禮志。

虞以漢末喪亂，譜傳多亡失，雖其子孫不能言其先祖，撰族姓昭穆十卷，上疏進之，以爲足以備物致用，廣多聞之益。以定品違法，爲司徒所劾，詔原之。

時太廟初建，詔普增位一等。後以主者承詔失旨，改除之。虞上表曰：「臣聞昔之聖明，不愛千乘之國而惜桐葉之信，所以重至尊之命而達於萬國之誠也。前乙巳赦書，遠稱先帝遺惠餘澤，普增位一等，以酬四海欣戴之心。驛書班下，被于遠近，莫不鳥騰魚躍，喜蒙德澤。今一旦更以主者思文不審，收既往之詔，奪已澍之施，臣之愚心竊以爲不可。」詔從之。

元康中，遷吳王友。時荀顗撰新禮，使虞討論得失而後施行。元皇后崩，杜預奏：「諒闇之制，乃自上古，是以高宗無服喪之文，而唯文稱不言。漢文限三十六日。魏氏以降，既虞爲節。皇太子與國爲體，理宜釋服，卒哭便除。」虞答預書曰：「唐稱遏密，殷云諒闇，各舉事以爲名，非既葬有殊降。周室以來，謂之喪服。喪服者，以服表喪。今帝者一日萬機，太子監撫之重，以宜奪禮，葬訖除服，變制通理，垂典將來，何必附之於古，使老儒致爭哉！」皇太孫尚薨，有司奏「御服齊衰朞」。詔令博士議。虞曰：「太子生，舉以成人之禮，則殤理除矣。太孫亦體君傳重，由位成而服全，非以年也。」從之。虞又議玉輅、兩社事，見輿服志。

後歷祕書監、衞尉卿，從惠帝幸長安。及東軍來迎，百官奔散，遂流離鄠杜之間，轉入南山中，糧絕飢甚，拾橡實而食之。後得還洛，歷光祿勳、太常卿。時懷帝親郊。自元康以來，不親郊祀，禮儀弛廢。虞考正舊典，法物粲然。及洛京荒亂，盜竊縱橫，人饑相食。虞素清貧，遂以餒卒。

虞撰文章志四卷，注解三輔決錄，又撰古文章，類聚區分爲三十卷，名曰流別集，各爲之論，辭理愜當，爲世所重。

虞善觀玄象，嘗謂友人曰：「今天下方亂，避難之國，其唯涼土乎！」性愛士人，有表薦者，恒爲其辭。東平太叔廣樞機清辯，廣談，虞不能對；虞筆，廣不能答；更相嗤笑，紛然於世云。

束晳

束晳字廣微，陽平元城人，漢太子太傅疏廣之後也。王莽末，廣曾孫孟達避難，自東海徙居沙鹿山南，因去疏之足，〔八〕遂改姓焉。祖混，隴西太守。父龕，馮翊太守，並有名譽。晳博學多聞，與兄璆俱知名。少遊國學，或問博士曹志曰：「當今好學者誰乎？」志曰：「陽平束廣微好學不倦，人莫及也。」還鄉里，察孝廉，舉茂才，皆不就。璆娶石鑒從女，棄之，鑒以爲憾，諷州郡公府不得辟，故晳等久不得調。

太康中，郡界大旱，晳爲邑人請雨，三日而雨注，衆謂晳誠感，爲作歌曰：「束先生，通神明，請天三日甘雨零。我黍以育，我稷以生。何以疇之？報束長生。」晳與衞恒厚善，聞恒遇禍，自本郡赴喪。

嘗爲勸農及䴵諸賦，〔九〕文頗鄙俗，時人薄之。而性沈退，不慕榮利，作玄居釋以擬客難，其辭曰：

束皙閑居，門人並侍。方下帷深譚，隱几而咍，含毫散藻，考撰同異，在側者進而問之曰：「蓋聞道尚變通，達者無窮。世亂則救其紛，時泰則扶其隆。振天維以贊百務，熙帝載而鼓皇風。生則率土樂其存，死則宇內哀其終。是以君子屈己伸道，不恥干時。上國有不索何獲之言，周易著躍以求進之辭。莘老負金鉉以陳烹割之說，齊客當康衢而咏白水之詩。今先生耽道修藝，嶷然山峙，潛朗通微，洽覽深識，夜兼忘寐之勤，晝騁鑽玄之思，曠年累稔，不墮其志。鱗翼成而愈伏，術業優而不試。乃欲闔匵辭價，泥蟠深處，永戢琳琅之耀，匿首窮魚之渚，當唐年而慕長沮，邦有道而反甯武。識彼迷此，愚竊不取。

若乃士以援登，進必待求，附勢之黨橫擢，則林藪之彥不抽，丹墀步紈袴之童，東野遺白顚之叟。盍亦因子都而事博陸，憑鷁首以涉洪流，蹈翠雲以駭逸龍，振光耀以驚沈鰌。徒屈蟠於埳井，眄天路而不游，學既積而身困，夫何爲乎祕丘。

且歲不我與，時若奔駟，有來無反，難得易失。先生不知盱豫之譏悔遲，而忘夫朋盍之義務疾，亦豈能登海湄而抑東流之水，臨虞泉而招西歸之日？徒以曲畏爲梏，儒學自桎，囚大道於環堵，苦形骸於蓬室。豈若託身權戚，憑勢假力，擇棲芳林，飛不待翼，夕宿七娥之房，朝享五鼎之食，匡三正則太階平，贊五教而玉繩直。孰若茹藿餐蔬，終身自匿哉！」

束子曰：「居！吾將導爾以君子之道，諭爾以出處之事。爾其明受余訊，謹聽余志。

昔元一既啓，兩儀肇立，離光夜隱，望舒晝戢，羽族翔林，蠍蛁赴溼，物從性之所安，士樂志之所執，或背豐榮以巖栖，或排蘭闥而求入，在野者龍逸，在朝者鳳集。雖其軌迹不同，而道無貴賤，必安其業，交不相羨，稷契奮庸以宣道，巢由洗耳以避禪，同垂不朽之稱，俱入賢者之流。參名比譽，誰劣誰優？何必貪與二八爲羣，而恥爲七人之疇乎！且道睽而通，士不同趣，吾竊綴處者之末行，未敢聞子之高喻，將忽蒲輪而不眄，夫何權戚之云附哉！

昔周漢中衰，時難自託，福兆既開，患端亦作，朝遊巍峩之宮，夕墜崢嶸之壑，晝笑夜歎，晨華暮落，忠不足以衞己，禍不可以預度，是士諱登朝而競赴林薄。〔一〇〕或毁名自汙，或不食其祿，比從政於匣笥之龜，譬官者於郊廟之犢，公孫泣涕而辭相，楊雄抗論於赤族。

今大晉熙隆，六合寧靜。蜂蠆止毒，熊羆輟猛，五刑勿用，八紘備整，主無驕肆之怒，臣無猜纓之請，上下相安，率禮從道。朝養觸邪之獸，庭有指佞之草，禍戮可以忠逃，寵祿可以順保。

且夫進無險懼，而惟寂之務者，率其性也。兩可俱是，而舍彼趣此者，從其志也。蓋無爲可以解天下之紛，澹泊可以救國家之急，當位者事有所窮，陳策者言有不入，翟璜不能迴西鄰之寇，平勃不能正如意之立，干木卧而秦師退，四皓起而戚姬泣。夫如是何舍何執，何去何就？謂山岑之林爲芳，谷底之莽爲臭。守分任性，唯天所授，鳥不假甲於龜，魚不借足於獸，何必笑孤竹之貧而羨齊景之富！恥布衣以肆志，寧文裘而拖繡。且能約其躬，則儋石之稸以豐；苟肆其欲，則海陵之積不足；存道德者，則匹夫之身可榮；忘大倫者，則萬乘之主猶辱。將研六籍以訓世，守寂泊以鎮俗，偶鄭老於海隅，匹嚴叟於僻蜀。且世以太虛爲輿，玄鑪爲肆，神游莫競之林，心存無營之室，榮利不擾其覺，殷憂不干其寐，捐夸者之所貪，收躁務之所棄，薙聖籍之荒蕪，總羣言之一至。〔二〕全素履於丘園，背纓緌而長逸，請子課吾業於千載，無聽吾言於今日也。」

張華見而奇之。石鑒卒，王戎乃辟璆。華召皙爲掾，又爲司空、下邳王晃所辟。華爲司空，復以爲賊曹屬。

時欲廣農，皙上議曰：

伏見詔書，以倉廩不實，關右饑窮，欲大興田農，以蕃嘉穀，此誠有虞戒大禹盡力之謂。然農穰可致，所由者三：一曰天時不愆，二曰地利無失，三曰人力咸用。若必春無霡霂之潤，秋繁滂沲之患，水旱失中，雩禳有請。雖使羲和平秩，后稷親農，理疆甽於原隰，勤藨蓘於中田，猶不足以致倉庾盈億之積也。然地利可以計生，人力可以課致，詔書之旨，亦將欲盡此理乎？

今天下千城，人多游食，廢業占空，無田課之實。較計九州，數過萬計。可申嚴此防，令監司精察，一人失課，負及郡縣，此人力之可致也。

又州司十郡，土狹人繁，三魏尤甚，而豬羊馬牧，布其境內，宜悉破廢，以供無業。業少之人，雖頗割徙，在者猶多，田諸菀牧，不樂曠野，貪在人間。故謂北土不宜畜牧，此誠不然。案古今之語，以爲馬之所生，實在冀北，大賈牂羊，取之清渤，放豕之歌，起於鉅鹿，是其效也。可悉徙諸牧，以充其地，使馬牛豬羊齕草於空虛之田，游食之人受業於賦給之賜，此地利之可致者也。昔騅駓在坰，史克所以頌魯僖；却馬務田，老氏所以稱有道，豈利之所以會哉？又如汲郡之吳澤，良田數千頃，泞水停洿，人不墾植。聞其國人，皆謂通泄之功不足爲難，舄鹵成原，其利甚重。而豪强大族，惜其魚捕之饒，構說官長，終於不破。此亦谷口之謠，載在史篇。謂宜復下郡縣，以詳當今之計。荆、揚、兗、豫，汙泥之土，渠塢之宜，必多此類，最是不待天時而豐年可獲者也。以其雲雨生於畚臿，多稌生於決泄，不必望朝隮而黄潦臻，禁山川而霖雨息。是故兩周爭東西之流，史起惜漳渠之浸，明地利之重也。宜詔四州刺史，使謹按以聞。

又昔魏氏徙三郡人在陽平頓丘界，今者繁盛，合五六千家。二郡田地逼狹，謂可徙還西州，以充邊土，賜其十年之復，以慰重遷之情。一舉兩得，外實内寬，增廣窮人之業，以闢西郊之田，此又農事之大益也。

轉佐著作郎，撰晉書帝紀、十志，遷轉博士，著作如故。

初，太康二年，汲郡人不凖盜發魏襄王墓，〔一二〕或言安釐王冢，得竹書數十車。其紀年十三篇，記夏以來至周幽王爲犬戎所滅，以事接之，三家分，〔一三〕仍述魏事至安釐王之二十年。蓋魏國之史書，大略與春秋皆多相應。其中經傳大異，則云夏年多殷；益干啓位，啓殺之；太甲殺伊尹；文丁殺季歷；自周受命，至穆王百年，非穆王壽百歲也；幽王既亡，〔一四〕有共伯和者攝行天子事，非二相共和也。其易經二篇，與周易上下經同。易繇陰陽卦二篇，與周易略同，繇辭則異。卦下易經一篇，似說卦而異。公孫段二篇，公孫段與邵陟論易。國語三篇，言楚晉事。名三篇，似禮記，又似爾雅、論語。師春一篇，書左傳諸卜筮，「師春」似是造書者姓名也。瑣語十一篇，諸國卜夢妖怪相書也。梁丘藏一篇，先敍魏之世數，次言丘藏金玉事。繳書二篇，論弋射法。生封一篇，帝王所封。大曆二篇，鄒子談天類也。穆天子傳五篇，言周穆王游行四海，見帝臺、西王母。圖詩一篇，畫贊之屬也。又雜書十九篇：周食田法，周書，論楚事，周穆王美人盛姬死事。大凡七十五篇，七篇簡書折壞，不識名題。冢中又得銅劍一枚，長二尺五寸。漆書皆科斗字。初發冢者燒策照取寶物，及官收之，多燼簡斷札，文既殘缺，不復詮次。武帝以其書付祕書校綴次第，尋考指歸，而以今文寫之。皙在著作，得觀竹書，隨疑分釋，皆有義證。遷尚書郎。

武帝嘗問摯虞三日曲水之義，虞對曰：「漢章帝時，平原徐肇以三月初生三女，至三日俱亡，邨人以爲怪，乃招攜之水濱洗祓，遂因水以汎觴，其義起此。」帝曰：「必如所談，便非好事。」皙進曰：「虞小生，不足以知，臣請言之。昔周公成洛邑，因流水以汎酒，故逸詩云『羽觴隨波』。又秦昭王以三日置酒河曲，見金人奉水心之劍，曰：『令君制有西夏。』乃霸諸侯，因此立爲曲水。二漢相緣，皆爲盛集。」帝大悅，賜皙金五十斤。

時有人於嵩高山下得竹簡一枚，上兩行科斗書，傳以相示，莫有知者。司空張華以問皙，皙曰：「此漢明帝顯節陵中策文也。」檢驗果然，時人伏其博識。

趙王倫爲相國，請爲記室。晳辭疾罷歸，教授門徒。年四十卒，元城市里爲之廢業，門生故人立碑墓側。

晳才學博通，所著三魏人士傳、七代通記、晉書紀、志，遇亂亡失。其五經通論、發蒙記、補亡詩、文集數十篇，行于世云。

王接

王接字祖游，河東猗氏人，漢京兆尹尊十世孫也。父蔚，世修儒史之學。魏中領軍曹羲作至公論，蔚善之，而著至機論，辭義甚美。官至夏陽侯相。

接幼喪父，哀毀過禮，鄉親皆歎曰：「王氏有子哉！」渤海劉原爲河東太守，好奇，以旌才爲務。同郡馮收試經爲郎，七十餘，薦接於原曰：「夫騂騵不總轡，則非造父之肆；明月不流光，則非隨侯之掌。伏惟明府苞黃中之德，耀重離之明，求賢與能，小無遺錯，是以鄙老思獻所知。竊見處士王接，岐嶷儁異，十三而孤，居喪盡禮，學過目而知，義觸類而長，斯玉鉉之妙味，經世之徽猷也。不患玄黎之不啓，竊樂春英之及時。」原卽禮命，接不受。原乃呼見曰：「君欲慕肥遁之高邪？」對曰：「接薄祜，少孤而無兄弟，母老疾篤，故無心爲吏。」及母終，柴毀骨立，居墓次積年。備覽衆書，多出異義。性簡率，不修俗操，鄉里大族多不能善之，唯裴頠雅知焉。平陽太守柳澹、散騎侍郎裴遐、尚書僕射鄧攸皆與接友善。後爲郡主簿，迎太守溫宇，宇奇之，轉功曹史。州辟部平陽從事。時泰山羊亮爲平陽太守，薦之於司隸校尉王堪，出補都官從事。

永寧初，舉秀才。友人滎陽潘滔遺接書曰：「摯虞、卞玄仁並謂足下應和鼎味，可無以應秀才行。」接報書曰：「今世道交喪，將遂剝亂，而識智之士鉗口韜筆，禍敗日深，如火之燎原，其可救乎？非榮斯行，欲極陳所見，冀有覺悟耳。」是歲，三王義舉，惠帝復阼，以國有大慶，天下秀孝一皆不試，接以爲恨。除中郎，補征虜將軍司馬。

蕩陰之役，侍中嵇紹爲亂兵所害，接議曰：「夫謀人之軍，軍敗則死之；謀人之國，國危則亡之，古之道也。蕩陰之役，百官奔北，唯嵇紹守職以遇不道，可謂臣矣，又可稱痛矣。今山東方欲大舉，宜明高節，以號令天下。依春秋褒三累之義，加紹致命之賞，則遐邇向風，莫敢不肅矣。」朝廷從之。

河間王顒欲遷駕長安，與關東乖異，以接成都王佐，難之，表轉臨汾公相國。及東海王越率諸侯討顒，尚書令王堪統行臺，上請接補尚書殿中郎，未至而卒，年三十九。

接學雖博通，特精禮傳。常謂左氏辭義贍富，自是一家書，不主爲經發。公羊附經立傳，經所不書，傳不妄起，於文爲儉，通經爲長。任城何休訓釋甚詳，而黜周王魯，大體乖祴，且志通公羊而往往還爲公羊疾病。接乃更注公羊春秋，多有新義。時祕書丞衞恒考正汲冢書，未訖而遭難。佐著作郎束皙述而成之，事多證異義。時東萊太守陳留王庭堅難之，亦有證據。皙又釋難，而庭堅已亡。散騎侍郎潘滔謂接曰：「卿才學理議，足解二子之紛，可試論之。」接遂詳其得失。摯虞、謝衡皆博物多聞，咸以爲允當。又撰列女後傳七十二人，雜論議、詩賦、碑頌、駁難十餘萬言，喪亂盡失。

長子愆期，流寓江南，緣父本意，更注公羊，又集列女後傳云。

史臣曰：皇甫謐素履幽貞，閑居養疾，留情筆削，敦悅丘墳，軒冕未足爲榮，貧賤不以爲恥，確乎不拔，斯固有晉之高人者歟！洎乎篤終立論，薄葬昭儉，既戒奢於季氏，亦無取於王孫，可謂達存亡之機矣。摯虞、束皙等並詳覽載籍，多識舊章，奏議可觀，文詞雅贍，可謂博聞之士也。或攝官延閣，裁成言事之書；或莅政秩宗，參定禋郊之禮。虞既厄於從理，皙乃年位不充，天之報施，何其爽也！王接才調秀出，見賞知音，惜其夭枉，未申驥足，嗟夫！

贊曰：士安好逸，栖心蓬蓽。屬意文雅，忘懷榮秩。遺制可稱，養生乖術。摯虞博聞，廣微絕羣。財成禮度，刊緝遺文。魏篇式序，漢册斯分。祖游後出，亦播清芬。

校勘記

〔一〕下必有聽意之人　各本無「下」字，今從吳本。

〔二〕二皇　殿本作「三皇」。「二皇」謂伏羲神農，亦可通。

〔三〕欲闇然而日章　「日」，各本作「內」，今從宋本。中庸云：「君子之道，闇然而日章」，謐語蓋本此。

〔四〕所苦加焉　册府七七八「焉」作「篤」。

〔五〕焚如之形　通志一二四上、册府九〇七「形」作「刑」。

〔六〕天之所祐者義也　通志一二四上「義」作「順」。據下「履信思順」句，作「順」蓋是。

〔七〕景三后之在天兮　「景」，各本作「旻」，今從殿本。

〔八〕因去疎之足　說文，「疏」從「疋」得聲，元和姓纂引晉書「足」作「疋」，可從。「疎」又「疏」之異體，當時俗書「疎」字作「踈」，故生「去足」之說。

〔九〕及雞諸賦　斠注：書鈔一四四引束晳湯餅賦凡十條，疑此處脫「湯」字。

〔一〇〕是士諱登朝　「是」，册府七七〇作「是以」，按文義，當從之。

〔一一〕總羣言之一至　册府七七〇「至」作「致」，疑是。

〔一二〕太康二年至盜發魏襄王墓　見卷三校記。

〔一三〕三家分 何焯批云，「分」下當有「晉」字，殆當日諱而去之。

〔一四〕幽王既亡 李校：「幽王」當作「厲王」。

晉書卷五十二

列傳第二十二

郤詵

郤詵字廣基，濟陰單父人也。父晞，尚書左丞。詵博學多才，瓌偉倜儻，不拘細行，州郡禮命並不應。

泰始中，詔天下舉賢良直言之士，太守文立舉詵應選。詔曰：「蓋太上以德撫時，易簡無文。至于三代，禮樂大備，制度彌繁。文質之變，其理何由？虞夏之際，聖明係踵，而損益不同。周道既衰，仲尼猶曰從周。因革之宜，又何殊也？聖王既沒，遺制猶存，霸者迭興而翼輔之，王道之缺，其無補乎？何陵遲之不反也？豈霸德之淺歟？期運不可致歟？且夷吾之智，而功止於霸，何哉？夫昔人之爲政，革亂亡之弊，建不刊之統，移風易俗，刑措不用，豈非化之盛歟？何修而嚮茲？朕獲承祖宗之休烈，于茲七載，而人未服訓，政道罔述。以古況今，何不相逮之遠也？雖明之弗及，猶思與羣賢慮之，將何以辨所聞之疑昧，獲至論於讜言乎？加自頃戎狄內侵，災害屢作，邊甿流離，征夫苦役，豈政刑之謬，將有司非其任歟？各悉乃心，究而論之。上明古制，下切當今。朕之失德，所宜振補。其正議無隱，將敬聽之。」

誅對曰：

伏惟陛下以聖德君臨，猶垂意於博採，故招賢正之士，而臣等薄陋，不足以降大問也。是以竊有自疑之心，雖致身於闕庭，亦僶俛矣。伏讀聖策，乃知下問之旨篤焉。

臣聞上古推賢讓位，教同德一，故易簡而人化；三代世及，季末相承，故文繁而後整。虞夏之相因，而損益不同，非帝王之道異，救弊之路殊也。周當二代之流，承彫僞之極，盡禮樂之致，窮制度之理，其文詳備，仲尼因時宜而曰從周，非殊論也。臣聞聖王之化先禮樂，五霸之興勤政刑。禮樂之化深，政刑之用淺。勤之則可以小安，墮之則遂陵遲。所由之路本近，故所補之功不侔也。而齊桓失之葵丘，夷吾淪于小器，功止于霸，不亦宜乎！

策曰：「建不刊之統，移風易俗，使天下洽和，何修而嚮茲？」臣以爲莫大於擇人而官之也。今之典刑，匪無一統，宰牧之才，優劣異績，或以之興，或以之替，此蓋人能弘政，非政弘人也。舍人務政，雖勤何益？臣竊觀乎古今，而考其美惡：古人相與求賢，今人相與求爵。古之官人，君責之於上，臣舉之於下，得其人有賞，失其人有罰，安得不求賢乎！今之官者，父兄營之，親戚助之，有人事則通，無人事則塞，安得不求爵乎！賢苟求達，達在修道，窮在失義，故靜以待之也。爵苟可求，得在進取，失在後時，故動以要之也。動則爭競，爭競則朋黨，朋黨則誣調，誣調則臧否失實，眞僞相冒，主聽用惑，姦之所會也。靜則貞固，貞固則正直，正直則信讓，信讓則推賢，推賢不伐，相下無饜，主聽用察，德之所趣也。故能使之靜，雖日高枕而人自正；不能禁動，雖復夙夜，俗不一也。且人無愚智，咸慕名宦，莫不飾正於外，藏邪於內，故邪正之人難得而知也。任得其正，則衆正益至；若得其邪，則衆邪亦集。物繫其類，誰能止之！故亡國失世者，未嘗不爲衆邪所積也。方其初作，必始於微，微而不絕，其終乃著。天地不能頓爲寒暑，人主亦不能頓爲隆替；故寒暑漸於春秋，隆替起於得失。當今之世，宦者無關梁，邪門啓矣；朝廷不責賢，正路塞矣。得失之源，何以甚此！所謂責賢，使之相舉也；所謂關梁，使之相保也。賢不舉則有咎，保不信則有罰。故古者諸侯必貢士，不貢者削，貢而不適亦削。夫士者，難知也；不適者，薄過也。不得不責，强其所不知也；罰其所不適，深其薄過，非恕也。且天子於諸侯，有不純臣之義，斯責之矣。施行之道，寧縱不濫之矣。今皆反是，何也？夫賢者天地之紀，品物之宗，其急之也，故寧濫以得之，無縱以失之也。今則不然，世之悠悠者，各自取辨耳。故其材行並不可必，於公則政事紛亂，於私則汙穢狼籍。自頃長吏特多此累，有亡命而被購懸者矣，有縛束而絞戮者矣。貪鄙竊位，不知誰升之者？獸兕出檻，不知誰可咎者？漏網吞舟，何以過此！人之於利，如蹈水火焉。前人雖敗，後人復起，如彼此無已，誰止之者？風流日競，誰憂之者？雖今聖思勞於夙夜，所使爲政，恒得此屬，欲聖世化美俗平，亦俟河之清耳。若欲善之，宜創舉賢之典，峻關梁之防。其制既立，則人慎其舉而不苟，則賢者可知。知賢而試，則官得其人矣。官得其人，則事得其序；事得其序，則物得其宜；物得其宜，則生生豐植，人用資給，和樂興焉。是故寡過而遠刑，知恥以近禮，此所以建不刊之統，移風易俗，刑措而不用也。

策曰：「自頃夷狄內侵，災眚屢降，將所任非其人乎？何由而至此？」臣聞蠻夷猾夏，則皐陶作士，此欲善其末，則先其本也。夫任賢則政惠，使能則刑恕。政惠則下仰其施，刑恕則人懷其勇。施以殖其財，勇以結其心。故人居則資贍而知方，動則親上而志勇。苟思其利而除其害，以生道利之者，雖死不貳；以逸道勞之者，雖勤不怨。故其命可授，其力可竭，以戰則克，以攻則拔。是以善者慕德而安服，惡者畏懼而削迹。故止戈而武，義實在文，唯任賢然後無患耳。若夫水旱之災，自然理也。故古者三十年耕必有十年之儲，堯湯遭之而人不困，有備故也。自頃風雨雖頗不時，考之萬國，或境土相接，而豐約不同；或頃畝相連，而成敗異流，固非天之必害於人，人實不能均其勞苦。失之於人，而求之於天，則有司惰職而不勸，百姓殆業而咎時，非所以定人志，致豐年也。宜勤人事而已。

臣誠愚鄙不足以奉對聖朝，猶進之於廷者，將使取諸其懷而獻之乎，臣懼不足也。若收不知言以致知言，臣則可矣，是以辭鄙不隱也。

以對策上第，拜議郎。母憂去職。

詵母病，苦無車，及亡，不欲車載柩，家貧無以市馬，乃於所住堂北壁外假葬，開戶，朝夕拜哭。養雞種蒜，竭其方術。喪過三年，得馬八匹，輿柩至冢，負土成墳。未畢，召爲征東參軍。徙尚書郎，轉車騎從事中郎。

吏部尚書崔洪薦詵爲左丞。及在職，嘗以事劾洪，洪怨詵，詵以公正距之，語在洪傳。洪聞而慚服。

累遷雍州刺史。武帝於東堂會送，問詵曰：「卿自以爲何如？」詵對曰：「臣舉賢良對策，爲天下第一，猶桂林之一枝，崑山之片玉。」帝笑。侍中奏免詵官，帝曰：「吾與之戲耳，不足怪也。」詵在任威嚴明斷，甚得四方聲譽。卒於官。子延登爲州別駕。

阮种

阮种字德猷，陳留尉氏人，漢侍中胥卿八世孫也。弱冠有殊操，爲嵇康所重。康著養生論，所稱阮生，卽种也。察孝廉，爲公府掾。

是時西虜內侵，災眚屢見，百姓饑饉，詔三公、卿尹、常伯、牧守各舉賢良方正直言之士。於是太保何曾舉种賢良。

策曰：「在昔哲王，承天之序，光宅宇宙，咸用規矩乾坤，惠康品類，休風流衍，彌于千載。朕應踐洪運統位，七載於今矣。惟德弗嗣，不明于政，宵興惕厲，未燭厥猷。子大夫韞韇道術，儼然而進，朕甚嘉焉。其各悉乃心，以闡喻朕志，深陳王道之本，勿有所隱，朕虛心以覽焉。」种對曰：「夫天地設位，聖人成能，王道至深，所以行化至遠。故能開物成務，而功業不匱，近無不聽，遠無不服，德逮羣生，澤被區宇，聲施無窮，而典垂百代。故經曰：『聖人久於其道，而天下化成。』宜師蹤往代，襲迹三五，矯世更俗，以從人望。令率士遷義，下知所適，播醇美之化，杜邪枉之路，斯誠羣黎之所欣想盛德而幸望休風也。」

又問政刑不宣，禮樂不立。對曰：「政刑之宣，故由乎禮樂之用。昔之明王，唯此之務，所以防遏暴慢，感動心術，制節生靈，而陶化萬姓也。〔一〕禮以體德，樂以詠功，樂本於和，而禮師於敬矣。」

又問戎蠻猾夏。對曰：「戎蠻猾夏，侵敗王略，雖古盛世，猶有此虞。故詩稱『玁狁孔熾』，書歎『蠻夷帥服』。自魏氏以來，夷虜內附，鮮有桀悍侵漁之患。由是邊守遂怠，鄣塞不設。而今醜虜內居，與百姓雜處，邊吏擾習，人又忘戰。受方任者，又非其材，或以狙詐，侵侮邊夷；或干賞啗利，妄加討戮。夫以微羈而御悍馬，又乃操以煩策，其不制者，固其理也。是以羣醜蕩駭，緣間而動。雖三州覆敗，牧守不反，此非胡虜之甚勁，蓋用之者過也。臣聞王者之伐，有征無戰，懷遠以德，不聞以兵。夫兵凶器，而戰危事也。兵興則傷農，衆集則費積；農傷則人匱，積費則國虛。昔漢武之世，承文帝之業，資海內之富，役其材臣，以甘心匈奴，競戰勝之功，貪攻取之利，良將勁卒，屈於沙漠，勝敗相若，克不過當，夭百姓之命，塡餓狼之口。及其以衆制寡，令匈奴遠迹，收功祁連，飲馬瀚海，天下之耗，已過太半矣。夫虛中國以事夷狄，誠非計之得者也。是以盜賊蜂起，山東不振。暨宣元之時，趙充國征西零，馮奉世征南羌，皆兵不血刃，摧抑强暴，擒其首惡，此則折衝厭難，勝敗相辨，中世之明效也。」

又問咎徵作見。對曰：「陰陽否泰，六沴之災，則人主修政以禦之，思患而防之，建皇極之首，詳庶徵之用。詩曰『敬之敬之，天惟顯思』，天聰明自我人聰明，是以人主祖承天命，日愼一日也。故能應受多福而永世克祚，此先王之所以退災消眚也。」

又問經化之務。對曰：「夫王道之本，經國之務，必先之以禮義，而致人於廉恥。禮義立，則君子軌道而讓於善；廉恥立，則小人謹行而不淫於制度。賞以勸其能，威以懲其廢。此先王所以保乂定功，化洽黎元，而勳業長世也。故上有克讓之風，則下有不爭之俗；朝有矜節之士，則野無貪冒之人。夫廉恥之於政，猶樹藝之有豐壤，良歲之有膏澤，其生物必油然茂矣。若廉恥不存，而惟刑是御，則風俗彫弊，人失其性，錐刀之末，皆有爭心，雖峻刑嚴辟，猶不勝矣。其於政也，如農者之殖磽野，早年之望豐穡，必不幾矣。此三代所以享德長久，風醇俗美，皆數百年保天之祿。而秦二世而弊者，蓋其所由之塗殊也。」

又問：「將使武成七德，文濟九功，何路而臻于茲？凡厥庶事，曷後曷先？」對曰：「夫文武經德，所以成功丕業，咸熙庶績者，莫先於選建明哲，授方任能。令才當其官而功稱其職，則萬機咸理，庶僚不曠。書曰：『天工人其代之。』然則繼天理物，寧國安家，非賢無以成也。夫賢才之畜於國，由良工之須利器，巧匠之待繩墨也。器用利，則斵削易而材不病；繩墨設，則曲直正而衆形得矣。是以人主必勤求賢，而佚以任之也。賢臣之於主，進則忠國愛人，退則砥節潔志，營職不干私義，出心必由公塗，明度量以呈其能，審經制以效其功。此昔之聖王所以恭己南面而化於陶鈞之上者，以其所任之賢與所賢之信也。方今海內之士皆傾望休光，希心紫極，唯明主之所趣舍。若開四聰之聽，廣疇咨之求，抽羣英，延俊乂，考工授職，呈能制官，朝無素餐之士，如此化流罔極，樹功不朽矣。」

時种與郤詵及東平王康俱居上第，卽除尚書郎。然毁譽之徒，或言對者因緣假託，帝乃更延羣士，庭以問之。詔曰：「前者對策，各指答所問，未盡子大夫所欲言，故復延見，其具陳所懷。又比年連有水旱災眚，雖戰戰兢兢，未能究天人之理，當何修以應其變？人遇水旱饑饉者，何以救之？中間多事，未得寧靜，思以省息煩務，令百姓不失其所。若人有所患苦者，有宜損益，使公私兩濟者，委曲陳之。又政在得人，而知之至難，唯有因人視聽耳。若有文武隱逸之士，各舉所知，雖幽賤負俗，勿有所限。故虛心思聞事實，勿務華辭，莫有所諱也。」

种對曰：「伏惟陛下以聖哲玄覽，降卹黎蒸，將濟元元，同之三代，旁求俊乂，以輔至化，此誠堯舜之用心也。臣猥以頑魯之質，應清明之舉，前者對策，不足以疇塞聖詔，所陳不究，臣誠蒙昧，所以爲罪。臣聞天生蒸庶，樹君以司牧之，人君道洽，則彝倫攸序，五福來備。若政有愆失，刑理頗僻，則庶徵不應，而淫亢爲災。此則天人之理，而興廢之由也。昔之聖王，政道備而制先具，軌人以務，致之於本，是以雖有水旱之眚，而無饑饉之患也。自頃陰陽隔并，水旱爲災，亦猶期運之致。不然，則亦有司之不帥，不能宣承聖德，以贊揚大化，故和氣未降而人事未敍也。方今百姓凋弊，公私無儲，誠在於休役靜人，勸嗇務分，此其救也。人之所患，由於役煩網密而信道未孚也。役煩則百姓失業，網密則下背其誠，信道未孚則人無固志。此則損益之至務，安危之大端也。傳曰：『始與善，善進，則不善蔑由至。』孔子曰：『視其所以，觀其所由，人焉廋哉！』若夫文武隱逸之士，幽賤負俗之才，故非愚臣之所能識。謹竭愚以對。」

策奏，帝親覽焉，又擢爲第一。轉中書郎。進止有方，正己率下，朝廷咸憚其威容。每爲駁議，事皆施用，遂爲楷則。

遷平原相。時襄邑衞京自南陽太守遷于河內，與种俱拜，帝望而歎曰：「二千石皆若此，朕何憂乎！」种爲政簡惠，百姓稱之，卒于郡。

華譚 袁甫

華譚字令思，廣陵人也。祖融，吳左將軍、錄尚書事。父諝，吳黃門郎。譚朞歲而孤，母年十八，便守節鞠養，勤勞備至。及長，好學不倦，爽慧有口辯，爲鄉里所重。揚州刺史周浚引爲從事史，愛其才器，待以賓友之禮。

太康中，刺史嵇紹舉譚秀才，將行，別駕陳總餞之，因問曰：「思賢之主以求才爲務，進取之士以功名爲先，何仲舒不仕武帝之朝，賈誼失分漢文之時？此吳晉之滯論，可辨此理而後别。」譚曰：「夫聖人在上，物無不理，百揆之職，非賢不居。故山林無匿景，衡門不棲遲。至承統之王，或是中才，或復凡人，居聖人之器，處兆庶之上，是以其教日積，風俗漸弊。又中才之君，所資者偏，物以類感，必於其黨，黨言雖非，彼以爲是。以所授有顏冉之賢，所用有廊廟之器，居官者日冀元凱之功，在上者日庶堯舜之義，彼豈知其政漸毁哉！朝雖有求賢之名，而無知才之實。言雖當，彼以爲誣；策雖奇，彼以爲妄。誣則毁己之言入，妄則不忠之責生。豈故爲哉？淺明不見深理，近才不覩遠體也。是以言不用，計不施，恐死亡之不暇，何論功名之立哉！故上官昵而屈原放，宰嚭寵而伍員戮，豈不哀哉！若仲舒抑於孝武，賈誼失於漢文，蓋復是其輕者耳。故白起有云：『非得賢之難，用之難。非用之難，信之難。』得賢而不能用，用而不能信，功業豈可得而成哉！」

譚至洛陽，武帝親策之曰：「今四海一統，萬里同風，天下有道，莫斯之盛。然北有未羈之虜，西有醜施之氐，故謀夫未得高枕，邊人未獲晏然，將何以長弭斯患，混清六合？」對曰：「臣聞聖人之臨天下也，祖乾綱以流化，順谷風以興仁，兼三才以御物，開四聰以招賢。故勞謙日昃，務在擇才，宣明巖穴，垂光隱滯。俊乂龍躍，帝道以光；清德鳳翔，王化克舉。是以皐陶見舉，不仁者遠；陸賈重漢，遠夷折節。今聖朝德音發於帷幄，清風翔乎無外，戎旗南指，江漢席卷；干戈西征，羌蠻慕化，誠闢四門之秋，興禮教之日也。故髦俊聞聲而響赴，殊才望險而雲集。虛高館以俟賢，設重爵以待士，急善過於饑渴，用人疾於影響，杜佞諂之門，廢鄭聲之樂，混清六合，實由乎此。雖西北有未羈之寇，殊漠有不朝之虜，征之則勞師，得之則無益，故班固云：『有其地不可耕而食，得其人不可臣而畜，來則懲而禦之，去則備而守之。』蓋安邊之術也。」

又策曰：「吳蜀恃險，今既蕩平。蜀人服化，無攜貳之心；而吳人趑睢，屢作妖寇。豈蜀人敦樸，易可化誘；吳人輕銳，難安易動乎？今將欲綏靜新附，何以爲先？」對曰：「臣聞漢末分崩，英雄鼎峙，蜀棲岷隴，吳據江表。至大晉龍興，應期受命，文皇運籌，安樂順軌；聖上潛謀，歸命向化。蜀染化日久，風教遂成；吳始初附，未改其化，非爲蜀人敦愨而吳人易動也。然殊俗遠境，風土不同，吳阻長江，舊俗輕悍。所安之計，當先籌其人士，使雲翔閶闔，進其賢才，待以異禮；明選牧伯，致以威風；輕其賦斂，將順咸悅，可以永保無窮，長爲人臣者也。」

又策曰：「聖人稱如有王者，必世而後仁。今天成地平，大化無外，雖匈奴未羈，羌氐驕黠，將修文德以綏之，舞干戚以來之，故兵戈載戢，武夫寢息。如此，已可消鋒刃爲佃器，罷尙方武庫之用未邪？」對曰：「夫唐堯歷載，頌聲乃作；文武相承，禮樂大同。清一八紘，綏盪無外，萬國順軌，海內斐然。雖復被髮之鄉，徒跣之國，皆習章甫而入朝，要衣裳以磬折。夫大舜之德，猶有三苗之征；以周之盛，玁狁爲寇。雖有文德，又須武備。備預不虞，古之善教；安不忘危，聖人常誡。無爲罷武庫之常職，鑠鋒刃爲佃器。自可倒戢干戈，包以獸皮，將帥之士，使爲諸侯，於散樂休風，未爲不泰也。」

又策曰：「夫法令之設，所以隨時制也。時險則峻法以取平，時泰則寬網以將化。今天下太平，四方無事，百姓承德，將就無爲而乂。〔三〕至於律令，應有所損益不？」對曰：「臣聞五帝殊禮，三王異教，故或禪讓以光政，或干戈以攻取。至於興禮樂以和人，流淸風以寧俗，其歸一也。今誠風教大同，四海無虞，人皆感化，去邪從正。夫以堯舜之盛，而猶設象刑；殷周之隆，而甫侯制律。律令之存，何妨於政。若乃大道四達，禮樂交通，凡人修行，黎庶勵節，刑罰懸而不用，律令存而無施，適足以隆太平之雅化，飛仁風乎無外矣。」

又策曰：「昔帝舜以二八成功，文王以多士興周。夫制化在於得人，而賢才難得。今大統始同，宜搜才實。州郡有貢薦之舉，猶未獲出羣卓越之倫。將時無其人？有而致之未得其理也？」對曰：「臣聞興化立法，非賢無以光其道；平世理亂，非才無以宣其業。上自皇羲，下及帝王，莫不張皇綱以羅遠，飛仁風以被物。故得賢則教興，失人則政廢。今四海一統，萬里同風，州郡貢秀孝，臺府簡良才，以八紘之廣，兆庶之衆，豈當無卓越儁逸之才乎！譬猶南海不少明月之寶，大宛不乏千里之駒也。異哲難見，遠數難覩，故堯舜太平之化，二八由舜而甫顯；殷湯革王之命，伊尹負鼎而方用。當今聖朝禮亡國之士，接遐裔之人，或貂蟬於帷幄，或剖符於千里，巡狩必有呂公之遇，宵夢必有巖穴之感。賢儁之出，可企踵而待也。」

時九州秀孝策無逮譚者。譚素以才學爲東土所推。同郡劉頌時爲廷尉，見之歎息曰：「不悟鄉里乃有如此才也！」博士王濟於衆中嘲之曰：「五府初開，羣公辟命，採英奇於仄陋，拔賢儁於巖穴。君吳楚之人，亡國之餘，有何秀異而應斯舉？」譚答曰：「秀異固產於方外，不出於中域也。是以明珠文貝，生於江鬱之濱；夜光之璞，出乎荆藍之下。故以人求之，文王生於東夷，大禹生於西羌。子弗聞乎？昔武王克商，遷殷頑民於洛邑，諸君得非其苗裔乎？」濟又曰：「夫危而不持，顚而不扶，至於君臣失位，國亡無主，凡在冠帶，將何所取哉！」答曰：「吁！存亡有運，興衰有期，天之所廢，人不能支。徐偃修仁義而失國，仲尼逐魯而逼齊，段干偃息而成名，諒否泰有時，曷人力之所能哉！」濟甚禮之。

尋除郎中，遷太子舍人、本國中正。以母憂去職。服闋，爲郪城令，過濮水，作莊子贊以示功曹。而廷掾張延爲作答教，其文甚美。譚異而薦之，遂見升擢。及譚爲廬江，延已爲淮陵太守。又舉寒族周訪爲孝廉，訪果立功名，時以譚爲知人。以父墓毀去官。尋除尚書郎。

永寧初，出爲郟令。于時兵亂之後，境内饑饉，譚傾心撫卹。司徒王戎聞而善之，出穀三百斛以助之。譚甚有政績，再遷廬江内史，加綏遠將軍。時石冰之黨陸珪等屯據諸縣，譚遣司馬褚敦討平之。又遣別軍擊冰都督孟徐，獲其驍率。以功封都亭侯，食邑千戶，賜絹千匹。

陳敏之亂，吳士多爲其所逼。顧榮先受敏官，而潛謀圖之。譚不悟榮旨，露檄遠近，極言其非，由此爲榮所怨。又在郡政嚴，而與上司多忤。揚州刺史劉陶素與譚不善，因法收譚，下壽陽獄。鎮東將軍周馥與譚素相親善，理而出之。及甘卓討馥，百姓奔散，馥謂譚已去，遣人視之，而更移近馥。馥歎曰：「吾嘗謂華令思是臧子源之疇，今果效矣。」甘卓嘗爲東海王越所捕，下令敢有匿者誅之，卓投譚而免。及此役也，卓遣人求之曰：「華侯安在？吾甘揚威使也。」譚答不知，遺絹二匹以遣之。使反，告卓。卓曰：「此華侯也。」復求之，譚已亡矣。後爲紀瞻所薦，而爲顧榮所止遏，遂數年不得調。

建興初，元帝命爲鎮東軍諮祭酒。譚博學多通，在府無事，乃著書三十卷，名曰辨道，上牋進之，帝親自覽焉。轉丞相軍諮祭酒，領郡大中正。譚薦干寶、范珧於朝，乃上牋求退曰：「譚聞霸主遠聽，以求才爲務；僚屬量身，以審己爲分。故疏廣告老，漢宣不違其志；干朮偃息，文侯就式其廬。譚無古人之賢，竊有懷遠之慕。自登清顯，出入二載，執筆無贊事之功，拾遺無補闕之績；過在納言，闇於舉善；狂寇未賓，復乏謀策。年向七十，志力日衰，素餐無勞，實宜辭退。謹奉還所假左丞相軍諮祭酒版。」不聽。

建武初，授祕書監，固讓不拜。太興初，拜前軍，以疾復轉祕書監。自負宿名，恒怏怏不得志。時晉陵朱鳳、吳郡吳震並學行清修，老而未調，譚皆薦爲著作佐郎。

或問譚曰：「諺言人之相去，如九牛毛，寧有此理乎？」譚對曰：「昔許由、巢父讓天子之貴，市道小人爭半錢之利，此之相去，何啻九牛毛也！」聞者稱善。

戴若思弟邈，則譚女壻也。譚平生時常抑若思而進邈，若思每銜之。殆用事，恒毀譚於帝，由是宦塗不至。譚每懷觖望，嘗從容言於帝曰：「臣已老矣，將待死祕閣。汲黯之言，復存於今。」帝不懌。久之，加散騎常侍，屢以疾辭。及王敦作逆，譚疾甚，不能入省，坐免。卒於家。贈光祿大夫，金章紫綬，加散騎常侍，謚曰胡。二子：仳、茂。

化字長風，爲征虜司馬，討汲桑，戰沒。茂嗣爵。

淮南袁甫字公胄，亦好學，與譚齊名，以詞辯稱。嘗詣中領軍何勖，自言能爲劇縣。勖曰：「唯欲宰縣，不爲臺閣職，何也？」甫曰：「人各有能有不能。譬繒中之好莫過錦，錦不可以爲峪；穀中之美莫過稻，稻不可以爲齏。是以聖王使人，必先以器，苟非周材，何能悉長！黃霸馳名於州郡，而息譽於京邑。廷尉之材，不爲三公，自昔然也。」勖善之，除崧滋令。

轉淮南國大農、郎中令。石珩問甫曰：「卿名能辯，豈知壽陽已西何以恒旱？壽陽已東何以恒水？」甫曰：「壽陽已東皆是吳人，夫亡國之音哀以思，鼎足强邦，一朝失職，憤歎甚積，積憂成陰，陰積成雨，雨久成水，故其域恒澇也。壽陽已西皆是中國，新平强吳，美寶皆入，志盈心滿，用長歡娛。公羊有言，魯僖甚悅，故致旱京師。若能抑强扶弱，先疏後親，則天下和平，災害不生矣。」觀者歎其敏捷。年八十餘，卒於家。

史臣曰：夫緝政釐俗，拔羣才以成務；振景觀光，俟明主而宣績。武皇之世，天下乂安，朝廷屬意於求賢，藴軸有懷於干祿。郤詵等並韞價州里，褎然應召，對揚天問，高步雲衢，求之前哲，亦足稱矣。令思行己徇義，志篤周甘，仁者必勇，抑斯之謂！雖才行夙章，而待終祕閣，積薪之恨，豈獨古人乎！

贊曰：郤阮洽聞，含章體政。華生毓德，褫巾應命。鳥路曾飛，龍津派泳。素業可久，高芬斯盛。

校勘記

〔一〕而陶化萬姓也　「姓」，各本作「性」，今從宋本。

〔二〕將就無爲而乂　「乂」，各本作「又」，今從殿本。

晉書卷五十三

列傳第二十三

愍懷太子 子虨 臧 尚

愍懷太子遹字熙祖，惠帝長子，母曰謝才人。幼而聰慧，武帝愛之，恒在左右。嘗與諸皇子共戲殿上，惠帝來朝，執諸皇子手，次至太子，帝曰：「是汝兒也。」惠帝乃止。宮中嘗夜失火，武帝登樓望之。太子時年五歲，牽帝裾入闇中。帝問其故，太子曰：「暮夜倉卒，宜備非常，不宜令照見人君也。」由是奇之。嘗從帝觀豕牢，言於帝曰：「豕甚肥，何不殺以享士，而使久費五穀？」帝嘉其意，即使烹之。因撫其背，謂廷尉傅祗曰：「此兒當興我家。」嘗對羣臣稱太子似宣帝，於是令譽流於天下。

時望氣者言廣陵有天子氣，故封爲廣陵王，邑五萬戶。以劉寔爲師，孟珩爲友，楊準、馮蓀爲文學。惠帝即位，立爲皇太子。盛選德望以爲師傅，以何劭爲太師，王戎爲太傅，楊濟爲太保，裴楷爲少師，張華爲少傅，和嶠爲少保。元康元年，出就東宮，又詔曰：「遹尚幼蒙，今出東宮，惟當賴師傅羣賢之訓。其游處左右，宜得正人使共周旋，能相長益者。」於是使太保衞瓘息庭、司空泰息略、太子太傅楊濟息毖、太子少師裴楷息憲、太子少傅張華息禕、尚書令華廙息恒與太子游處，以相輔導焉。

及長，不好學，惟與左右嬉戲，不能尊敬保傅。賈后素忌太子有令譽，因此密敕黃門閹宦媚諛於太子曰：「殿下誠可及壯時極意所欲，何爲恒自拘束？」每見喜怒之際，輒歎曰：「殿下不知用威刑，天下豈得畏服！」太子所幸蔣美人生男，又言宜隆其賞賜，多爲皇孫造玩弄之器，太子從之。於是慢弛益彰，或廢朝侍，恒在後園游戲。愛埤車小馬，令左右馳騎，斷其鞅勒，使墮地爲樂。或有犯忤者，手自捶擊之。性拘小忌，不許繕壁修牆，正瓦動屋。而於宮中爲市，使人屠酤，手揣斤兩，輕重不差。其母本屠家女也，故太子好之。又令西園賣葵菜、藍子、雞、麪之屬，而收其利。東宮舊制，月請錢五十萬，備於衆用，太子恒探取二月，以供嬖寵。洗馬江統陳五事以諫之，太子不納，語在統傳中。舍人杜錫以太子非賈后所生，而后性兇暴，深以爲憂，每盡忠規勸太子修德進善，遠於讒謗。太子怒，使人以針著錫常所坐氈中而刺之。

太子性剛，知賈謐恃后之貴，不能假借之。謐至東宮，或捨之而於後庭游戲。詹事裴權諫曰：「賈謐甚有寵於中宮，而有不順之色，若一旦交構，大事去矣。宜深自謙屈，以防其變，廣延賢士，用自輔翼。」太子不能從。初，賈后母郭槐欲以韓壽女爲太子妃，太子亦欲婚韓氏以自固。而壽妻賈午及后皆不聽，而爲太子聘王衍小女惠風。太子聞衍長女美，而賈后爲謐聘之，心不能平，頗以爲言。謐嘗與太子圍棊，爭道，成都王穎見而訶謐，謐意愈不平，因此譖太子於后曰：「太子廣買田業，多畜私財以結小人者，爲賈氏故也。密聞其言云：『皇后萬歲後，吾當魚肉之。』非但如是也，若宮車晏駕，彼居大位，依楊氏故事，誅臣等而廢后於金墉，如反手耳。不如早爲之所，更立慈順者以自防衞。」后納其言，又宣揚太子之短，布諸遠近。于時朝野咸知賈后有害太子意。中護軍趙俊請太子廢后，〔一〕太子不聽。

九年六月，有桑生于宮西廂，日長尺餘，數日而枯。十二月，賈后將廢太子，詐稱上不和，呼太子入朝。既至，后不見，置于別室，遣婢陳舞賜以酒棗，逼飲醉之。使黃門侍郎潘岳作書草，若禱神之文，有如太子素意，因醉而書之，令小婢承福以紙筆及書草使太子書之。文曰：「陛下宜自了；不自了，吾當入了之。中宮又宜速自了；不了，吾當手了之。并謝妃共要剋期而兩發，勿疑猶豫，致後患。茹毛飲血於三辰之下，皇天許當掃除患害，立道文爲王，蔣爲內主。願成，當三牲祠北君，大赦天下。要疏如律令。」太子醉迷不覺，遂依而寫之，其字半不成。既而補成之，后以呈帝。帝幸式乾殿，召公卿入，使黃門令董猛以太子書及青紙詔曰：「遹書如此，今賜死。」徧示諸公王，莫有言者，惟張華、裴頠證明太子。賈后使董猛矯以長廣公主辭白帝曰：「事宜速決，而羣臣各有不同，若有不從詔，宜以軍法從事。」議至日西不決。后懼事變，乃表免太子爲庶人，詔許之。於是使尚書和郁持節，解結爲副，及大將軍梁王肜、鎭東將軍淮南王允、前將軍東武公澹、趙王倫、太保何劭詣東宮，廢太子爲庶人。是日太子游玄圃，聞有使者至，改服出崇賢門，再拜受詔，步出承華門，乘粗犢車。澹以兵仗送太子妃王氏、三皇孫于金墉城，考竟謝淑妃及太子保林蔣俊。明年正月，賈后又使黃門自首，欲與太子爲逆。詔以黃門首辭班示公卿。又遣澹以千兵防送太子，更幽于許昌宮之別坊，令治書御史劉振持節守之。先是，有童謠曰：「東宮馬子莫聾空，前至臘月纏汝鬉。」又曰：「南風起兮吹白沙，遙望魯國鬱嵯峨，千歲髑髏生齒牙。」南風，后名；沙門，太子小字也。

初，太子之廢也，妃父王衍表請離婚。太子至許，遺妃書曰：「鄙雖頑愚，心念爲善，欲盡忠孝之節，無有惡逆之心。雖非中宮所生，奉事有如親母。自爲太子以來，勑見禁檢，不得見母。自宜城君亡，不見存恤，恒在空室中坐。去年十二月，道文疾病困篤，父子之情，實相憐愍。于時表國家乞加徽號，不見聽許。疾病既篤，爲之求請恩福，無有惡心。自道文病，中宮三遣左右來視，云：『天教呼汝。』到二十八日暮，有短函來，題言東宮發，疏云：

『言天教欲見汝。』卽便作表求入。二十九日早入見國家，須臾遣至中宮。中宮左右陳舞見語：『中宮旦來吐不快。』使住空屋中坐。須臾中宮遣陳舞見語：『聞汝表陛下爲道文乞王，不得王是成國耳。』中宮遙呼陳舞：『昨天教與太子酒棗。』便持三升酒、大盤棗來見與，使飲酒噉棗盡。鄙素不飲酒，卽便遣舞啓說不堪三升之意。中宮遙呼曰：『汝常陛下前持酒可喜，何以不飲？天與汝酒，當使道文差也。』便答中宮：『陛下會同一日見賜，故不敢辭，通日不飲三升酒也。且實未食，恐不堪。又未見殿下，飲此或至顚倒。』陳舞復傳語云：『不孝那！天與汝酒飲，不肯飲，中有惡物邪？』遂可飲二升，餘有一升，求持還東宮飲盡。逼迫不得已，更飲一升。飲已，體中荒迷，不復自覺。須臾有一小婢持封箱來，云：『詔使寫此文書。』鄙便驚起，視之，有一白紙，一青紙。催促云：『陛下停待。』又小婢承福持筆研墨黃紙來，使寫。急疾不容復視，實不覺紙上語輕重。父母至親，實不相疑，事理如此，實爲見誣，想衆人見明也。」

太子既廢非其罪，衆情憤怨。右衞督司馬雅，宗室之疏屬也，與常從督許超並有寵於太子，二人深傷之，說趙王倫謀臣孫秀曰：「國無適嗣，社稷將危，大臣之禍必起。而公奉事中宮，與賈后親密，太子之廢，皆云豫知，一旦事起，禍必及矣。何不先謀之！」秀言於趙王倫，倫深納焉。計旣定，而秀說倫曰：「太子爲人剛猛，若得志之日，必肆其情性矣。明公素事賈后，街談巷議，皆以公爲賈氏之黨。今雖欲建大功於太子，太子雖將含忍宿忿，必不能加賞於公，當謂公逼百姓之望，翻覆以免罪耳。若有瑕釁，猶不免誅。不若遷延却期，賈后必害太子，然後廢賈后，爲太子報讐，猶足以爲功，乃可以得志。」倫然之。秀因使反間，言殿中人欲廢賈后，迎太子。賈后聞之憂怖，乃使太醫令程據合巴豆杏子丸。三月，矯詔使黄門孫慮齎至許昌以害太子。初，太子恐見酖，恒自煮食於前。慮以告劉振，振乃徙太子於小坊中，絕不與食，宮中猶於牆壁上過食與太子。慮乃逼太子以藥，太子不肯服，因如廁，慮以藥杵椎殺之，太子大呼，聲聞于外。時年二十三。將以庶人禮葬之，賈后表曰：「遹不幸喪亡，傷其迷悖，又早短折，悲痛之懷，不能自已。妾私心冀其刻肌刻骨，更思孝道，規爲稽顙，正其名號。此志不遂，重以酸恨。遹雖罪在莫大，猶王者子孫，便以匹庶送終，情實憐愍，特乞天恩，賜以王禮。妾誠闇淺不識禮義，不勝至情，冒昧陳聞。」詔以廣陵王禮葬之。

及賈庶人死，乃誅劉振、孫慮、程據等，册復太子曰：「皇帝使使持節、兼司空、衞尉伊策故皇太子之靈曰：嗚呼！維爾少資岐嶷之質，荷先帝殊異之寵，大啓土宇，奄有淮陵。朕奉遵遺旨，越建爾儲副，以光顯我祖宗。祇爾德行，以從保傅，事親孝敬，禮無違者。而朕昧于凶構，致爾于非命之禍，俾申生、孝己復見于今。賴宰相賢明，人神憤怨，用啓朕心，討厥有罪，咸伏其辜。何補於荼毒冤魂酷痛哉？是用忉怛悼恨，震動於五內。今追復皇太子喪禮，反葬京畿，祠以太牢。魂而有靈，尚獲爾心。」帝爲太子服長子斬衰，羣臣齊衰，使尚書和郁率東宮官屬具吉凶之制，迎太子喪於許昌。

喪之發也，大風雷電，幃蓋飛裂。又爲哀策曰：「皇帝臨軒，使洗馬劉務告于皇太子之殯曰：咨爾遹！幼稟英挺，芬馨誕茂。既表髫齔，高明逸秀。昔爾聖祖，嘉爾淑美。顯詔仍崇，名振同軌。是用建爾儲副，永統皇基。如何凶戾潛構，禍害如茲！哀感和氣，痛貫四時。嗚呼哀哉！爾之降廢，實我不明。牝亂沈裁，釁結禍成。爾之逝矣，誰百其形？昔之申生，含枉莫訟。今爾之負，抱冤于東。悠悠有識，孰不哀慟！壺關干主，千秋悟己。異世同規，古今一理。皇孫啓建，隆祚爾子。雖悴前終，庶榮後始。窀穸既營，將寧爾神。華髦電逝，戎車雷震。芒芒羽蓋，翼翼縉紳。同悲等痛，孰不酸辛！庶光來葉，永世不泯。」謚曰愍懷。六月己卯，〔三〕葬于顯平陵。帝感閻纘之言，立思子臺，故臣江統、陸機並作誄頌焉。

太子三子：虨、臧、尚，並與父同幽金墉。

虨字道文，永康元年正月，薨。四月，追封南陽王。

臧字敬文。永康元年四月，封臨淮王。己巳，詔曰：「咎徵數發，姦回作變，遹既逼廢，非命而沒。今立臧爲皇太孫。〔三〕還妃王氏以母之，稱太孫太妃。太子官屬即轉爲太孫官屬。趙王倫行太孫太傅。」五月，倫與太孫俱之東宮，太孫自西掖門出，車服侍從皆愍懷之舊也。到銅駝街，宮人哭，侍從者皆哽咽，路人抆淚焉。桑復生于西廂，太孫廢，乃枯。永寧元年正月，趙王倫篡位，廢爲濮陽王，與帝俱遷金墉，尋被害。太安初，追謚曰哀。

尚字敬仁。永康元年四月，封爲襄陽王。永寧元年八月，立爲皇太孫。太安元年三月癸卯，薨，帝服齊衰朞，謚曰沖太孫。

史臣曰：愍懷挺岐嶷之姿，表夙成之質。武皇鍾愛，既深詒厥之謀；天下歸心，頗有后來之望。及于繼明宸極，守器春坊，四教不勤，三朝或闕，豹姿未變，鳳德已衰，信惑姦邪，疏斥正士，好屠酤之賤役，耽苑囿之佚遊，可謂靡不有初，鮮克有終者也。既而中宮凶忍，久懷危害之心，外戚諂諛，競進讒邪之說；均牲之謀已搆，猘犬之譖遂行；一人乏探隱之聰，百辟無爭臣之節。遂使冤逾楚建，酷甚戾園。雖復禮備哀榮，情深憫慟，亦何補於荼毒者哉！

贊曰：愍懷聰穎，諒惟天挺。皇祖鍾心，庶僚引領。震宮肇建，儲德不恢。掇蜂搆隙，歸胙生災。既罹凶忍，徒望歸來。

校勘記

〔一〕中護軍趙俊　「趙俊」趙王倫傳作「趙浚」。

〔二〕六月己卯　勞校：「己卯」當從本紀作「壬寅」。六月庚寅朔，無己卯。

〔三〕永康元年四月封臨淮王己巳詔曰至今立臧爲皇太孫　勞校：本紀立臧爲皇太孫在五月。按：四月辛卯朔，無己巳。五月有己巳。

晉書卷五十四

列傳第二十四

陸機 孫拯

陸機字士衡，吳郡人也。祖遜，吳丞相。父抗，吳大司馬。機身長七尺，其聲如鐘。少有異才，文章冠世，伏膺儒術，非禮不動。抗卒，領父兵爲牙門將。年二十而吳滅，退居舊里，閉門勤學，積有十年。以孫氏在吳，而祖父世爲將相，有大勳於江表，深慨孫皓舉而棄之，乃論權所以得，皓所以亡，又欲述其祖父功業，遂作辯亡論二篇。其上篇曰：

昔漢氏失御，姦臣竊命，禍基京畿，毒徧宇內，皇綱弛頓，王室遂卑。於是羣雄蜂駭，〔一〕義兵四合。吳武烈皇帝慷慨下國，電發荆南，權略紛紜，忠勇伯世，威稜則夷羿震盪，兵交則醜虜授馘，遂掃清宗祊，蒸禋皇祖。于時雲興之將帶州，猋起之師跨邑，哮闞之羣風驅，熊羆之族霧合。雖兵以義動，同盟勠力，然皆苞藏禍心，阻兵怙亂，或師無謀律，喪威稔寇。忠規武節，未有如此其著者也。

武烈既沒，長沙桓王逸才命世，弱冠秀發，招攬遺老，與之述業。神兵東驅，奮寡犯衆，攻無堅城之將，戰無交鋒之虜。誅叛柔服，而江外底定；飭法修師，則威德翕赫。賓禮名賢，而張公爲之雄；交御豪俊，而周瑜爲之傑。彼二君子皆弘敏而多奇，雅達而聰哲，故同方者以類附，等契者以氣集，江東蓋多士矣。將北伐諸華，誅鉏干紀，旋皇輿於夷庚，反帝坐於紫闥，挾天子以令諸侯，清天步而歸舊物。戎車既次，羣凶側目，大業未就，中世而殞。

用集我大皇帝，以奇蹤襲逸軌，叡心因令圖，從政咨於故實，播憲稽乎遺風；而加之以篤敬，申之以節儉，疇諮俊茂，好謀善斷，束帛旅於丘園，旌命交乎塗巷。故豪彥尋聲而嚮臻，志士晞光而景騖，異人輻輳，猛士如林。於是張公爲師傅；周瑜、陸公、魯肅、呂蒙之儔，入爲腹心，出爲股肱；甘寧、淩統、程普、賀齊、朱桓、朱然之徒奮其威，韓當、潘璋、黃蓋、蔣欽、周泰之屬宣其力；風雅則諸葛瑾、張承、步隲以名聲光國，政事則顧雍、潘濬、呂範、呂岱以器任幹職，奇偉則虞翻、陸績、張惇以風義舉政，〔三〕奉使則趙咨、沈珩以敏達延譽，術數則吳範、趙達以禨祥協德；董襲、陳武殺身以衞主，駱統、劉基强諫以補過。謀無遺計，舉不失策。故遂割據山川，跨制荆吳，而與天下爭衡矣。

魏氏嘗藉戰勝之威，率百萬之師，浮鄧塞之舟，下漢陰之衆，羽楫萬計，龍躍順流，銳師千旅，武步原隰，謨臣盈室，武將連衡，喟然有吞江滸之志，壹宇宙之氣。而周瑜驅我偏師，黜之赤壁，喪旗亂轍，僅而獲免，收跡遠遁。漢王亦憑帝王之號，帥巴漢之人，乘危騁變，結壘千里，志報關羽之敗，圖收湘西之地。而我陸公亦挫之西陵，覆師敗績，困而後濟，絕命永安。續以濡須之寇，臨川摧銳；蓬蘢之戰，孑輪不反。由是二邦之將，喪氣挫鋒，勢衄財匱，而吳莞然坐乘其弊，故魏人請好，漢氏乞盟，遂躋天號，鼎跱而立。西界庸益之郊，北裂淮漢之涘，東苞百越之地，南括羣蠻之表。於是講八代之禮，蒐三王之樂，告類上帝，拱揖羣后。武臣毅卒，循江而守；長棘勁鎩，望猋而奮。庶尹盡規於上，黎元展業於下，化協殊裔，風衍遐圻。乃俾一介行人，撫巡外域，巨象逸駿，擾於外閑，明珠瑋寶，耀於內府，珍瑰重迹而至，奇玩應響而赴；輶軒騁於南荒，衝輣息於朔野；黎庶免干戈之患，戎馬無晨服之虞，而帝業固矣。

大皇既沒，幼主莅朝，姦回肆虐。景皇聿興，虔修遺憲，政無大闕，守文之良主也。降及歸命之初，典刑未滅，故老猶存。大司馬陸公以文武熙朝，左丞相陸凱以謇諤盡規，而施績、范慎以威重顯，丁奉、鍾離斐以武毅稱，孟宗、丁固之徒爲公卿，樓玄、賀邵之屬掌機事，元首雖病，股肱猶良。爰逮末葉，羣公既喪，然後黔首有瓦解之患，皇家有土崩之釁，曆命應化而微，王師躡運而發，卒散于陣，衆奔于邑，城池無藩籬之固，山川無溝阜之勢，非有工輸雲梯之械，智伯灌激之害，楚子築室之圍，燕人濟西之隊，軍未浹辰而社稷夷矣。雖忠臣孤憤，烈士死節，將奚救哉！

夫曹劉之將非一世所選，向時之師無曩日之衆，戰守之道抑有前符，險阻之利俄然未改，而成敗貿理，古今詭趣，何哉？彼此之化殊，授任之才異也。

其下篇曰：

昔三方之王也，魏人據中夏，漢氏有岷益，吳制荊揚而掩有交廣。曹氏雖功濟諸華，虐亦深矣，其人怨。劉翁因險以飾智，功已薄矣，其俗陋。夫吳，桓王基之以武，太祖成之以德，聰明叡達，懿度弘遠矣。其求賢如弗及，卹人如稚子，接士盡盛德之容，親仁罄丹府之愛。拔呂蒙於戎行，試潘濬於係虜。推誠信士，不恤人之我欺；量能授器，不患權之我偪。執鞭鞠躬，以重陸公之威；悉委武衞，以濟周瑜之師。卑宮菲食，豐功臣之賞；披懷虛己，納謨士之算。故魯肅一面而自託，士燮蒙險而效命。高張公之德，而省游田之娛；賢諸葛之言，而割情欲之歡；感陸公之規，而除刑法之煩；奇劉基之議，而作三爵之誓；屏氣跼蹐，以伺子明之疾；分滋損甘，以育凌統之孤；登壇慷慨，歸魯子之功；削投怨言，信子瑜之節。是以忠臣競盡其謨，志士咸得肆力，洪規遠略，固不厭夫區區者也。故百官苟合，庶務未遑。初都建鄴，羣臣請備禮秩，天子辭而弗許，曰：「天下其謂朕何！」宮室輿服，蓋慊如也。爰及中葉，天人之分既定，故百度之缺粗修，雖醲化懿綱，未齒乎上代，抑其體國經邦之具，亦足以爲政矣。地方幾萬里，帶甲將百萬，其野沃，其兵練，其器利，其財豐；東負滄海，西阻險塞，長江制其區宇，峻山帶其封域，國家之利未見有弘於茲者也。借使守之以道，御之以術，敦率遺典，勤人謹政，〔三〕修定策，守常險，則可以長世永年，未有危亡之患也。

或曰：「吳蜀脣齒之國也，夫蜀滅吳亡，理則然矣。」夫蜀，蓋藩援之與國，而非吳人之存亡也。其郊境之接，重山積險，陸無長轂之徑；川阨流迅，水有驚波之艱。雖有鋭師百萬，啓行不過千夫；軸艫千里，前驅不過百艦。故劉氏之伐，陸公喻之長蛇，其勢然也。昔蜀之初亡，朝臣異謀，或欲積石以險其流，或欲機械以禦其變。天子總羣議以諮之大司馬陸公，公以四瀆天地之所以節宣其氣，固無可遏之理，而機械則彼我所共，彼若棄長技以就所屈，卽荆楚而爭舟楫之用，是天贊我也，將謹守峽口以待擒耳。逮步闡之亂，憑寶城以延强寇，資重幣以誘羣蠻。于時大邦之衆，雲翔電發，懸旍江介，築壘遵渚，衿帶要害，以止吳人之西，巴漢舟師，沿江東下。陸公偏師三萬，北據東坑，深溝高壘，按甲養威。反虜踠迹待戮，而不敢北窺生路，强寇敗績宵遁，喪師太半。分命銳師五千，西禦水軍，東西同捷，獻俘萬計。信哉賢人之謀，豈欺我哉！自是烽燧罕驚，封域寡虞。陸公沒而潛謀兆，吳釁深而六師駭。夫太康之役，衆未盛乎曩日之師；廣州之亂，禍有愈乎向時之難，而邦家顛覆，宗廟爲墟。嗚呼！「人之云亡，邦國殄瘁」，不其然歟！

易曰「湯武革命順乎天」，或曰「亂不極則治不形」，〔四〕言帝王之因天時也。古人有言曰「天時不如地利」，易曰「王侯設險以守其國」，言爲國之恃險也。又曰「地利不如人和」，「在德不在險」，言守險之在人也。吳之興也，參而由焉，孫卿所謂合其參者也。及其亡也，恃險而已，又孫卿所謂舍其參者也。夫四州之萌非無衆也，大江以南非乏俊也，山川之險易守也，勁利之器易用也，先政之策易修也，功不興而禍遘何哉？所以用之者失也。故先王達經國之長規，審存亡之至數，謙己以安百姓，敦惠以致人和，寬冲以誘俊乂之謀，慈和以結士庶之愛。是以其安也，則黎元與之同慶；及其危也，則兆庶與之同患。安與衆同慶，則其危不可得也；危與下同患，則其難不足卹也。夫然，故能保其社稷而固其土宇，麥秀無悲殷之思，黍離無愍周之感也。

至太康末，與弟雲俱入洛，造太常張華。華素重其名，如舊相識，曰：「伐吳之役，利獲二俊。」又嘗詣侍中王濟，濟指羊酪謂機曰：「卿吳中何以敵此？」答云：「千里蓴羹，未下鹽鼓。」時人稱爲名對。張華薦之諸公。後太傅楊駿辟爲祭酒。會駿誅，累遷太子洗馬、著作郎。〔五〕范陽盧志於衆中問機曰：「陸遜、陸抗於君近遠？」機曰：「如君於盧毓、盧珽。」志默然。既起，雲謂機曰：「殊邦遐遠，容不相悉，何至於此！」機曰：「我父祖名播四海，寧不知邪！」議者以此定二陸之優劣。

吳王晏出鎭淮南，以機爲郎中令，遷尚書中兵郎，轉殿中郎。趙王倫輔政，引爲相國參軍。豫誅賈謐功，賜爵關中侯。倫將篡位，以爲中書郎。倫之誅也，齊王冏以機職在中書，九錫文及禪詔疑機與焉，遂收機等九人付廷尉。賴成都王穎、吳王晏並救理之，得減死徙邊，遇赦而止。

初機有駿犬，名曰黃耳，甚愛之。既而羈寓京師，久無家問，笑語犬曰：「我家絕無書信，汝能齎書取消息不？」犬搖尾作聲。機乃爲書以竹筩盛之而繫其頸，犬尋路南走，遂至其家，得報還洛。其後因以爲常。時中國多難，顧榮、戴若思等咸勸機還吳，機負其才望，而志匡世難，故不從。

冏既矜功自伐，受爵不讓，機惡之，作豪士賦以刺焉。其序曰：

夫立德之基有常，而建功之路不一。何則？修心以爲量者存乎我，因物以成務者係乎彼。存乎我者，隆殺止乎其域；係乎彼者，豐約惟所遭遇。落葉俟微飈以隕，而風之力蓋寡；孟嘗遭雍門以泣，而琴之感以末。何哉？欲隕之葉無所假烈風，將墜之泣不足煩哀響也。是故苟時啓於天，理盡於人，庸夫可以濟聖賢之功，斗筲可以定烈士之業。故曰「才不半古，功已倍之」，蓋得之於時世也。歷觀今古，徼一時之功而居伊周之位者有矣。

夫我之自我，智士猶嬰其累；物之相物，昆蟲皆有此情。夫以自我之量而挾非常之勳，神器暉其顧眄，萬物隨其俯仰，心玩居常之安，耳飽從諛之說，豈識乎功在身外，任出才表者哉！且好榮惡辱，有生之所大期；忌盈害上，鬼神猶且不免；人主操其常柄，天下服其大節，故曰天可讎乎。而時有袨服荷戟，立乎廟門之下，援旗誓衆，奮於阡陌之上；況乎世主制命，自下裁物者乎！廣樹恩不足以敵怨，勤興利不足以補害，故曰代大匠斲者必傷其手。且夫政由甯氏，忠臣所以慷慨；祭則寡人，人主所不久堪。是以君奭怏怏，不悅公旦之舉；高平師師，側目博陸之勢。而成王不遺嫌吝於懷，宣帝若負芒刺於背，非其然者歟？

嗟乎！光于四表，德莫富焉；王曰叔父，親莫昵焉；登帝天位，功莫厚焉；守節沒齒，忠莫至焉。而傾側顚沛，僅而自全，則伊生抱明允以嬰戮，文子懷忠敬而齒劍，固其所也。因斯以言，夫以篤聖穆親，如彼之懿，大德至忠，如此之盛，尚不能取信於人主之懷，止謗於衆多之口，過此以往，惡覩其可！安危之理，斷可識矣。又況乎饕大名以冒道家之忌，運短才而易聖哲所難者哉！身危由於勢過，而不知去勢以求安；禍積起於寵盛，而不知辭寵以招福。見百姓之謀己，則申宮警守，以崇不畜之威；懼萬方之不服，則嚴刑峻制，以賈傷心之怨。然後威窮乎震主，而怨行乎上下，衆心日陊，危機將發，而方偃仰瞪眄，〔六〕謂足以夸世，笑古人之未工，忘己事之已拙，知曩勳之可矜，闇成敗之有會。是以事窮運盡，必有顚仆；風起塵合，而禍至常酷也。聖人忌功名之過己，惡寵祿之踰量，蓋爲此也。

夫惡欲之大端，賢愚所共有，而遊子殉高位於生前，志士思垂名於身後，受生之分，惟此而已。夫蓋世之業，名莫盛焉；率意無違，欲莫順焉。借使伊人頗覽天道，知盡不可益，盈難久持，超然自引，高揖而退，則巍巍之盛，仰邈前賢，洋洋之風，俯觀來籍，而大欲不止於身，至樂無愆乎舊，節彌效而德彌廣，身逾逸而名逾劭。此之不爲，而彼之必昧，然後河海之迹堙爲窮流，一匱之釁積成山嶽，名編凶頑之條，身厭荼毒之痛，豈不謬哉！故聊爲賦焉，庶使百世少有悟云。

冏不之悟，而竟以敗。

機又以聖王經國，義在封建，因採其遠指，著五等論曰：

夫體國經野，先王所愼，創制垂基，思隆後葉。然而經略不同，長世異術。五等之制，始於黄唐，郡縣之治，創於秦漢，得失成敗，備在典謨，是以其詳可得而言。

夫王者知帝業至重，天下至廣。廣不可以偏制，重不可以獨任；任重必於借力，制廣終乎因人。故設官分職，所以輕其任也；並建伍長，所以弘其制也。於是乎立其封疆之典，裁其親疏之宜，使萬國相維，以成盤石之固；宗庶雜居，而定維城之業。又有以見綏世之長御，識人情之大方，知其爲人不如厚己，利物不如圖身；安上在於悅下，爲己存乎利人。故易曰「悅以使人，人忘其勞」，孫卿曰「不利而利之，不如利而後利之利也」。是以分天下以厚樂，則己得與之同憂；饗天下以豐利，而己得與之共害。利博而恩篤，樂遠則憂深，故諸侯享食土之實，萬國受傳世之祚。夫然，則南面之君各務其政，九服之內知有定主，上之子愛於是乎生，下之禮信於是乎結，〔七〕世平足以敦風，道衰足以禦暴。故强毅之國不能擅一時之勢，雄俊之人無所寄霸王之志。然後國安由萬邦之思化，主尊賴羣后之圖身，譬猶衆目營方，則天網自昶；四體辭難，而心膂獲乂。蓋三代所以直道，四王所以垂業也。

夫盛衰隆弊，理所固有，教之廢興，繫乎其人，原法期於必諒，〔八〕明道有時而闇。故世及之制弊於强禦，厚下之典漏於末折，侵弱之釁遘自三季，陵夷之禍終乎七雄。

昔成湯親照夏后之鑒，公旦目涉商人之戒，文質相濟，損益有物。然五等之禮，不革于時，封畛之制，有隆爾者，〔九〕豈玩二王之禍而闇經世之算乎？固知百世非可懸御，善制不能無弊，而侵弱之辱愈於殄祀，土崩之困痛於陵夷也。是以經始獲其多福，慮終取其少禍，非謂侯伯無可亂之符，郡縣非興化之具。故國憂賴其釋位，主弱憑於翼戴。及承微積弊，王室遂卑，猶保名位，祚垂後嗣，皇統幽而不輟，神器否而必存者，豈非事勢使之然歟！

降及亡秦，棄道任術，懲周之失，自矜其得。尋斧始於所庇，制國昧於弱下，國慶獨饗其利，主憂莫與共害。雖速亡趨亂，不必一道，顛沛之釁，實由孤立。是蓋思五等之小怨，亡萬國之大德，知陵夷之可患，闇土崩之爲痛也。周之不競，有自來矣。國乏令主，十有餘世。然片言勤王，諸侯必應，一朝振矜，遠國先叛，故强晉收其請隧之圖，暴楚頓其觀鼎之志，豈劉項之能窺闚，勝廣之敢號澤哉！借使秦人因循其制，雖則無道，有與共亡，覆滅之禍，豈在曩日！

漢矯秦枉，大啓王侯，境土踰溢，不遵舊典，故賈生憂其危，鼂錯痛其亂。是以諸侯阻其國家之富，憑其士庶之力，勢足者反疾，土狹者逆遲，六臣犯其弱綱，七子衝其漏網，皇祖夷於黔徒，西京病於東帝。是蓋過正之災，而非建侯之累也。然呂氏之難，朝士外顧；宋昌策漢，必稱諸侯。逮至中葉，忌其失節，割削宗子，有名無實，天下曠然，復襲亡秦之軌矣。是以五侯作威，不忌萬國；新都襲漢，易於拾遺也。光武中興，纂隆皇統，而由遵覆車之遺轍，養喪家之宿疾，僅及數世，姦宄充斥。卒有强臣專朝，則天下風靡，一夫從衡，而城池自夷，豈不危哉！

在周之衰，難興王室，放命者七臣，干位者三子，嗣王委其九鼎，凶族據其天邑，鉦鼙震於閫宇，鋒鏑流於絳闕，然禍止畿甸，害不覃及，天下晏然，以安待危。是以宣王興於共和，襄惠振於晉鄭。豈若二漢階闥暫擾，而四海已沸，孽臣朝入，九服夕亂哉！遠惟王莽篡逆之事，近覽董卓擅權之際，億兆悼心，愚智同痛。然周以之存，漢以之亡，夫何故哉？豈世乏曩時之臣，士無匡合之志歟？蓋遠績屈於時異，雄心挫於卑勢耳。故烈士扼腕，終委寇讎之手；中人變節，以助虐國之桀。雖復時有鳩合同志以謀王室，然上非奧主，下皆市人，師旅無先定之班，君臣無相保之志，是以義兵雲合，無救劫殺之禍，衆望未改，而已見大漢之滅矣。

或以「諸侯世位，不必常全，昏主暴君，有時比迹，故五等所以多亂。今之牧守，皆官方庸能，雖或失之，其得固多，故郡縣易以爲政」。夫德之休明，黜陟日用，長率連屬，咸述其職，而淫昏之君無所容過，何則其不治哉！故先代有以興矣。苟或衰陵，百度自悖，鬻官之吏以貨準財，則貪殘之萌皆羣后也，安在其不亂哉！故後王有以之廢矣。且要而言之，五等之君，爲己思政；郡縣之長，爲吏圖物。何以徵之？蓋企及進取，仕子之常志；修己安人，良士所希及。夫進取之情銳，而安人之譽遲，是故侵百姓以利己者，在位所不憚；損實事以養名者，官長所夙慕也。君無卒歲之圖，臣挾一時之志。五等則不然。知國爲己土，衆皆我民；民安，己受其利；國傷，家嬰其病。故前人欲以垂後，後嗣思其堂構，爲上無苟且之心，羣下知膠固之義。使其並賢居政，則功有厚薄；兩愚處亂，則過有深淺。然則八代之制，幾可以一理貫；秦漢之典，殆可以一言蔽也。

時成都王穎推功不居，勞謙下士。機既感全濟之恩，又見朝廷屢有變難，謂穎必能康隆晉室，遂委身焉。穎以機參大將軍軍事，表爲平原內史。太安初，穎與河間王顒起兵討長沙王乂，假機後將軍、河北大都督，督北中郎將王粹、冠軍牽秀等諸軍二十餘萬人。機以三世爲將，道家所忌，又羇旅入宦，頓居羣士之右，而王粹、牽秀等皆有怨心，固辭都督。穎不許。機鄉人孫惠亦勸機讓都督於粹，機曰：「將謂吾爲首鼠避賊，〔一〇〕適所以速禍也。」遂行。穎謂機曰：「若功成事定，當爵爲郡公，位以台司，將軍勉之矣！」機曰：「昔齊桓任夷吾以建九合之功，燕惠疑樂毅以失垂成之業，今日之事，在公不在機也。」穎左長史盧志心害機寵，言於穎曰：「陸機自比管樂，擬君闇主，自古命將遣師，未有臣陵其君而可以濟事者也。」穎默然。機始臨戎，而牙旗折，意甚惡之。列軍自朝歌至於河橋，鼓聲聞數百里，漢魏以來，出師之盛未嘗有也。長沙王乂奉天子與機戰於鹿苑，機軍大敗，赴七里澗而死者如積焉，水爲之不流，將軍賈棱皆死之。〔一〕

初，宦人孟玖弟超並爲穎所嬖寵。超領萬人爲小都督，未戰，縱兵大掠。機錄其主者。超將鐵騎百餘人，直入機麾下奪之，顧謂機曰：「貉奴能作督不！」機司馬孫拯勸機殺之，機不能用。超宣言於衆曰：「陸機將反。」又還書與玖，言機持兩端，軍不速決。及戰，超不受機節度，輕兵獨進而沒。玖疑機殺之，遂譖機於穎，言其有異志。將軍王闡、郝昌、公師藩等皆玖所用，與牽秀等共證之。穎大怒，使秀密收機。其夕，機夢黑幰繞車，手決不開，天明而秀兵至。機釋戎服，著白帢，與秀相見，神色自若，謂秀曰：「自吳朝傾覆，吾兄弟宗族蒙國重恩，入侍帷幄，出剖符竹。成都命吾以重任，辭不獲已。今日受誅，豈非命也！」因與穎牋，詞甚悽惻。既而歎曰：「華亭鶴唳，豈可復聞乎！」遂遇害於軍中，時年四十三。二子蔚、夏亦同被害。機既死非其罪，士卒痛之，莫不流涕。是日昏霧晝合，大風折木，平地尺雪，議者以爲陸氏之冤。

機天才秀逸，辭藻宏麗，張華嘗謂之曰：「人之爲文，常恨才少，而子更患其多。」弟雲嘗與書曰：「君苗見兄文，輒欲燒其筆硯。」後葛洪著書，稱「機文猶玄圃之積玉，無非夜光焉，五河之吐流，泉源如一焉。其弘麗妍贍，英銳漂逸，亦一代之絕乎！」其爲人所推服如此。然好游權門，與賈謐親善，以進趣獲譏。所著文章凡三百餘篇，並行於世。

孫拯者，字顯世，吳都富春人也。能屬文，仕吳爲黃門郎。孫晧世，侍臣多得罪，惟拯與顧榮以智全。吳平後，爲涿令，有稱績。

機旣爲孟玖等所誣，收拯考掠，兩踝骨見，終不變辭。門生費慈、宰意二人詣獄明拯，拯譬遣之曰：「吾義不可誣枉知故，卿何宜復爾？」二人曰：「僕亦安得負君！」拯遂死獄中，而慈、意亦死。

陸雲 弟耽 從父兄喜

雲字士龍，六歲能屬文，性淸正，有才理。少與兄機齊名，雖文章不及機，而持論過之，號曰「二陸」。幼時吳尚書廣陵閔鴻見而奇之，曰：「此兒若非龍駒，當是鳳雛。」後舉雲賢良，時年十六。

吳平，入洛。機初詣張華，華問雲何在。機曰：「雲有笑疾，未敢自見。」俄而雲至。華爲人多姿制，又好帛繩纏鬚。雲見而大笑，不能自已。先是，嘗著縗絰上船，於水中顧見其影，因大笑落水，人救獲免。雲與荀隱素未相識，嘗會華坐，華曰：「今日相遇，可勿爲常談。」雲因抗手曰：「雲間陸士龍。」隱曰：「日下荀鳴鶴。」鳴鶴，隱字也。雲又曰：「既開青雲覩白雉，何不張爾弓，挾爾矢？」隱曰：「本謂是雲龍騤騤，乃是山鹿野麋。獸微弩強，是以發遲。」華撫手大笑。刺史周浚召爲從事，謂人曰：「陸士龍當今之顏子也。」

俄以公府掾爲太子舍人，出補浚儀令。縣居都會之要，名爲難理。雲到官肅然，下不能欺，市無二價。人有見殺者，主名不立，雲錄其妻，而無所問。十許日遣出，密令人隨後，謂曰：「其去不出十里，當有男子候之與語，便縛來。」既而果然。問之具服，云：「與此妻通，共殺其夫，聞妻得出，欲與語，憚近縣，故遠相要候。」於是一縣稱其神明。郡守害其能，屢譴責之，雲乃去官。百姓追思之，圖畫形象，配食縣社。

尋拜吳王晏郎中令。晏於西園大營第室，雲上書曰：「臣竊見世祖武皇帝臨朝拱默，訓世以儉，卽位二十有六載，宮室臺榭無所新營，屢發明詔，厚戒豐奢。國家纂承，務在遵奉，而世俗陵遲，家競盈溢，漸漬波蕩，遂已成風。雖嚴詔屢宣，而侈俗滋廣。每覩詔書，衆庶歎息。清河王昔起墓宅時，手詔追述先帝節儉之教，懇切之旨，形于四海。清河王毀壞成宅以奉詔命，海內聽望，咸用欣然。臣愚以先帝遺教日以陵替，今與國家協崇大化，追闡前蹤者，實在殿下。先敦素朴而後可以訓正四方；凡在崇麗，一宜節之以制，然後上厭帝心，下允時望。臣以凡才，特蒙拔擢，亦思竭忠效節以報所受之施，是以不慮犯迕，敢陳所懷。如愚臣言有可采，乞垂三省。」

時晏信任部將，使覆察諸官錢帛，雲又陳曰：「伏見令書，以部曲將李咸、馮南、司馬吳定、給使徐泰等覆校諸官市買錢帛簿。臣愚以聖德龍興，光有大國，選衆官材，庶工肄業。中尉該、大農誕皆清廉淑慎，恪居所司，其下衆官，悉州閭一介，疏闇之咎，雖可日聞，至於處義用情，庶無大戾。今咸、南軍旅小人，定、泰士卒厮賤，非有清慎素著，忠公足稱。大臣所闕，猶謂未詳，咸等督察，然後得信，既非開國勿用之義，又傷殿下推誠曠蕩之量。雖使咸等能盡節益國，而功利百倍，至於光輔國美，猶未若開懷信士之無失。況所益不過姑息之利，而使小人用事，大道陵替，此臣所以慷慨也。臣備位大臣，職在獻可，苟有管見，敢不盡規。愚以宜發明令，罷此等覆察，衆事一付治書，則大信臨下，人思盡節矣。」

雲愛才好士，多所貢達。移書太常府薦同郡張贍曰：「蓋聞在昔聖王，承天御世，殷薦明德，思和人神，莫不崇典謨以教思，興禮學以陶遠。是以帝堯昭煥而道協人天，西伯質文而周隆二代。大晉建皇，崇配天地，區夏既混，禮樂將庸。君侯應曆運之會，贊天人之期，博延俊茂，熙隆載典。伏見衞將軍舍人同郡張贍，茂德清粹，器思深通。初慕聖門，棲心重仞，啓塗及階，遂升樞奥。抽靈匱於祕宮，披金縢於玄夏，思樂百氏，博採其珍；辭邁翰林，言敷其藻。探微集逸，思心洞神；論道屬書，篇章光觀。含奇宰府，婆娑公門。棲靜隱寶，淪虛藏器；裘裳襲錦，緇衣被玉。曾泉改路，懸車將邁，考盤下位，歲聿屢遷。搢紳之士，具懷愾恨。方今太清闢宇，四門啓籥，玄綱括地，天網廣羅；慶雲輿以招龍，和風起而儀鳳，誠巖穴耀穎之秋，河津託乘之日也。而瞻沈淪下位，羣望悼心。若得端委太學，錯綜先典；垂纓玉階，論道紫宮，誠帝室之瑰寶，淸廟之偉器。廣樂九奏，必登昊天之庭；韶夏六變，必饗上帝之祀矣。」

入爲尚書郎、侍御史、太子中舍人、中書侍郎。成都王穎表爲淸河內史。穎將討齊王冏，以雲爲前鋒都督。會冏誅，轉大將軍右司馬。穎晚節政衰，雲屢以正言忤旨。孟玖欲用其父爲邯鄲令，左長史盧志等並阿意從之，而雲固執不許，曰：「此縣皆公府掾資，豈有黃門父居之邪！」玖深忿怨。張昌爲亂，穎上雲爲使持節、大都督、前鋒將軍以討昌。會伐長沙王，乃止。

機之敗也，并收雲。穎官屬江統、蔡克、棗嵩等上疏曰：「統等聞人主聖明，臣下盡規，苟有所懷，不敢不獻。昨聞教以陸機後失軍期，師徒敗績，以法加刑，莫不謂當。誠足以肅齊三軍，威示遠近，所謂一人受戮，天下知誡者也。且聞重教，以機圖爲反逆，應加族誅，未知本末者，莫不疑惑。夫爵人於朝，與衆共之；刑人於市，與衆棄之。惟刑之恤，古人所愼。今明公興舉義兵，以除國難，四海同心，雲合響應，罪人之命，懸於漏刻，泰平之期，不旦則夕矣。機兄弟並蒙拔擢，俱受重任，不當背罔極之恩，而向垂亡之寇；去泰山之安，而赴累卵之危也。直以機計慮淺近，不能董攝羣帥，致果殺敵，進退之間，事有疑似，故令聖鑒未察其實耳。刑誅事大，言機有反逆之徵，宜令王粹、牽秀檢校其事。令事驗顯然，暴之萬姓，然後加雲等之誅，未足爲晚。今此舉措，實爲太重，得則足令天下情服，失則必使四方心離，不可不令審諦，不可不令詳愼。統等區區，非爲陸雲請一身之命，實慮此舉有得失之機，敢竭愚戇，以備誹謗。」穎不納。統等重請，穎遲迴者三日。盧志又曰：「昔趙王殺中護軍趙浚，赦其子驤，驤詣明公而擊趙，卽前事也。」蔡克入至穎前，叩頭流血，曰：「雲爲孟玖所怨，遠近莫不聞。今果見殺，罪無彰驗，將令羣心疑惑，竊爲明公惜之。」僚屬隨克入者數十人，流涕固請，穎惻然有宥雲色。孟玖扶穎入，催令殺雲。時年四十二。有二女，無男。門生故吏迎喪葬清河，修墓立碑，四時祠祭。所著文章三百四十九篇，又撰新書十篇，並行於世。

初，雲嘗行，逗宿故人家，夜暗迷路，莫知所從。忽望草中有火光，於是趣之。至一家，便寄宿，見一年少，美風姿，共談老子，辭致深遠。向曉辭去，行十許里，至故人家，云此數十里中無人居，雲意始悟。却尋昨宿處，乃王弼冢。雲本無玄學，自此談老殊進。

雲弟耽爲平東祭酒，亦有清譽，與雲同遇害。大將軍參軍孫惠與淮南內史朱誕書曰：「不意三陸相攜闇朝，一旦湮滅，道業淪喪，痛酷之深，荼毒難言。國喪儁望，悲豈一人！」其爲州里所痛悼如此。後東海王越討穎，移檄天下，亦以機、雲兄弟枉害罪狀穎云。

喜字恭仲。父瑁，吳吏部尚書。喜仕吳，累遷吏部尚書。少有聲名，好學有才思。嘗爲自敍，其略曰：「劉向省新語而作新序，桓譚詠新序而作新論。余不自量，感子雲之法言而作言道，覩賈子之美才而作訪論，觀子政洪範而作古今曆，覽蔣子通萬機而作審機，讀幽通、思玄、四愁而作娛賓、九思，眞所謂忍愧者也。」其書近百篇。吳平，又作西州清論傳於世，借稱諸葛孔明以行其書也。有較論格品篇曰：「或問予，薛瑩最是國士之第一者乎？答曰：『以理推之，在乎四五之間。』問者愕然請問。答曰：『夫孫晧無道，肆其暴虐，若龍蛇其身，沈默其體，潛而勿用，趣不可測，此第一人也。避尊居卑，祿代耕養，玄靜守約，沖退澹然，此第二人也。侃然體國思治，心不辭貴，以方見憚，執政不懼，此第三人也。斟酌時宜，在亂猶顯，意不忘忠，時獻微益，此第四人也。溫恭修愼，不爲諂首，無所云補，從容保寵，此第五人也。過此已往，不足復數。故第二已上，多淪沒而遠悔吝，第三已下，有聲位而近咎累。是以深識君子，晦其明而履柔順也。』問者曰：『始聞高論，終年啓寤矣。』」

太康中，下詔曰：「僞尚書陸喜等十五人，南士歸稱，並以貞潔不容皓朝，或忠而獲罪，或退身修志，放在草野。主者可皆隨本位就下拜除，敕所在以禮發遣，須到隨才授用。」乃以喜爲散騎常侍，尋卒。子育，爲尚書郎、弋陽太守。

制曰：古人云：「雖楚有才，晉實用之。」觀夫陸機、陸雲，實荆衡之杞梓，挺珪璋於秀實，馳英華於早年，風鑒澄爽，神情俊邁。文藻宏麗，獨步當時；言論慷慨，冠乎終古。高詞迥映，如朗月之懸光；疊意迴舒，若重巖之積秀。千條析理，則電坼霜開；一緒連文，則珠流璧合。其詞深而雅，其義博而顯，故足遠超枚馬，高躡王劉，百代文宗，一人而已。然其祖考重光，羽楫吳運，文武奕葉，將相連華。而機以廊廟蘊才，瑚璉標器，宜其承俊乂之慶，奉佐時之業，申能展用，保譽流功。屬吳祚傾基，金陵畢氣，君移國滅，家喪臣遷。矯翮南辭，翻棲火樹；飛鱗北逝，卒委湯池。遂使穴碎雙龍，巢傾兩鳳。激浪之心未騁，遽骨修鱗；陵雲之意將騰，先灰勁翮。望其翔躍，焉可得哉！夫賢之立身，以功名爲本；士之居世，以富貴爲先。然則榮利人之所貪，禍辱人之所惡，故居安保名，則君子處焉；冒危履貴，則哲士去焉。是知蘭植中塗，必無經時之翠；桂生幽壑，終保彌年之丹。非蘭怨而桂親，豈塗害而壑利？而生滅有殊者，隱顯之勢異也。故曰，衒美非所，罕有常安；韜奇擇居，故能全性。觀機雲之行己也，智不逮言矣。覩其文章之誡，何知易而行難？自以智足安時，才堪佐命，庶保名位，無忝前基。不知世屬未通，運鍾方否，進不能闢昏匡亂，退不能屏跡全身，而奮力危邦，竭心庸主，忠抱實而不諒，謗緣虛而見疑，生在已而難長，死因人而易促。上蔡之犬，不誡於前；華亭之鶴，方悔於後。卒令覆宗絕祀，良可悲夫！然則三世爲將，釁鍾來葉；誅降不祥，殃及後昆。是知西陵結其凶端，河橋收其禍末，其天意也，豈人事乎！

校勘記

〔一〕羣雄蜂駭　「蜂」，各本作「鋒」，今從殿本。吳志孫晧傳注、文選、類聚一一亦均作「蜂」。

〔二〕奇偉則虞翻陸績張惇　斠注：吳志三嗣主傳注、文選「張惇」上均有「張溫」。

〔三〕勤人謹政　「勤人」，文選作「勤民」。「人」字乃唐人避諱改。下文「理盡於人」、「悅以使人，人忘其勞」等處同，不具校。

〔四〕或曰　李校：「或曰」，文選作「玄曰」，注引太玄經。

〔五〕累遷太子洗馬著作郎　據陸機自作文，官著作郎在下文「轉殿中郎」之後，時爲元康八年。

〔六〕而方偃仰瞪眄 「瞪眄」，各本作「瞪盱」，今從宋本。文選、通志一二四並作「瞪眄」。「瞪眄」出于王延壽魯殿靈光賦。

〔七〕下之禮信於是乎結 斠注：文選「禮」作「體」，注引禮記「體信以達順」，是當從文選作「體」。按：本集亦作「體」。

〔八〕原法期於必諒 斠注：文選「原」作「愿」，「諒」作「涼」，注謂愿，愨也；涼，薄也。此「原」字爲「愿」字之譌，「諒」字爲「涼」字之譌。

〔九〕有隆爾者 文選作「有隆焉爾者」，多一「焉」字，論文法句法皆當有「焉」字。

〔一〇〕將謂吾爲首鼠避賊 「謂」，各本作「爲」，今從殿本。通鑑八五亦作「謂」。

〔一一〕將軍賈棱皆死之 惠紀、通鑑八五皆作「斬其大將賈崇等十六人」。

晉書卷五十五

列傳第二十五

夏侯湛 弟淳 淳子承

夏侯湛字孝若，譙國譙人也。祖威，魏兗州刺史。父莊，淮南太守。湛幼有盛才，文章宏富，善構新詞，而美容觀，與潘岳友善，每行止同輿接茵，京都謂之「連璧」。少爲太尉掾。泰始中，舉賢良，對策中第，拜郎中，累年不調，乃作抵疑以自廣。其辭曰：

當路子有疑夏侯湛者而謂之曰：「吾聞有其才而不遇者，時也；有其時而不遇者，命也。吾子童幼而岐立，弱冠而著德，少而流聲，長而垂名。拔萃始立，而登宰相之朝；揮翼初儀，而受卿尹之舉。盪典籍之華，談先王之言。入閶闔，躡丹墀，染彤管，吐洪煇，干當世之務，觸人主之威，有效矣。而官不過散郎，舉不過賢良。鳳栖五期，龍蟠六年，英耀禿落，羽儀摧殘。而獨雍容藝文，蕩駘儒林，志不輟著述之業，口不釋雅頌之音，徒費情而秏力，勞神而苦心，此術亦以薄矣。而終莫之辯，宜吾子之陸沈也。且以言乎才，則吾子優矣。以言乎時，則子之所與二三公者，義則骨肉之固，交則明道之觀也。富於德，貴於官，其所發明，雖叩牛操築之客，傭賃拘關之隸，負俗懷譏之士，猶將登爲大夫，顯爲卿尹。於何有寶咳唾之音，愛錙銖之力？向若垂一鱗，迴一翼，令吾子攀其飛騰之勢，挂其羽翼之末，猶奮迅於雲霄之際，騰驤於四極之外。今乃金口玉音，漠然沈默。使吾子栖遲窮巷，守此困極，心有窮志，貌有饑色。吝江河之流，不以濯舟船之畔；惜東壁之光，不以寓貧婦之目。抑非二三公之蔽賢也，實吾子之拙惑也。」

夏侯子曰：「噫！湛也幸，有過，人必知之矣。吾子所以褒飾之太矣。斟酌之喻，非小醜之所堪也。然過承古人之誨，抑因子大夫之忝在弊室也，敢布其腹心，豈能隱几以覽其概乎！」

客曰：「敢祗以聽。」

夏侯子曰：「吾聞先大夫孔聖之言：『德之不修，學之不講，聞義不能徙，不善不能改，是吾憂也。』四德具而名位不至者，非吾任也。是以君子求諸己，小人求諸人。僕也承門戶之業，受過庭之訓，是以得接冠帶之末，充乎士大夫之列，頗闚六經之文，覽百家之學。弱年而入公朝，蒙蔽而當顯舉，進不能拔羣出萃，却不能抗排當世，志則乍顯乍昧，文則乍幽乍蔚。知之者則謂之欲逍遙以養生，不知之者則謂之欲遑遑以求達，此皆未是僕之所匱也。

僕又聞，世有道，則士無所執其節；黜陟明，則下不在量其力。是以當舉而不辭，入朝而酬問。僕，東野之鄙人，頑直之陋生也。不識當世之便，不達朝廷之情，不能倚靡容悅，出入崎傾，逐巧點妍，嘔喁辯佞。隨羣班之次，伏簡墨之後。當此之時，若失水之魚，喪家之狗，行不勝衣，言不出口，安能干當世之務，觸人主之威，適足以露狂簡而增塵垢。縱使心有至言，言有偏直，此委巷之誠，非朝廷之欲也。

今天子以茂德臨天下，以八方六合爲四境，海內無虞，萬國玄靜，九夷之從王化，猶洪聲之收淸響；黎苗之樂函夏，若遊形之招惠景。鄉曲之徒，一介之士，曾諷急就、習甲子者，皆奮筆揚文，議制論道。出草苗，起林藪，御靑瑣，入金墉者，無日不有。充三臺之寺，盈中書之閣。有司不能竟其文，當年不能編其籍，此執政之所厭聞也。若乃羣公百辟，卿士常伯，被朱佩紫，耀金帶白，坐而論道者，又充路盈寢，黃幄玉階之內，飽其尺牘矣。若僕之言，皆糞土之說，消磨灰爛，垢辱招穢，適可充衛士之爨，盈掃除之器。譬猶投盈寸之膠，而欲使江海易色；燒一羽之毛，而欲令大鑪增勢。若燎原之煙，彌天之雲，噓之不益其熱，噏之不減其氣。今子見僕入朝暫對，便欲坐望高位，吐言數百，謂陵嶒一世，何吾子之失評也！僕固脂車以須放，秣馬以待卻，反耕於枳落，歸志乎渦瀨，從容乎農大，優游乎卒歲矣。

古者天子畫士以封羣后，羣后受國以臨其邦，懸大賞以樂其成，列九伐以討其違，興衰相形，安危相傾。故在位者以求賢爲務，受任者以進才爲急。今也則九州爲一家，萬國爲百郡，政有常道，法有恒訓，因循而禮樂自定，揖讓而天下大順。夫道學之貴游，閭邑之搢紳，皆高門之子，世臣之胤，弘風長譽，推成而進，悠悠者皆天下之彥也。諷詁訓，傳詩書，講儒墨，說玄虛，僕皆不如也。三公之簡僕於凡庸之肆，顯僕於細猥之中，則爲功也重矣；時而清談，則爲親也周矣。且古之君子，不知士，則不明不安。是以居逸而思危，對食而肴乾。今也則否。居位者以善身爲靜，以寡交爲愼，以弱斷爲重，以怯言爲信。不知士者無公誹，不得士者不私愧。彼在位者皆稷、契、咎、益、伊、呂、周、召之倫，叔豹、仲熊之儔，稽古則踰黃唐，經緯則越虞夏，蔑昆吾之功，嗤桓文之勳，抵掌管仲，蹉跎晏嬰。其遠則欲升鼎湖，近則欲超太平。方將保重嗇神，獨善其身，玄白沖虛，仡爾養眞。雖力挾太山，將不舉一羽；揚波萬里，將不濯一鱗。咳唾成珠玉，揮袂出風雲。豈肯𨄔蹐鄙事，取才進人，此又吾子之失言也。子獨不聞夫神人乎！噏風飲露，不食五穀。登太清，遊山嶽，靡芝草，弄白玉。不因而獨備，無假而自足。不與人路同嗜欲，不與世務齊榮辱。故能入無窮之門，享不死之年。以此言之，何待進賢！」

客曰：「聖人有言曰：『邦有道，貧且賤焉，恥也。』今子值有道之世，當太平之會，不攘袂奮氣，發謀出奇。使鳴鶴受和，好爵見縻。抑乃沈身郎署，約志勤卑，不亦羸哉！且伊尹之干成湯，甯戚之迕桓公，或投己鼎俎，或庸身飯牛，明廢興之機，歌白水之流，德入殷王，義感齊侯。故伊尹起庖廚而登阿衡，甯戚出車下而階大夫。外無微介，內無請謁，矯身擢手，徑躡名位。吾子亦何不慕賢以自厲，希古以慷慨乎！」

夏侯子曰：「嗚呼！是何言歟！富與貴是人之所欲，非僕之所惡也。夫干將之劍，陸斷狗馬，水截蛟龍，而鈆刀不能入泥。騏驥驊騮之乘，一日而致千里，而駑蹇不能邁畝。百鍊之鑑，別鬚眉之數，而壁土不見泰山。鴻鵠一舉，橫四海之區，出青雲之外，而尺鷃不陵桑榆。此利鈍之覺，優劣之決也。夫欲進其身者，不過千萬乘，而僕以上朝堂，答世問，不過顯所知。僕以竭心思，盡才學，意無雅正可準，論無片言可採，是以頓於鄙劣而莫之能起也。以此言之，僕何爲其不自衒哉！子不嫌僕德之不劭，而疑其位之不到，是猶反鏡而索照，登木而下釣，僕未以此爲不肖也。

若乃伊尹負鼎以干湯，呂尚隱遊以徼文，傅說操築以寤主，甯戚擊角以要君，此非僕所能也。莊周駘蕩以放言，君平賣卜以自賢，接輿陽狂以蔽身，梅福棄家以求仙，此又非僕之所安也。若乃季札抗節於延陵，楊雄覃思於太玄，伯玉和柔於人懷，柳惠三絀於士官，僕雖不敏，竊頗仿佛其清塵。」

後選補太子舍人，轉尚書郎，出爲野王令。以卹隱爲急，而緩於公調。政清務閑，優游多暇，乃作昆弟誥。其辭曰：

惟正月才生魄，湛若曰：「咨爾弟淳、琬、瑫、謨、總、瞻：〔一〕古人有言，『孝乎惟孝，友于兄弟。』『死喪之戚，兄弟孔懷。』又曰，『周之有至德也，莫如兄弟。』於戲！古之載于訓籍，傳于詩書者，厥乃不思，不可不行。爾其專乃心，一乃聽，砥礪乃性，以聽我之格言。」淳等拜手稽首。

湛若曰：「嗚呼！惟我皇乃祖滕公，肇釐厥德厥功，以左右漢祖，弘濟于嗣君，用垂祚于後。世世增敷前軌，濟其好行美德。明允相繼，冠冕胥及。以逮于皇曾祖愍侯，寅亮魏祖，用康乂厥世，遂啓土宇，以大綜厥勳于家。我皇祖穆侯，崇厥基以允釐顯志，用恢闡我令業。維我后府君侯，祗服哲命，欽明文思，以熙柔我家道，丕隆我先緒。欽若稽古訓，用敷訓典籍，乃綜其微言。嗚呼！自三墳、五典、八索、九丘，圖緯六藝，及百家衆流，罔不探賾索隱，鉤深致遠。洪範九疇，彝倫攸敍。乃命世立言，越用繼尼父之大業，斯文在茲。且九齡而我王母薛妃登遐，我后孝思罔極，惟以奉于穆侯之繼室蔡姬，以致其子道。蔡姬登遐，陪于穆侯之命，厥禮乃不得成，用不祔于祖姑。惟乃用騁其永慕，厥乃以疾辭位，用遜于厥家，布衣席稾，以終于三載。厥乃古訓無文，我后丕孝其心，用假于厥制，以穆于世父使君侯。惟伯后聰明叡智，奕世載德，用慈友于我后。我惟烝烝是虔，罔不克承厥誨，用增茂我敦篤，以播休美于一世，厥乃可不遵。惟我用夙夜匪懈，日鑽其道，而仰之彌高，鑽之彌堅，我用欲罷不敢。豈唯予躬是懼，實令跡是奉。厥乃晝分而食，夜分而寢。豈唯令跡是畏，實爾猶是儀。嗚呼，予其敬哉！

僉！予聞之，周之有至德，有婦人焉。我母氏羊姬，宣慈愷悌，明粹篤誠，以撫訓羣子。厥乃我齔齒，則受厥敎于書學，不遑惟寧。敦詩書禮樂，孳孳弗倦。我有識惟與汝服厥誨，惟仁義惟孝友是尚，憂深思遠，祇以防于微。翳義形於色，厚愛平恕，以濟其寬裕。用緝和我七子，訓諧我五妹。惟我兄弟姊妹束脩愼行，用不辱于冠帶，實母氏是憑。予其爲政蕞爾，惟母氏仁之不行是戚，予其望色思寬。獄之不情，敎之不泰是訓，予其納戒思詳。嗚呼！惟母氏信著于不言，行感于神明。若夫恭事于蔡姬，敦穆于九族，乃高于古之人。古之人厥乃千里承師，矧我惟父惟母世德之餘烈，服膺之弗可及，景仰之弗可階。汝其念哉！俾羣弟天祚于我家，俾爾咸休明是履。淳英哉文明柔順，琬乃沈毅篤固，惟瑫厥清粹平理，謨茂哉儁哲寅亮，總其弘肅簡雅，瞻乃純鑠惠和。惟我蒙蔽，極否于義訓。嗟爾六弟，汝其滋義洗心，以補予之尤。予乃亦不敢忘汝之闕。嗚呼！小子瞻，汝其見予之長於仁，未見予之長於義也。」

瞻曰：「俞！以如何？」湛若曰：「我之肇于總角，以逮于弱冠，暨于今之二毛，受學于先載，納誨于嚴父慈母。予其敬忌于厥身，而匡予之纖介，翼予之小疵，使予有過未曾不知，予知之迺改，惟沖子是賴。予親于心，愛于中，敬于貌。厥乃口無擇言，柔惠且直，廉而不劌，肅而不厲，厥其成予哉。用集我父母之訓，庶明厲翼，邇可遠在茲。」瞻拜手稽首曰：「俞！」湛曰：「都！在修身，在愛人。」瞻曰：「吁！惟聖其難之。」湛曰：「都！厥不行惟難，厥行惟易。」

淳曰：「俞！明而昧，崇而卑，沖而恆，顯而賢，同而疑，厲而柔，和而矜。」湛曰：「俞！乃言厥有道。」淳曰：「俞！祗服訓。」湛曰：「來！琬，汝亦昌言。」琬曰：「俞！身不及于人，不敢墮于勤，厥故維新。」湛曰：「俞！瑫亦昌言。」瑫曰：「俞！滋敬于己，不滋敬于己，惟敬乃恃，無忘有恥。」湛曰：「俞！謨亦昌言。」謨曰：「俞！無忘於不可不虞，形貌以心，訪心於虞。」湛曰：「俞！總亦昌言。」總曰：「俞！若憂厥憂以休。」湛曰：

「俞！瞻亦昌言。」瞻曰：「俞！復外惟內，取諸內，不忘諸外。」湛曰：「俞！休哉！」淳等拜手稽首，湛亦拜手稽首。乃歌曰：「明德復哉，家道休哉，世祚悠哉，百祿周哉！」又作歌曰：「訊德恭哉，訓翼從哉，內外康哉！」皆拜曰：「欽哉！」

居邑累年，朝野多歎其屈。除中書侍郎，出補南陽相。遷太子僕，未就命，而武帝崩。惠帝卽位，以爲散騎常侍。元康初，卒，年四十九。著論三十餘篇，別爲一家之言。

初，湛作周詩成，以示潘岳。岳曰：「此文非徒溫雅，乃別見孝弟之性。」岳因此遂作家風詩。

湛族爲盛門，性頗豪侈，侯服玉食，窮滋極珍。及將沒，遺命小棺薄斂，不修封樹。論者謂湛雖生不砥礪名節，死則儉約令終，是深達存亡之理。

淳字孝沖。亦有文藻，與湛俱知名。官至弋陽太守。遭中原傾覆，子姪多沒胡寇，唯息承渡江。

承字文子。參安東軍事，稍遷南平太守。太興末，王敦舉兵內向，承與梁州刺史甘卓、巴東監軍柳純、宜都太守譚該等，並露檄遠近，列敦罪狀。會甘卓懷疑不進，王師敗績，敦悉誅滅異己者，收承，欲殺之，承外兄王廙苦請得免。尋爲散騎常侍。

潘岳 從子尼

潘岳字安仁，滎陽中牟人也。祖瑾，安平太守。父芘，琅邪內史。岳少以才穎見稱，鄉邑號爲奇童，謂終賈之儔也。早辟司空太尉府，舉秀才。

泰始中，武帝躬耕藉田，岳作賦以美其事，曰：

伊晉之四年正月丁未，〔三〕皇帝親率羣后藉于千畝之甸，禮也。於是乃使甸師清畿，野廬埽路，封人壝宮，掌舍設枑。青壇蔚其嶽立兮，翠幕黕以雲布。結崇基之靈阯兮，啓四塗之廣阼。沃野墳腴，膏壤平砥。清洛濁渠，引流激水。遐阡繩直，邇陌如矢。葱犗服于縹軛兮，紺轅綴於黛耜。儼儲駕於廛左兮，俟萬乘之躬履。百僚先置，位以職分，自上下下，具惟命臣。襲春服之萋萋兮，接游車之轔轔。微風生於輕幰兮，纖埃起乎朱輪。森奉璋以階列兮，望皇軒而肅震。若湛露之晞朝陽兮，衆星之拱北辰也。

於是前驅魚麗，屬車鱗萃，閶闔洞啓，參塗方駟，常伯陪乘，太僕執轡。后妃獻穜稑之種，司農撰播殖之器，挈壺掌升降之節，宮正設門閭之蹕。天子乃御玉輦，蔭華蓋，衝牙錚鎗，綃紈綷縩。金根照耀以炯晃兮，龍驥騰驤而沛艾。表朱玄於離坎兮，飛青縞於震兌。中黃曄以發輝兮，方綵紛其繁會。五路鳴鑾，九旗揚旆，瓊鈒入蘂，雲罕晻藹。簫管嘲哳以啾嘈兮，鼓鼙硡磤以砰礚，筍簴嶷以軒翥兮，洪鐘越乎區外。震震塡塡，塵霧連天，以幸乎藉田。蟬冕熲以灼灼兮，碧色肅其千千。似夜光之剖荆璞兮，若茂松之依山巔也。

於是我皇乃降靈壇，撫御耦，游場染屨，洪縻在手。三推而舍，庶人終畝。貴賤以班，或五或九。于斯時也，居靡都鄙，人無華裔，長幼雜遝以交集，士女頒斌而咸戾。被褐振裾，垂髫總髮，躡踵側肩，掎裳連襼。黃塵爲之四合兮，陽光爲之潛翳。動容發音而觀者，莫不抃舞乎康衢，謳吟乎聖世。情欣樂乎昏作兮，慮盡力乎樹藝。靡誰督而常勤兮，莫之課而自厲。躬先勞而悅使兮，豈嚴刑而猛制哉！

有邑老田父，或進而稱曰：「蓋損益隨時，理有常然。高以下爲基，人以食爲天。正其末者端其本，善其後者愼其先。夫九土之宜弗任，四業之務不壹，野有菜蔬之色，朝乏代耕之秩。無儲蓄以虞災，徒望歲以自必。三代之衰，皆此物也。今聖上昧旦丕顯，夕惕若慄，圖匱於豐，防儉於逸，欽哉欽哉，惟穀之恤。展三時之弘務，致倉廩於盈溢，固堯湯之用心，而存救之要術也。」若乃廟祧有事，祝宗諏日，簠簋普淖，則此之自實，縮鬯蕭茅，又於是乎出。黍稷馨香，旨酒嘉栗。宜其時和年登，而神降之吉也。古人有言曰：「聖人之德，無以加於孝乎！」夫孝者，天之性、人之所由靈也。昔者明王以孝治天下，其或繼之者，尟哉希矣！逮我皇晉，實光斯道，儀刑孚于萬國，愛敬盡於祖考。故躬稼以供粢盛，所以致孝也；勸穡以足百姓，所以固本也。能本而孝，盛德大業至矣哉！此一役也，二美顯焉，不亦遠乎，不亦重乎！敢作頌曰：

「思樂甸畿，薄採其芳。大君戾止，言藉其農。其農三推，萬國以祗。耨我公田，遂及我私。我簠斯盛，我簋斯齊。我倉如陵，我庾如坻。念茲在茲，永言孝思。人力普存，祝史正辭。神祇攸歆，逸豫無期。一人有慶，兆民賴之。」

岳才名冠世，爲衆所疾，遂栖遲十年。出爲河陽令，負其才而鬱鬱不得志。時尚書僕射山濤、領吏部王濟裴楷等並爲帝所親遇，岳內非之，乃題閣道爲謠曰：「閣道東，有大牛。王濟鞅，裴楷鞧，和嶠刺促不得休。」

轉懷令。時以逆旅逐末廢農，姦淫亡命，多所依湊，敗亂法度，勑當除之。十里一官欂，使老小貧戶守之，又差吏掌主，依客舍收錢。岳議曰：

「謹案：逆旅，久矣其所由來也。行者賴以頓止，居者薄收其直，交易貿遷，各得其所。官無役賦，因人成利，惠加百姓而公無末費。語曰：『許由辭帝堯之命，而舍於逆旅。』外傳曰：『晉陽處父過甯，舍於逆旅。』魏武皇帝亦以爲宜，其詩曰：『逆旅整設，以通商賈。』然則自堯到今，未有不得客舍之法。唯商鞅尤之，固非聖世之所言也。方今四海會同，九服納貢，八方翼翼，公私滿路。近畿輻輳，客舍亦稠。冬有溫爐，夏有涼蔭，芻秣成行，器用取給。疲牛必投，乘涼近進，發槅寫鞍，皆有所憩。

又諸劫盜皆起於迥絕，止乎人衆。十里蕭條，則姦軌生心；連陌接館，則寇情震懾。且聞聲有救，已發有追，不救有罪，不追有戮，禁暴捕亡，恒有司存。凡此皆客舍之益，而官檞之所乏也。又行者貪路，告糴炊爨，皆以昏晨。盛夏晝熱，又兼星夜，既限早閉，不及檞門。或避晚關，迸逐路隅，祇是慢藏誨盜之原。苟以客舍多敗法教，官守棘檞，獨復何人？彼河橋孟津，解券輸錢，高第督察，數入校出，品郎兩岸相檢，猶懼或失之。故懸以祿利，許以功報。今賤吏疲人，獨專檞稅，管開閉之權，藉不校之勢，此道路之蠹，姦利所殖也。率歷代之舊俗，獲行留之歡心，使客舍洒掃，以待征旅擇家而息，豈非衆庶顒顒之望。」

請曹列上，朝廷從之。

岳頻宰二邑，勤於政績。調補尚書度支郎，遷廷尉評，以公事免。楊駿輔政，高選吏佐，引岳爲太傅主簿。駿誅，除名。初，譙人公孫宏少孤貧，客田於河陽，善鼓琴，頗能屬文。岳之爲河陽令，愛其才藝，待之甚厚。至是，宏爲楚王瑋長史，專殺生之政。時駿綱紀皆當從坐，同署主簿朱振已就戮。岳其夕取急在外，宏言之瑋，謂之假吏，故得免。未幾，選爲長安令，作西征賦，述所經人物山水，文清旨詣，辭多不錄。徵補博士，未召，以母疾輒去官免。尋爲著作郎，轉散騎侍郎，遷給事黄門侍郎。

岳性輕躁，趨世利，與石崇等諂事賈謐，每候其出，與崇輒望塵而拜。構愍懷之文，岳之辭也。謐二十四友，岳爲其首。謐晉書限斷，亦岳之辭也。其母數誚之曰：「爾當知足，而乾沒不已乎？」而岳終不能改。

既仕宦不達，乃作閑居賦曰：

岳讀汲黯傳至司馬安四至九卿，而良史書之，題以巧宦之目，未嘗不慨然廢書而歎也。曰：嗟乎！巧誠有之，拙亦宜然。顧常以爲士之生也，非至聖無軌微妙玄通者，則必立功立事，效當年之用。是以資忠履信以進德，修辭立誠以居業。僕少竊鄉曲之譽，忝司空太尉之命，所奉之主，卽太宰魯武公其人也。舉秀才爲郎。逮事世祖武皇帝，爲河陽、懷令，尙書郎，廷尉評。今天子諒闇之際，領太傅主簿。府主誅，除名爲民。俄而復官，除長安令。遷博士，未召拜，親疾，輒去官免。自弱冠涉于知命之年，八徙官而一進階，再免，一除名，一不拜職，遷者三而已矣。雖通塞有遇，抑亦拙之效也。昔通人和長輿之論余也，固曰「拙于用多」。稱多者，吾豈敢；言拙，則信而有徵。方今俊父在官，百工惟時，拙者可以絕意乎寵榮之事矣。太夫人在堂，有羸老之疾，尚何能違膝下色養，而屑屑從斗筲之役？於是覽止足之分，庶浮雲之志，築室種樹，逍遙自得。池沼足以漁釣，舂稅足以代耕。灌園鬻蔬，供朝夕之膳；牧羊酤酪，俟伏臘之費。孝乎惟孝，友于兄弟，此亦拙者之爲政也。乃作閑居賦以歌事遂情焉。其辭曰：

遨墳素之長圃，步先哲之高衢。雖吾顏之云厚，猶內愧於甯蘧。有道余不仕，無道吾不愚。何巧智之不足，而拙艱之有餘也！於是退而閑居，于洛之涘。身齊逸民，名綴下士。背京泝伊，面郊後市。浮梁黝以逕度，靈臺傑其高峙。闚天文之祕奧，覩人事之終始。其西則有元戎禁營，玄幕綠徽，谿子巨黍，異絭同歸，礮石雷駭，激矢蝱飛，以先啓行，耀我皇威。其東則有明堂辟雍，清穆敞閑，環林縈映，圓海回泉，聿追孝以嚴父，宗文考以配天，祗聖敬以明順，養更老以崇年。若乃背冬涉春，陰謝陽施，天子有事于柴燎，以郊祖而展義，張鈞天之廣樂，備千乘之萬騎，服棖棖以齊玄，管啾啾而並吹，煌煌乎，隱隱乎，茲禮容之壯觀，而王制之巨麗也。兩學齊列，雙宇如一，右延國胄，左納良逸。祁祁生徒，濟濟儒術，或升之堂，或入之室。教無常師，道在則是。故髦士投紱，名王懷璽，訓若風行，應猶草靡。此里仁所以爲美，孟母所以三徙也。

爰定我居，築室穿池，長楊映沼，芳枳樹檰，遊鱗瀺灂，菡萏敷披，竹木蓊藹，靈果參差。張公大谷之梨，梁侯烏椑之柿，周文弱枝之棗，房陵朱仲之李，靡不畢植。三桃表櫻胡之別，二柰耀丹白之色，石榴蒲桃之珍，磊落蔓延乎其側。梅杏郁棣之屬，繁榮藻麗之飾，華實照爛，言所不能極也。菜則蔥韭蒜芋，青筍紫薑，堇薺甘旨，蓼荾芬芳，蘘荷依陰，時藿向陽，綠葵含露，白薤負霜。

於是凛秋暑退，熙春寒往，微雨新晴，六合清朗。太夫人乃御版輿，升輕軒，遠覽王畿，近周家園。體以行和，藥以勞宣，常膳載加，舊痾有痊。於是席長筵，列孫子，柳垂蔭，車結軌，陸擿紫房，水掛赬鯉，或宴于林，或禊于汜。昆弟斑白，兒童稚齒，稱萬壽以獻觴，咸一懼而一喜。壽觴舉，慈顏和，浮杯樂飲，絲竹駢羅，頓足起舞，抗音高歌，人生安樂，孰知其他。退求己而自省，信用薄而才劣。奉周任之格言，敢陳力而就列。幾陋身之不保，而奚擬乎明哲，仰衆妙而絕思，終優游以養拙。

初，芘爲琅邪內史，孫秀爲小史給岳，而狡黠自喜。岳惡其爲人，數撻辱之，秀常銜忿。及趙王倫輔政，秀爲中書令。岳於省內謂秀曰：「孫令猶憶疇昔周旋不？」答曰：「中心藏之，何日忘之。」岳於是自知不免。俄而秀遂誣岳及石崇、歐陽建謀奉淮南王允、齊王冏爲亂，誅之，夷三族。岳將詣市，與母別曰：「負阿母！」初被收，俱不相知，石崇已送在市，岳後至，崇謂之曰：「安仁，卿亦復爾邪！」岳曰：「可謂白首同所歸。」岳金谷詩云：「投分寄石友，白首同所歸。」乃成其讖。岳母及兄侍御史釋、弟燕令豹、司徒掾據、據弟詵，兄弟之子，已出之女，無長幼一時被害，唯釋子伯武逃難得免。而豹女與其母相抱號呼不可解，會詔原之。

岳美姿儀，辭藻絕麗，尤善爲哀誄之文。少時常挾彈出洛陽道，婦人遇之者，皆連手縈繞，投之以果，遂滿車而歸。時張載甚醜，每行，小兒以瓦石擲之，委頓而反。岳從子尼。

尼字正叔。祖勖，漢東海相。父滿，平原內史。並以學行稱。尼少有清才，與岳俱以文章見知。性靜退不競，唯以勤學著述爲事。著安身論以明所守，其辭曰：

蓋崇德莫大乎安身，安身莫尚乎存正，存正莫重乎無私，無私莫深乎寡欲。是以君子安其身而後動，易其心而後語，定其交而後求，篤其志而後行。然則動者，吉凶之端也；語者，榮辱之主也；求者，利病之幾也；行者，安危之決也。故君子不妄動也，動必適其道；不徒語也，語必經於理；不苟求也，求必造於義；不虛行也，行必由於正。夫然，用能免或繫之凶，享自天之祐。故身不安則殆，言不從則悖，交不審則惑，行不篤則危。四者行乎中，則憂患接乎外矣。憂患之接，必生於自私，而興於有欲。自私者不能成其私，有欲者不能濟其欲，理之至也。欲苟不濟，能無爭乎？私苟不從，能無伐乎？人人自私，家家有欲，衆欲並爭，羣私交伐。爭，則亂之萌也；伐，則怨之府也。怨亂既構，危害及之，得不懼乎？

然棄本要末之徒，知進忘退之士，莫不飾才銳智，抽鋒擢穎，傾側乎勢利之交，馳騁乎當塗之務。朝有彈冠之朋，野有結綬之友，黨與熾於前，榮名扇其後。握權，則赴者鱗集；失寵，則散者瓦解；求利，則託刎頸之歡；爭路，則構刻骨之隙。於是浮僞波騰，曲辯雲沸，寒暑殊聲，朝夕異價，駑蹇希奔放之跡，鉛刀競一割之用。至於愛惡相攻，與奪交戰，誹謗噂嚐，毁譽縱横，君子務能，小人伐技，風頹於上，俗弊於下。禍結而恨爭也不强，患至而悔伐之未辯，大者傾國喪家，次則覆身滅祀。其故何邪？豈不始於私欲而終於爭伐哉！

君子則不然。知自私之害公也，然後外其身；知有欲之傷德也，故遠絕榮利；知爭競之遘災也，故犯而不校；知好伐之招怨也，故有功而不德。安身而不爲私，故身正而私全；愼言而不適欲，故言濟而欲從；定交而不求益，故交立而益厚；謹行而不求名，故行成而名美。止則立乎無私之域，行則由乎不爭之塗，必將通天下之理，而濟萬物之性。天下猶我，故與天下同其欲；己猶萬物，故與萬物同其利。

夫能保其安者，非謂崇生生之厚而耽逸豫之樂也，不忘危而已。有期進者，非謂窮貴寵之榮而藉名位之重也，不忘退而已。存其治者，非謂嚴刑政之威而明司察之禁也，不忘亂而已。故寢蓬室，隱陋巷，披短褐，茹藜藿，環堵而居，易衣而出，苟存乎道，非不安也。雖坐華殿，載文軒，服黼繡，御方丈，重門而處，成列而行，不得與之齊榮。用天時，分地利，甘布衣，安藪澤，沾體塗足，耕而後食，苟崇乎德，非不進也。雖居高位，饗重祿，執權衡，握機祕，功蓋當時，勢侔人主，不得與之比逸。遺意慮，沒才智，忘肝膽，棄形器，貌若無能，志若不及，苟正乎心，非不治也。雖繁計策，廣術藝，審刑名，峻法制，文辯流離，論議絕世，不得與之爭功。故安也者，安乎道者也。進也者，進乎德者也。治也者，治乎心者也。未有安身而不能保國家，進德而不能處富貴，治心而不能治萬物者也。

然思危所以求安，慮退所以能進，懼亂所以保治，戒亡所以獲存也。若乃弱志虛心，曠神遠致，徙倚乎不拔之根，浮遊乎無垠之外，不自貴於物而物宗焉，不自重於人而人敬焉。可親而不可慢也，可尊而不可遠也。親之如不足，天下莫之能狎也；舉之如易勝，而當世莫之能困也。達則濟其道而不榮也，窮則善其身而不悶也，用則立於上而非爭也，舍則藏於下而非讓也。夫榮之所不能動者，則辱之所不能加也；利之所不能勸者，則害之所不能嬰也；譽之所不能益者，則毀之所不能損也。

今之學者誠能釋自私之心，塞有欲之求，杜交爭之原，去矜伐之態，動則行乎至通之路，靜則入乎大順之門，泰則翔乎寥廓之宇，否則淪乎渾冥之泉，邪氣不能干其度，外物不能擾其神，哀樂不能盪其守，死生不能易其眞，而以造化爲工匠，天地爲陶鈞，名位爲糟粕，勢利爲埃塵，治其內而不飾其外，求諸己而不假諸人，忠肅以奉上，愛敬以事親，可以御一體，可以牧萬民，可以處富貴，可以安賤貧，經盛衰而不改，則庶幾乎能安身矣。

初應州辟，後以父老，辭位致養。太康中，舉秀才，爲太常博士。歷高陸令、淮南王允鎭東參軍。元康初，拜太子舍人，上釋奠頌。其辭曰：

元康元年冬十二月，上以皇太子富於春秋，而人道之始莫先於孝悌，初命講孝經于崇正殿。實應天縱生知之量，微言奧義，發自聖問，業終而體達。三年春閏月，將有事於上庠，釋奠于先師，禮也。越二十四日丙申，侍祠者既齊，輿駕次于太學。太傅在前，少傅在後，恂恂乎弘保訓之道；宮臣畢從，三率備衞，濟濟乎肅翼贊之敬。乃掃壇爲殿，懸幕爲宮。夫子位于西序，顏回侍于北墉。宗伯掌禮，司儀辯位。二學儒官，搢紳先生之徒，垂纓佩玉，規行矩步者，皆端委而陪於堂下，以待執事之命。設樽篚於兩楹之間，陳罍洗於阼階之左。几筵既布，鍾懸既列，我后乃躬拜俯之勤，資在三之義。謙光之美彌劭，闕里之敎克崇，穆穆焉，邕邕焉，眞先王之徽典，不刊之美業，允不可替已。於是牲饋之事既終，享獻之禮已畢，釋玄衣，御春服，弛齋禁，反故式。天子乃命內外羣司，百辟卿士，蕃王三事，至于學徒國子，咸來觀禮，我后皆延而與之燕。金石簫管之音，八佾六代之舞，鏗鏘閶闔，般辟俛仰，可以澂神滌欲，移風易俗者，罔不畢奏。抑淫哇，屏鄭衞，遠佞邪，釋巧辯。是日也，人無愚智，路無遠邇，離鄉越國，扶老攜幼，不期而俱萃。皆延頸以視，傾耳以聽，希道慕業，洗心革志，想洙泗之風，歌來蘇之惠。然後知居室之善，著應乎千里之外；不言之化，洋溢于九有之內。於熙乎若典，固皇代之壯觀，萬載之一會也。尼昔忝禮官，嘗聞俎豆。今厠末列，親覩盛美，瀸漬徽猷，沐浴芳潤，不知手舞口詠，竊作頌一篇。〔三〕義近辭陋，不足測盛德之形容，光聖明之遐度。其辭曰：

三元迭運，五德代微。黃精既亢，素靈乃暉。有皇承天，造我晉畿。祚以大寶，登以龍飛。宣基誕命，景熙遐緒，三分自文，受終惟武。席卷要蠻，蕩定荒阻；道濟羣生，化流率土。後帝承哉，丕隆曾構。奄有萬方，光宅宇宙。

篤生上嗣，繼期挺秀。聖敬日躋，濬哲閎茂。留精儒術，敦閱古訓。〔四〕遵道讓齒，降心下問。鋪以金聲，光以玉潤。如日之升，如乾之運。乃延台保，乃命學臣。聖容穆穆，侍講誾誾。抽演微言，啓發道眞。探幽窮賾，溫故知新。講業既終，精義既研。

崇聖重師，卜日告奠。陳其三牢，引其四縣。既戒既式，乃盥乃薦。恂恂孔聖，百王攸希。亹亹顏生，好學無違。曰皇儲后，體神合幾。兆吉先見，知來洞微。濟濟二宮，藹藹庶僚。俊乂鱗萃，髦士盈朝。如彼和肆，莫匪瓊瑤；如彼儀鳳，樂我雲韶。瓊瑤誰剖？四門洞開；雲韶奚樂？神人允諧。蟬冕耀庭，細珮振階。德以謙光，仁以恩懷。我酒惟清，我肴惟馨。舞以六代，歌以九成。

莘莘胄子，祁祁學生。洗心自百，觀國之榮。學猶蒔苗，化若偃草。博我以文，弘我以道。萬邦蟬蛻，矧乃俊造。鑽蚌瑩珠，剖石摛藻。絲匪玄黃，水罔方圓。引之斯流，染之斯鮮。若金受範，若埴在甄。上好如雲，下效如川。

昔在周興，王化之始。曰文曰武，時惟世子。今我皇儲，齊聖通理。緝熙重光，於穆不已。於穆伊何？思文哲后。媚茲一人，實副元首。孝洽家邦，光照九有。純嘏自晉，永世昌阜。微微下臣，過充近侍。猥躡風雲，攀龍是廁。身澡芳流，目玩盛事。竭誠作頌，祇詠聖志。

出爲宛令，在任寬而不縱，恤隱勤政，厲公平而遺人事。入補尙書郎，俄轉著作郎。爲乘輿箴，其辭曰：

易稱「有天地然後有人倫，有父子然後有君臣」。傳曰：「大者天地，其次君臣。」然君臣父子之道，天地人倫之本，未有以先之者也。故天生烝人而樹之君，使司牧之，將以導羣生之性，而理萬物之情。豈以寵一人之身，極無量之欲，如斯而已哉！夫古之爲君者，無欲而至公，故有茅茨土階之儉；而後之爲君，有欲而自利，故有瑶臺瓊室之奓。無欲者，天下共推之；有欲者，天下共爭之。推之之極，雖禪代猶脫屣；爭之之極，雖劫殺而不避。故曰「天下非一人之天下，乃天下之天下」，安可求而得，辭而已者乎！

夫修諸己而化諸人，出乎邇而見乎遠者，言行之謂也。故人主所患，莫甚於不知其過；而所美，莫美於好聞其過。若有君於此，而曰予必無過，唯其言而莫之違，斯孔子所謂其庶幾乎一言而喪國者也。蓋君子之過，如日月之蝕：過也，人皆見之；更也，人皆仰之。雖以堯、舜、湯、武之盛，必有誹謗之木，敢諫之鼓，盤杅之銘，無諱之史，所以閑其邪僻而納諸正道，其自維持如此之備。故箴規之興，將以救過補闕，然猶依違諷喻，使言之者無罪，聞之者足以自誡。先儒既援古義，舉內外之殊，而高祖亦序六官，論成敗之要，義正辭約，又盡善矣。自虞人箴以至于百官，非唯規其所司，誠欲人主斟酌其得失焉。春秋傳曰「命百官箴王闕」，則亦天子之事也。

尼以爲王者膺受命之期，當神器之運，總萬機而撫四海，簡羣才而審所授，孜孜於得人，汲汲於聞過，雖廷爭面折，猶將祈請而求焉。至於箴規，諫之順者，曷爲獨闕之哉？是以不量其學陋思淺，因負擔之餘，嘗試撰而述之。〔五〕不敢斥至尊之號，故以「乘輿」目篇。蓋帝王之事至大，而古今之變至衆，文繁而義詭，意局而辭野，將欲希企前賢，髣髴崇軌，譬猶丘坻之望華岱，恒星之繫日月也，其不逮明矣。頌曰：〔六〕

元元遂初，芒芒太始。清濁同流，玄黃錯跱。上下弗形，尊卑靡紀。赫胥悠哉，大庭尚矣。皇極啓建，兩儀既分。彝倫永序，萬邦已紛。國事明王，家奉嚴君。各有攸尊，德用不勤。羲農已降，暨于夏殷。或禪或傳，乃質乃文。

太上無名，下知有之。仁義不存，而人歸孝慈。無爲無執，何欲何思。忠信之薄，禮刑實滋。既譽既畏，以侮以欺。作誓作盟，而人始叛疑。煌煌四海，藹藹萬乘，匪誓焉憑？左輔右弼，前疑後丞。一日萬機，業業兢兢。夫出其言善，則千里是應；而莫余違，亦喪邦有徵。樞機之動，式以廢興。殷監不遠，若之何勿懲！〔七〕

且厚味腊毒，豐屋生災。辛作琁室，而夏興瑤臺。糟丘酒池，象箸玉杯。厥肴伊何？龍肝豹胎。惟此哲婦，職爲亂階。殷用喪師，夏亦不恢。是以帝堯在位，茅茨不翦。周文日昃，昧旦丕顯。夫德輶如毛，而或舉之者鮮。故濩有慚德，武未盡善。下世道衰，末俗化淺。耽樂逸游，荒淫沈湎。不式古訓，而好是佞辯；不遵王路，而覆車是踐。成敗之效，載在先典。匪唯陵夷，厥世用殄。故曰樹君如之何？將人是司牧。視之猶傷，而知其寒燠。故能撫之斯柔，而敦之斯睦；無遠不懷，靡思不服。夫豈厭縱一人，而玩其耳目；內迷聲色，外荒馳逐；不修政事，而終於顚覆？

昔唐氏授舜，舜亦命禹。受終納祖，丕承天序。放桀惟湯，克殷伊武。故禪代非一姓，社稷無常主。四嶽三塗，九州之阻。彭蠡、洞庭，殷商之旅。虞夏之隆，非由尺土。而紂之百克，卒於絕緒。故王者無親，唯在擇人。傾蓋惟舊，白首乃新。望由釣夫，伊起有莘。負鼎鼓刀，而謀合聖神。夫豈借官左右，而取介近臣。蓋有國有家者，莫云我聰，或此面從；莫謂我智，聽受未易。甘言美疾，匙不爲累。由夷逃寵，遠於脫屣。柰何人主，位極則侈？

知人則哲，惟帝所難。唐朝旣泰，四族作姦。周室旣隆，而管蔡不虔。匪我二聖，孰弭斯患？若九德咸受，俊乂在官，君非臣莫治，臣非君莫安。故書美康哉，而易貴金蘭。有皇司國，敢告納言。

及趙王倫篡位，孫秀專政，忠良之士皆罹禍酷。尼遂疾篤，取假拜掃墳墓。聞齊王冏起義，乃赴許昌。冏引爲參軍，與謀時務，兼管書記。事平，封安昌公。歷黃門侍郎、散騎常侍、侍中、祕書監。永興末，爲中書令。時三王戰爭，皇家多故，尼職居顯要，從容而已。雖憂虞不及，而備嘗艱難。永嘉中，遷太常卿。洛陽將沒，攜家屬東出成皐，欲還鄉里。道遇賊，不得前，病卒於塢壁，年六十餘。

張載 弟協 協弟亢

張載字孟陽，安平人也。父收，蜀郡太守。載性閑雅，博學有文章。太康初，至蜀省父，道經劍閣。載以蜀人恃險好亂，因著銘以作誡曰：

巖巖梁山，積石峨峨。遠屬荆衡，近綴岷嶓。南通邛僰，北達褒斜。狹過彭碣，高踰嵩華。

惟蜀之門，作固作鎮。是曰劍閣，壁立千仞。窮地之險，極路之峻。世濁則逆，道清斯順。閉由往漢，開自有晉。

秦得百二，并吞諸侯。齊得十二，田生獻籌。矧茲狹隘，土之外區。一人荷戟，萬夫趦趄。形勝之地，非親勿居。

昔在武侯，中流而喜。河山之固，見屈吳起。洞庭孟門，二國不祀。興實由德，險亦難恃。自古及今，天命不易。憑阻作昏，鮮不敗績。公孫旣沒，劉氏銜璧。覆車之軌，無或重跡。勒銘山阿，敢告梁益。

益州刺史張敏見而奇之，乃表上其文，武帝遣使鐫之於劍閣山焉。

載又爲榷論曰：

夫賢人君子將立天下之功，成天下之名，非遇其時，曷由致之哉！故嘗試論之：殷湯無鳴條之事，則伊尹，有莘之匹夫也；周武無牧野之陣，則呂牙，渭濱之釣翁也。若茲之類，不可勝紀。蓋聲發響應，形動影從，時平則才伏，世亂則奇用，豈不信歟！設使秦莽修三王之法，時致隆平，則漢祖，泗上之健吏；光武，舂陵之俠客耳，況乎附麗者哉！故當其有事也，則足非千里，不入於輿；刃非斬鴻，不韜於鞘。是以駑蹇望風而退，頑鈍未試而廢。及其無事也，則牛驥共牢，利鈍齊列，而無長塗犀革以決之，此離朱與瞽者同眼之說也。處守平之世，而欲建殊常之勳，居太平之際，而吐違俗之謀，此猶卻步而登山，鬻章甫於越也。漢文帝見李廣而歎曰：「惜子不遇，當高帝時，萬戶侯豈足道哉！」故智無所運其籌，勇無所奮其氣，則勇怯一也；才無所騁其能，辯無所展其說，則頑慧均也。是以吳榜越船，不能無水而浮；青虯赤螭，不能無雲而飛。故和璧之在荊山，隨珠之潛重川，非遇其人，焉有連城之價，照車之名乎！青骹繁霜，縶於籠中，何以效其撮東郭於韝下也？白猨玄豹，藏於欐檻，何以知其接垂條於千仞也？孱夫與烏獲訟力，非龍文赤鼎，無以明之；蓋聶政與荊卿爭勇，〔八〕非強秦之威，孰能辨之？故餓夫庸隸，〔九〕抱關屠釣之倫，一旦而都卿相之位，建金石之號者，或有懷顔孟之術，抱伊管之略，沒世而不齒者，此言有事之世易爲功，無爲之時難爲名也。若斯湮滅而不稱，曾不足以多說。

況夫庸庸之徒，少有不得意者，則自以爲枉伏。莫不飾小辯、立小善以偶時，結朋黨、聚虛譽以驅俗。進之無補於時，退之無損於化。而世主相與雷同齊口，吹而煦之，豈不哀哉！今士循常習故，規行矩步，積階級，累閥閱，碌碌然以取世資。若夫魁梧儁傑，卓躒俶儻之徒，直將伏死嶔岑之下，安能與步驟共爭道里乎！至如軒冕黻班之士，苟不能匡化輔政，佐時益世，而徒俯仰取容，要榮求利，厚自封之資，豐私家之積，此沐猴而冠耳，尚焉足道哉！

載又爲濛汜賦，司隸校尉傅玄見而嗟歎，以車迎之，言談盡日，爲之延譽，遂知名。起家佐著作郎，出補肥鄉令。復爲著作郎，轉太子中舍人，遷樂安相、弘農太守。長沙王乂請爲記室督。拜中書侍郎，復領著作。載見世方亂，無復進仕意，遂稱疾篤告歸，卒於家。

協字景陽，少有儁才，與載齊名。辟公府掾，轉祕書郎，補華陰令、征北大將軍從事中郎，遷中書侍郎。轉河間內史，在郡清簡寡欲。

于時天下已亂，所在寇盜，協遂棄絕人事，屏居草澤，守道不競，以屬詠自娛。擬諸文士作七命。其辭曰：

沖漠公子，含華隱曜，嘉遯龍蟠，超世高蹈，遊心於浩然，玩志乎衆妙，絕景乎大荒之遐阻，吞響乎幽山之窮奧。於是徇華大夫聞而造焉。乃整雲輅，驂飛黃，越奔沙，輾流霜，陵扶搖之風，躡堅冰之津，旌拂霄崿，軌出蒼垠，天清泠而無霞，野曠朗而無塵，臨重岫而攬轡，顧石室而迴輪。遂適沖漠公子之所居。其居也，崢嶸幽藹，蕭瑟虛玄，溟海渾濩涌其後，嶰谷峁嶆張其前，尋竹竦莖蔭其壑，百籟羣鳴籠其山，衝飈發而回日，飛礫起而灑天。於是登絕巘，遡長風，陳辨惑之辭，命公子於巖中。曰：「蓋聞聖人不卷道而背時，智士不遺身而匿跡，生必耀華名於玉牒，沒則勒鴻伐於金冊。今公子違世陸沈，避地獨竄，有生之歡滅，資父之義廢。愁洽百年，苦溢千載，何異促鱗之遊汀濘，短羽之栖翳薈！今將榮子以天人之大寶，悅子以縱性之至娛，窮地而遊，中天而居，傾四海之歡，殫九州之腴，鑽屈轂之瓠，〔一〇〕解疏屬之拘，子欲之乎？」公子曰：「大夫不遺，來萃荒外，雖在不敏，敬聽嘉話。」

大夫曰：「寒山之桐，出自太冥，含黃鐘以吐幹，據蒼岑而孤生。既乃瓊巘層崚，金岸崥崹，右當風谷，左臨雲谿，上無陵虛之巢，下無跖實之蹊，搖刖峻挺，茗邈嶕嶢，晞三春之溢露，遡九秋之鳴飈，零雪寫其根，〔一〕霏霜封其條，木既繁而後綠，草未素而先彫。於是構雲梯，陟峥嵘，翦蕤賓之陽柯，剖大呂之陰莖。營匠斵其樸，伶倫均其聲。器舉樂奏，促調高張，音朗號鐘，韵清繞梁。追逸響於八風，採奇律於歸昌，啓中黃之妙宮，發蓐收之變商。若乃龍火西頹，暄氣初收，飛霜迎節，高風送秋，羈旅懷土之徒，流宕百罹之儔，撫促柱則酸鼻，揮危弦則涕流。若乃追淸哇，赴嚴節，奏淥水，吐白雪，激楚迴，流風結，悲蕢莢之朝落，悼望舒之夕缺。煢嫠爲之擗摽，嬬老爲之嗚咽，王子拂纓而傾耳，六馬噓天而仰秣。此蓋音曲之至妙，子豈能從我而聽之乎？」公子曰：「余病未能也。」

大夫曰：「蘭宮祕宇，雕堂綺櫳，雲屏爛旰，瓊壁青蔥，應門八襲，琁臺九重，表以百常之闕，圜以萬雉之墉。爾乃嶢榭迎風，秀出中天，翠觀岑青，彤閣霞連，長翼臨雲，飛陛陵山，望玉繩而結極，承倒景而開軒。赬素煥爛，枌栱嵯峨。陰虯負檐，陽馬承阿。錯以瑤英，鏤以金華，方疏含秀，圓井吐葩。重殿疊起，交綺對幌。幽堂晝密，明室夜朗。焦冥飛而風生，尺蠖動而成響。若乃目厭常玩，體倦帷幄，攜公子而雙遊，時娛觀於林麓。登翠阜，臨丹谷，華草錦繁，飛采星燭，陽葉春青，陰條秋綠，華實代新，承意恣觀。仰折神虈，俯採朝蘭，愬惠風於蘅薄，眷椒塗於瑤壇。爾乃浮三翼，戲中沚，潛鰓駭，驚翰起，沈絲結，飛矰理，掛歸翮於赤霄之表，出華鱗於紫潭之裏。然後縱櫂隨風，弭楫乘波，吹孤竹，撫雲和，川客唱淮南之曲，榜人奏採菱之歌。歌曰：『乘鷁舟兮爲水嬉，臨芳洲兮拔靈芝。』樂以忘戚，遊以卒時，窮夜爲日，畢歲爲期。此蓋宴居之浩麗，子豈能從我而處之乎？」公子曰：「余病未能也。」

大夫曰：「若乃白商素節，月既授衣，天凝地閉，風厲霜飛，柔條夕勁，密葉晨稀，將因氣以效殺，臨金郊而講師。爾乃列輕武，整戎剛，建雲髦，啓雄芒。駕紅陽之飛燕，驂唐公之驌驦，屯羽隊於外林，縱輕翼於中荒。爾乃張脩罠，布飛羅，〔三〕陵黃岑，挂青巒，畫長壑以爲限，帶流谿以爲關。既乃內無疏蹊，外無漏跡，叩鉦散校，舉麾贊獲，彀金機，馳鳴鏑，藹剛豪，落勁翮，連騎競騖，駢武齊轍，翕忽揮霍，雲迴風烈，聲動響飛，形移影發，舉戈林聳，揮鋒電滅，仰傾雲巢，俯殫地穴。乃有圓文之豣，斑題之貙，鼓鬣風生，怒目電瞛，口齩霜刃，足撥飛鋒，甗林蹶石，扣跋幽叢。於是飛黃奮銳，賁育逞伎。蹴封狶，攢馮豕，拉甝虪，挫解䝐，鉤爪摧，踞牙擺。瀾漫狼藉，傾榛倒壑，隕嵛挂山，僵踣掩澤，藪爲毛林，隰爲丹薄。於是徹圍頓網，卷旆收鳶；虞人數獸，林衡計鮮；論最犒勤，息馬韜弦；肴駟連驃，酒駕方軒，千鍾電釂，萬燧星繁，陵阜沾流膏，谿谷厭芳煙。歡極樂殫，迴節而旋。此亦畋遊之壯觀，子豈能從我而爲之乎？」公子曰：「余病未能也。」

大夫曰：「楚之陽劍，歐冶所營，邪谿之鋌，赤山之精，銷踰羊頭，鍱越鍛成。乃鍊乃鑠，萬辟千灌。豐隆奮椎，飛廉扇炭，神器化成，陽文陰漫。既乃流綺星連，浮采艷發，光如散電，質如耀雪，霜鍔水凝，冰刃露潔，形冠豪曹，名珍巨闕，指鄭則三軍白首，麾晉則千里流血。〔一三〕豈徒水截蛟鴻，陸灑奔駟，斷浮翮以爲工，絕重甲而稱利云爾而已哉！若其靈寶，則舒辟無方，奇鋒異模，形震薛燭，光駭風胡，價兼三鄉，聲貴二都，或馳名傾秦，或夜飛去吳。是以功冠萬載，威曜無窮，揮之者無前，擁之者身雄，可以從服九國，橫制八戎，爪牙景附，函夏承風。此蓋希世之神兵，子豈能從我而服之乎？」公子曰：「余病未能也。」

大夫曰：「天驥之駿，逸態超越，稟氣靈川，受精皎月，眸瞷黑照，玄采紺發，沫如揮紅，汗如振血，秦青不能識其衆尺，方堙不能覩其若滅。爾乃巾雲軒，踐朝霧，赴春衢，整秋御，蚪踊螭騰，麟超龍翥，望山載奔，視林載赴。氣盛怒發，星飛電駭，志陵九州，勢越四海。影不及形，塵不暇起，浮箭未移，再踐千里。爾乃踰天根，越地隔，過汗漫之所不遊，躡章亥之所未跡，陽烏爲之頓羽，夸父爲之投策。斯蓋天下之儁乘，子豈能從我而御之乎？」公子曰：「余病未能也。」

大夫曰：「大梁之黍，瓊山之禾，唐稷播其根，農帝嘗其華。爾乃六禽殊珍，四膳異肴，窮海之錯，極陸之毛，伊公爨鼎，庖丁揮刀。味重九沸，和兼勺藥，晨鳧露鵠，霜鷄黃雀，圓案星亂，方丈華錯。封熊之蹯，翰音之跖，燕髀猩脣，髦殘象白，靈川之龜，萊黃之鮐，丹穴之鷚，玄豹之胎，燀以秋橙，酤以春梅，接以商王之箸，承以帝辛之杯。范公之鱗，出自九谿，赬尾丹腮，紫翼青鬐。爾乃命支離，飛霜鍔，紅肌綺散，素膚雪落，婁子之豪不能厠其細，秋蟬之翼不足擬其薄。繁肴既闋，亦有嘉羞。商山之果，漢皐之榛，析龍眼之房，剖椰子之殼。芳旨萬選，承意代奏。乃有荆南烏程，豫北竹葉，浮蟻星沸，飛華蓱接，玄石嘗其味，儀氏進其法，傾罍一朝，可以流湎千日，單醪投川，可使三軍告捷。斯人神之所歆羨，觀聽之所煒曄也，子豈能强起而御之乎？」公子曰：「耽爽口之饌，甘腊毒之味，服腐腸之藥，御亡國之器，雖子大夫之所榮，顧亦吾人之所畏，余病未能也。」

大夫曰：「蓋有晉之融皇風也，金華啓徵，大人有作，繼明代照，配天光宅。其基德也，隆於姬公之處岐；其垂仁也，富乎有殷之在亳。南箕之風不能暢其化，離畢之雲無以豐其澤。皇道昭煥，帝載緝熙。導氣以樂，宣德以詩，教清乎雲官之世，政穆乎鳥紀之時。王猷四塞，函夏謐靜，丹冥投鋒，青徼釋警，卻馬於糞車之轅，銘德於昆吾之鼎。

羣萌反素，時文載郁，耕父推畔，漁豎讓陸，樵夫恥危冠之飾，輿臺笑短後之服。六合時雍，巍巍蕩蕩，玄髫巷歌，黃髮擊壤，解羲皇之繩，錯陶唐之象。若乃華裔之夷，流荒之貊，語不傳於輶軒，地未被乎正朔，莫不駿奔稽顙，委質重譯。于時昆蚑感惠，無思不擾。苑戲九尾之禽，囿棲三足之鳥，鳴鳳在林，夥於黃帝之園；有龍游川，盈於孔甲之沼。萬物烟熅，天地交泰，義懷靡內，化感無外，林無被褐，山無韋帶。皆象刻於百工，兆發乎靈蔡，搢紳濟濟，軒冕藹藹，功與造化爭流，德與二儀比大。」言未終，公子蹶然而興曰：「鄙夫固陋，守茲狂狷。蓋理有毀之，而爭寶之訟解；言有怒之，而齊王之疾痊。向子誘我以聾耳之樂，栖我以蔀家之屋，田遊馳蕩，利刃駿足，既老氏之攸戒，非吾人之所欲，故靡得而應子。至聞皇風載韙，時聖道醇，舉實爲秋，摛藻爲春，下有可封之人，上有大哉之君，余雖不敏，請從後塵。」

世以爲工。永嘉初，復徵爲黃門侍郎，託疾不就，終於家。

亢字季陽。才藻不逮二昆，亦有屬綴，又解音樂伎術。時人謂載、協、亢、陸機、雲曰「二陸」「三張」。中興初過江，拜散騎侍郎。祕書監荀崧舉亢領佐著作郎，出補烏程令，入爲散騎常侍，復領佐著作。〔一四〕述曆贊一篇，見律曆志。

史臣曰：孝若掞蔚春華，時標麗藻。覩其抵疑詮理，本窮通於自天；作誥敷文，流英聲於孝悌，旨深致遠，殊有大雅之風烈焉。安仁思緒雲騫，詞鋒景煥，前史儔於賈誼，先達方之士衡。賈論政範，源王化之幽賾；潘著哀詞，貫人靈之情性。機文喻海，韞蓬山而育蕪；岳藻如江，濯美錦而增絢。混三家以通校，爲二賢之亞匹矣。然其挾彈盈果，拜塵趨貴，蔑棄倚門之訓，乾沒不逞之間，斯才也而有斯行也，天之所賦，何其駁歟！正叔含咀藝文，履危居正，安其身而後動，契其心而後言，著論究人道之綱，裁箴懸乘輿之鑒，可謂玉質而金相者矣。孟陽鏤石之文，見奇於張敏；濛汜之詠，取重於傅玄，爲名流之所挹，亦當代之文宗矣。景陽摛光王府，棣萼相輝。洎乎二陸入洛，三張減價。考覈遺文，非徒語也。

贊曰：湛稱弄翰，縟彩雕煥。才高位卑，往哲攸歎。岳實含章，藻思抑揚。趨權冒勢，終亦罹殃。尼標雅性，夙聞詞令。載協飛芳，棣華增映。

校勘記

〔一〕咨爾弟　各本作「咨爾昆弟」，多一「昆」字，今從宋本。下文所敍六人，皆其弟。册府八一六亦無「昆」字。

〔二〕正月丁未　孫志祖文選考異：據月令疏，耕用亥日，明此「丁未」誤。按：武紀云，「丁亥，帝耕于藉田。」且是月己巳朔，有丁亥，無丁未。則「丁未」實「丁亥」之誤。李善文選注亦云「丁未誤」。

〔三〕竊作頌一篇　「竊」，各本作「切」，今從殿本。

〔四〕敦閱古訓　斠注：初學記一四「敦閱」作「敦悅」。案：孔融上書薦謝該：「清白異行，敦悅道訓。」

〔五〕嘗試撰而述之　「嘗」，各本作「當」，今從殿本。

〔六〕頌曰　周校：當作「箴曰」。

〔七〕若之何勿懲　「懲」，各本作「徵」，今從殿本。

〔八〕蓋聶政與荆卿爭勇　蓋聶與荆軻爭勇，事見史記刺客列傳，「政」字衍文。

〔九〕故餓夫庸隸　周校：「故」下脫「有」字。

〔一〇〕屈轂　局本原校：「轂」一作「轂」。案：屈轂，本於韓非子外儲說左上，亦作「轂」。文選、後漢書孔融傳及注亦均作「轂」。

〔一一〕零雪寫其根　「零」，各本作「雺」，今從宋本。文選、類聚五七、通志一二四上均作「零」。

〔一二〕布飛羅　周校：文選作「飛羉」，於韻較協。

〔一三〕麾晉則千里流血　「麾」，各本作「摩」，今從宋本。此用越絕書。文選及類聚五七、御覽三四四引均作「麾」。

〔一四〕入爲散騎常侍復領佐著作　李校：散騎常侍不當領佐著作，此「佐」字衍。

晉書卷五十六

列傳第二十六

江統 子彪 惇

江統字應元，陳留圉人也。祖蕤，以義行稱，爲譙郡太守，封亢父男。父祚，南安太守。統靜默有遠志，時人爲之語曰：「嶷然稀言江應元。」與鄉人蔡克俱知名。襲父爵，除山陰令。

時關隴屢爲氐羌所擾，孟觀西討，自擒氐帥齊萬年。統深惟四夷亂華，宜杜其萌，乃作徙戎論。其辭曰：

夫夷蠻戎狄，謂之四夷，〔一〕九服之制，地在要荒。春秋之義，內諸夏而外夷狄。以其言語不通，贄幣不同，法俗詭異，種類乖殊；或居絕域之外，山河之表，崎嶇川谷阻險之地，與中國壤斷土隔，不相侵涉，賦役不及，正朔不加，故曰「天子有道，守在四夷」。

禹平九土，而西戎卽敍。其性氣貪婪，凶悍不仁，四夷之中，戎狄爲甚。弱則畏服，強則侵叛。雖有賢聖之世，大德之君，咸未能以通化率導，而以恩德柔懷也。當其強也，以殷之高宗而憊於鬼方，有周文王而患昆夷、獫狁，高祖困於白登，孝文軍於霸上。及其弱也，周公來九譯之貢，中宗納單于之朝，以元成之微，而猶四夷賓服。此其已然之效也。故匈奴求守邊塞，而侯應陳其不可；單于屈膝未央，望之議以不臣。是以有道之君牧夷狄也，惟以待之有備，禦之有常，雖稽顙執贄，而邊城不弛固守；爲寇賊強暴，〔二〕而兵甲不加遠征，期令境內獲安，疆埸不侵而已。

及至周室失統，諸侯專征，以大兼小，轉相殘滅，封疆不固，而利害異心。戎狄乘間，得入中國。或招誘安撫，以爲己用。故申繒之禍，顚覆宗周；襄公要秦，遽興姜戎。當春秋時，義渠、大荔居秦晉之域，陸渾、陰戎處伊洛之間，鄋瞞之屬害及濟東，侵入齊宋，陵虐邢衞，南夷與北狄交侵，中國不絕若綫。齊桓攘之，存亡繼絕，北伐山戎，以開燕路。故仲尼稱管仲之力，嘉左衽之功。〔三〕逮至春秋之末，戰國方盛，楚吞蠻氏，晉翦陸渾，趙武胡服，開榆中之地，秦雄咸陽，滅義渠之等。始皇之并天下也，南兼百越，北走匈奴，五嶺長城，戎卒億計。雖師役煩殷，寇賊橫暴，然一世之功，戎虜奔卻，當時中國無復四夷也。

漢興而都長安，關中之郡號曰三輔，禹貢雍州，宗周豐、鎬之舊也。及至王莽之敗，赤眉因之，西都荒毁，百姓流亡。建武中，以馬援領隴西太守，討叛羌，徙其餘種於關中，居馮翊、河東空地，而與華人雜處。數歲之後，族類蕃息，既恃其肥强，且苦漢人侵之。永初之元，騎都尉王弘使西域，發調羌氏，以爲行衞。於是羣羌奔駭，互相扇動，二州之戎，一時俱發，覆没將守，屠破城邑。鄧騭之征，棄甲委兵，輿尸喪師，前後相繼，諸戎遂熾，至於南入蜀漢，東掠趙魏，唐突軹關，侵及河內。及遣北軍中候朱寵將五營士於孟津距羌，十年之中，夷夏俱斃，〔四〕任尚、馬賢僅乃克之。此所以爲害深重、累年不定者，雖由禦者之無方，將非其才，亦豈不以寇發心腹，害起肘腋，疢篤難療，瘡大遲愈之故哉！自此之後，餘燼不盡，小有際會，輒復侵叛。馬賢忸忕，終于覆敗；段熲臨衝，自西徂東。雍州之戎，常爲國患，中世之寇，惟此爲大。漢末之亂，關中殘滅。魏興之初，與蜀分隔，疆埸之戎，一彼一此。魏武皇帝令將軍夏侯妙才討叛氐阿貴、千萬等，後因拔棄漢中，遂徙武都之種於秦川，欲以弱寇强國，扞禦蜀虜。此蓋權宜之計，一時之勢，非所以爲萬世之利也。今者當之，已受其弊矣。

夫關中土沃物豐，厥田上上，加以涇渭之流溉其舄鹵，鄭國、白渠灌浸相通，黍稷之饒，畝號一鍾，百姓謠詠其殷實，帝王之都每以爲居，未聞戎狄宜在此土也。非我族類，其心必異，戎狄志態，不與華同。而因其衰弊，遷之畿服，士庶翫習，侮其輕弱，使其怨恨之氣毒於骨髓。至於蕃育衆盛，則坐生其心。以貪悍之性，挾憤怒之情，候隙乘便，輒爲横逆。而居封域之内，無障塞之隔，掩不備之人，收散野之積，故能爲禍滋擾，暴害不測。此必然之勢，已驗之事也。當今之宜，宜及兵威方盛，衆事未罷，徙馮翊、北地、新平、安定界内諸羌，著先零、罕幵、析支之地；徙扶風、始平、京兆之氐，出還隴右，著陰平、武都之界。廩其道路之糧，令足自致，各附本種，反其舊土，使屬國、撫夷就安集之。戎晉不雜，並得其所，上合往古即敍之義，下爲盛世永久之規。縱有猾夏之心，風塵之警，則絶遠中國，隔閡山河，雖爲寇暴，所害不廣。是以充國、子明能以數萬之衆制羣羌之命，有征無戰，全軍獨克，雖有謀謨深計，廟勝遠圖，豈不以華夷異處，戎夏區別，要塞易守之故，得成其功也哉！

難者曰：方今關中之禍，暴兵二載，征戍之勞，老師十萬，水旱之害，荐饑累荒，疫癘之災，札瘥夭昏。凶逆既戮，悔惡初附，且款且畏，咸懷危懼，百姓愁苦，異人同慮，望寧息之有期，若枯旱之思雨露，誠宜鎮之以安豫。而子方欲作役起徒，興功造事，使疲悴之衆，徙自猜之寇，以無穀之人，遷乏食之虜，恐勢盡力屈，緒業不卒，羌戎離散，心不可一，前害未及弭，而後變復横出矣。

答曰：羌戎狡猾，擅相號署，攻城野戰，傷害牧守，連兵聚衆，載離寒暑矣。而今異類瓦解，同種土崩，老幼繫虜，丁壯降散，禽離獸迸，不能相一。子以此等爲尚挾餘資，悔惡反善，懷我德惠而來柔附乎？將勢窮道盡，智力俱困，懼我兵誅以至於此乎？曰，無有餘力，勢窮道盡故也。然則我能制其短長之命，而令其進退由己矣。夫樂其業者不易事，安其居者無遷志。方其自疑危懼，畏怖促遽，故可制以兵威，使之左右無違也。迨其死亡散流，離逷未鳩，與關中之人，戶皆爲讎，故可遐遷遠處，令其心不懷土也。夫聖賢之謀事也，爲之於未有，理之於未亂，道不著而平，德不顯而成。其次則能轉禍爲福，因敗爲功，值困必濟，遇否能通。今子遭弊事之終而不圖更制之始，愛易轍之勤而得覆車之軌，何哉？且關中之人百餘萬口，率其少多，戎狄居半，處之與遷，必須口實。若有窮乏糝粒不繼者，故當傾關中之穀以全其生生之計，必無擠於溝壑而不爲侵掠之害也。今我遷之，傳食而至，附其種族，自使相贍，而秦地之人得其半穀，此爲濟行者以廩糧，遺居者以積倉，寬關中之逼，去盜賊之原，除旦夕之損，建終年之益。若憚暫舉之小勞，而忘永逸之弘策；惜日月之煩苦，而遺累世之寇敵，非所謂能開物成務，創業垂統，崇基拓跡，謀及子孫者也。

并州之胡，本實匈奴桀惡之寇也。漢宣之世，凍餒殘破，國內五裂，後合爲二，呼韓邪遂衰弱孤危，不能自存，依阻塞下，委質柔服。建武中，南單于復來降附，遂令入塞，居於漠南，數世之後，亦輒叛戾，故何熙、梁慬戎車屢征。中平中，以黄巾賊起，發調其兵，部衆不從，而殺羌渠。由是於彌扶羅求助於漢，以討其賊。仍值世喪亂，遂乘釁而作，鹵掠趙魏，寇至河南。建安中，又使右賢王去卑誘質呼廚泉，聽其部落散居六郡。咸熙之際，以一部太强，分爲三率。泰始之初，又增爲四。於是劉猛內叛，連結外虜。近者郝散之變，發於穀遠。今五部之衆，戶至數萬，人口之盛，過於西戎。然其天性驍勇，弓馬便利，倍於氐羌。若有不虞風塵之慮，則幷州之域可爲寒心。滎陽句驪本居遼東塞外，正始中，幽州刺史毌丘儉伐其叛者，徙其餘種。始徙之時，戶落百數，子孫孳息，今以千計，數世之後，必至殷熾。今百姓失職，猶或亡叛，犬馬肥充，則有噬齧，況於夷狄，能不爲變！但顧其微弱，勢力不陳耳。

夫爲邦者，患不在貧而在不均，憂不在寡而在不安。以四海之廣，士庶之富，豈須夷虜在內，然後取足哉！此等皆可申諭發遣，還其本域，慰彼羇旅懷土之思，釋我華夏纖介之憂。惠此中國，以綏四方，德施永世，於計爲長。

帝不能用。未及十年，而夷狄亂華，時服其深識。

遷中郎。選司以統叔父春爲宜春令，統因上疏曰：「故事，父祖與官職同名，皆得改選，而未有身與官職同名，不在改選之例。臣以爲父祖改選者，蓋爲臣子開地，不爲父祖之身也。而身名所加，亦施於臣子。佐吏係屬，朝夕從事，官位之號，發言所稱，若指實而語，則違經禮諱尊之義；若詭辭避迴，則爲廢官擅犯憲制。今以四海之廣，職位之衆，名號繁多，士人殷富，至使有受寵皇朝，出身宰牧，而令佐吏不得表其官稱，子孫不得言其位號，所以上嚴君父，下爲臣子，體例不通。若易私名以避官職，則違春秋不奪人親之義。臣以爲身名與官職同者，宜與觸父祖名爲比，體例既全，於義爲弘。」朝廷從之。

轉太子洗馬。在東宮累年，甚被親禮。太子頗闕朝覲，又奢費過度，多諸禁忌，統上書諫曰：

臣聞古之爲臣者，進思盡忠，退思補過，獻可替否，拾遺補闕。是以人主得以舉無失行，言無口過，德音發聞，揚名後世。臣等不逮，無能云補，思竭愚誠，謹陳五事如左，惟蒙一省再省，少垂察納。

其一曰，六行之義，以孝爲首，虞舜之德，以孝爲稱，故太子以朝夕視君膳爲職，左右就養無方。文王之爲世子，可謂篤於事親者也，故能擅三代之美，爲百王之宗。自頃聖體屢有疾患，數闕朝侍，遠近觀聽者不能深知其故，以致疑惑。伏願殿下雖有微苦，可堪扶輿，則宜自力。易曰：「君子終日乾乾。」蓋自勉强不息之謂也。

其二曰，古之人君雖有聰明之姿，叡喆之質，必須輔弼之助，相導之功，故虞舜以五臣興，周文以四友隆。及成王之爲太子也，則周召爲保傅，史佚昭文章，故能聞道早備，登崇大業，刑措不用，流聲洋溢。伏惟殿下天授逸才，聰鑒特達，臣謂猶宜時發聖令，宣揚德音，諮詢保傅，訪逮侍臣，覿見賓客，得令接盡，壅否之情沛然交泰，殿下之美煥然光明。如此，則高朗之風，扇於前人；弘範令軌，永爲後式。

其三曰，古之聖王莫不以儉爲德，故堯稱采椽茅茨，禹稱卑宮惡服，漢文身衣弋綈，足履革舄，以身先物，政致太平，存爲明王，沒見宗祀。及諸侯修之者，魯僖以躬儉節用，聲列雅頌；蚡冒以篳路藍縷，用張楚國。大夫修之者，文子相魯，妾不衣帛；晏嬰相齊，鹿裘不補，亦能匡君濟俗，興國隆家。庶人修之者，顏回以簞食瓢飲，揚其仁聲；原憲以蓬戶繩樞，邁其清德。此皆聖主明君賢臣智士之所履行也。故能懸名日月，永世不朽，蓋儉之福也。及到末世，以奢失之者，帝王則有瑤臺瓊室，玉杯象箸，肴膳之珍則熊蹯豹胎，酒池肉林。諸侯爲之者，至於丹楹刻桷，饟徽百牢。大夫有瓊弁玉纓，庶人有擊鍾鼎食。亦罔不亡國喪宗，破家失身，醜名彰聞，以爲後戒。竊聞後園鏤飾金銀，刻磨犀象，畫室之巧，課試日精。臣等以爲今四海之廣，萬物之富，以今方古，不足爲侈也。然上之所好，下必從之，是故居上者必慎其所好也。昔漢光武皇帝時，有獻千里馬及寶劍者，馬以駕鼓車，劍以賜騎士。世祖武皇帝有上雉頭裘者，即詔有司焚之都街。高世之主，不尙尤物，故能正天下之俗，刑四方之風。臣等以爲畫室之功，可且減省，後園雜作，一皆罷遣，肅然清靜，優游道德，則日新之美光于四海矣。

其四曰，以天下而供一人，以百里而供諸侯，故王侯食籍而衣稅，公卿大夫受爵而資祿，莫有不贍者也。是以士農工商四業不雜。交易而退，以通有無者，庶人之業也。周禮三市，旦則百族，晝則商賈，夕則販夫販婦。買賤賣貴，販鬻菜果，收十百之盈，以救旦夕之命，故爲庶人之貧賤者也。樊遲匹夫，請學爲圃，仲尼不答；魯大夫臧文仲使妾織蒲，又譏其不仁；公儀子相魯，則拔其園葵，言食祿者不與貧賤之人爭利也。秦漢以來，風俗轉薄，公侯之尊，莫不殖園圃之田，而收市井之利，漸冉相放，莫以爲恥，乘以古道，誠可愧也。今西園賣葵菜、藍子、鷄、麪之屬，虧敗國體，貶損令問。

其五曰，竊見禁土，令不得繕修牆壁，動正屋瓦。臣以爲此既違典彝舊義，且以拘攣小忌而廢弘廓大道，宜可蠲除，於事爲宜。

朝廷善之。

及太子廢，徙許昌，賈后諷有司不聽宮臣追送。統與宮臣冒禁至伊水，拜辭道左，悲泣流漣。都官從事悉收統等付河南、洛陽獄。付郡者，河南尹樂廣悉散遣之，繫洛陽者猶未釋。都官從事孫琰說賈謐曰：「所以廢徙太子，以爲惡故耳。東宮故臣冒罪拜辭，涕泣路次，不顧重辟，乃更彰太子之德，不如釋之。」謐語洛陽令曹攄，由是皆免。及太子薨，改葬，統作誄敍哀，爲世所重。

後爲博士、尙書郎，參大司馬、齊王冏軍事。冏驕荒將敗，統切諫，文多不載。遷廷尉正，每州郡疑獄，斷處從輕。成都王穎請爲記室，多所箴諫。申論陸雲兄弟，辭甚切至。以母憂去職。服闋，爲司徒左長史。東海王越爲兗州牧，以統爲別駕，委以州事，與統書曰：「昔王子師爲豫州，未下車，辟荀慈明；下車，辟孔文舉。貴州人士有堪應此者不？」統舉高平郗鑒爲賢良，陳留阮脩爲直言，濟北程收爲方正，時以爲知人。尋遷黃門侍郎、散騎常侍，領國子博士。永嘉四年，避難奔于成皐，病卒。凡所造賦頌表奏皆傳於後。二子：彪、惇。

彪字思玄，本州辟舉秀才，平南將軍溫嶠以爲參軍。復爲州別駕，辟司空郗鑒掾，除長山令。鑒又請爲司馬，轉黃門郎。車騎將軍庾冰鎭江州，請爲長史。冰薨，庾翼以爲諮議參軍，俄而復補長史。翼薨，人將干瓚作難，〔三〕彪討平之。除尙書吏部郎，仍遷御史中丞、侍中、吏部尙書。永和中，代桓景爲護軍將軍。出補會稽內史，加右軍將軍。代王彪之爲尙書僕射。哀帝卽位，疑周貴人名號所宜，彪議見禮志。帝欲於殿庭立鴻祀，又欲躬自藉田，彪並以爲禮廢日久，儀注不存，中興以來所不行，謂宜停之。爲僕射積年，簡文帝爲相，每訪政事，彪多所補益。轉護軍將軍，領國子祭酒，卒官。

子歆，歷琅邪內史、驃騎諮議。歆子恒，元熙中爲西中郎長史。恒弟夷，尙書。

惇字思悛，孝友淳粹，高節邁俗。性好學，儒玄並綜。每以爲君子立行，應依禮而動，雖隱顯殊途，未有不傍禮教者也。若乃放達不羈，以肆縱爲貴者，非但動違禮法，亦道之所棄也。乃著通道崇檢論，世咸稱之。蘇峻之亂，避地東陽山，太尉郗鑒檄爲兗州治中，又辟太尉掾；康帝爲司徒，亦辟焉；征西將軍庾亮請爲儒林參軍；徵拜博士、著作郎，皆不就。邑里宗其道，有事必諮而後行。東陽太守阮裕、長山令王濛，皆一時名士，並與惇游處，深相欽重。養志二十餘年，永和九年卒，時年四十九，友朋相與刊石立頌，以表德美云。

孫楚 孫統 綽〔六〕

孫楚字子荊，太原中都人也。祖資，魏驃騎將軍。父宏，南陽太守。楚才藻卓絕，爽邁不羣，多所陵傲，缺鄉曲之譽。年四十餘，始參鎭東軍事。

文帝遣符劭、孫郁使吳，〔七〕將軍石苞令楚作書遺孫晧曰：

蓋見機而作，周易所貴；小不事大，春秋所誅。此乃吉凶之萌兆，榮辱所由生也。是故許鄭以銜璧全國，曹譚以無禮取滅。載籍既記其成敗，古今又著其愚智，不復廣引譬類，崇飾浮辭。苟以夸大爲名，更喪忠告之實。今粗論事要，以相覺悟。

昔炎精幽昧，曆數將終，桓靈失德，災釁並興，豺狼抗爪牙之毒，生靈罹塗炭之難。由是九州絕貫，王綱解紐，四海蕭條，非復漢有。太祖承運，神武應期，征討暴亂，克寧區夏；協建靈符，天命既集，遂廓弘基，奄有魏域。土則神州中嶽，器則九鼎猶存，世載淑美，重光相襲，故知四隩之攸同，帝者之壯觀也。昔公孫氏承藉父兄，世居東裔，擁帶燕胡，憑陵險遠，講武游盤，不供職貢，內傲帝命，外通南國，乘桴滄海，交酬貨賄，葛越布于朔土，貂馬延于吳會；自以控弦十萬，奔走之力，信能右折燕齊，左震扶桑，輮轢沙漠，南面稱王。宣王薄伐，猛銳長驅，師次遼陽，而城池不守；枹鼓暫鳴，而元凶折首。於是遠近疆埸，列郡大荒，收離聚散，大安其居，衆庶悅服，殊俗款附。自茲以降，九野清泰，東夷獻其樂器，肅慎貢其楛矢，曠世不羈，應化而至，巍巍蕩蕩，想所具聞也。

吳之先祖，起自荊楚，遭時擾攘，潛播江表。劉備震懼，亦逃巴岷。遂因山陵積石之固，三江五湖浩汗無涯，假氣遊魂，迄茲四紀。兩邦合從，東西唱和，互相扇動，距捍中國。自謂三分鼎足之勢，可與泰山共相終始也。相國晉王輔相帝室，文武桓桓，志厲秋霜，廟勝之算，應變無窮，獨見之鑒，與衆絕慮。主上欽明，委以萬機，長轡遠御，妙略潛授，偏師同心，上下用力，陵威奮伐，罙入其阻，幷敵一向，奪其膽氣。小戰江由，則成都自潰；曜兵劍閣，則姜維面縛。開地六千，領郡三十。兵不踰時，梁益肅清，使竊號之雄，稽顙絳闕，球琳重錦，充於府庫。夫韓幷魏徙，虢滅虞亡，此皆前鑒，後事之表。又南中呂興，深覩天命，蟬蛻內附，願爲臣妾。外失輔車脣齒之援，內有羽毛零落之漸，而徘徊危國，冀延日月，此由魏武侯卻指山河，自以爲强，殊不知物有興亡，則所美非其地也。

方今百僚濟濟，儁乂盈朝，武臣猛將，折衝萬里，國富兵强，六軍精練，思復翰飛，飲馬南海。自頃國家整修器械，興造舟楫，簡習水戰，樓船萬艘，千里相望，刳木已來，舟車之用未有如今之殷盛者也。驍勇百萬，畜力待時。役不再舉，今日之師也。然主相眷眷未便電發者，猶以爲愛人治國，道家所尚，崇城遂卑，文王退舍，故先開大信，喻以存亡，殷勤之指，往使所究也。若能審勢安危，自求多福，蹶然改容，祗承往錫，追慕南越，嬰齊入侍，北面稱臣，伏聽告策，則世祚江表，永爲魏藩，豐功顯報，隆於今日矣。

若猶侮慢，未順王命，然後謀力雲合，指麾從風，雍梁二州，順流而東，青徐戰士，列江而西，荆揚兗豫，爭驅八衢，征東甲卒，武步秣陵，爾乃王輿整駕，六戎徐征，羽校燭日，旌旗星流，龍游曜路，歌吹盈耳，士卒奔邁，其會如林，煙塵俱起，震天駭地，渴賞之士，鋒鏑爭先，忽然一旦，身首橫分，宗祀淪覆，取戒萬世，引領南望，良助寒心！夫療膏肓之疾者，必進苦口之藥；決狐疑之慮者，亦告逆耳之言。如其猶豫，迷而不反，恐俞附見其已死，扁鵲知其無功矣。勉思良圖，惟所去就。

劭等至吳，不敢爲通。

楚後遷佐著作郎，復參石苞驃騎軍事。楚既負其材氣，頗侮易於苞，初至，長揖曰：「天子命我參卿軍事。」因此而嫌隙遂構。苞奏楚與吳人孫世山共訕毀時政，楚亦抗表自理，紛紜經年，事未判，又與鄉人郭奕忿爭。武帝雖不顯明其罪，然以少賤受責，遂湮廢積年。初，參軍不敬府主，楚既輕苞，遂制施敬，自楚始也。

征西將軍、扶風王駿與楚舊好，起爲參軍。轉梁令，遷衞將軍司馬。時龍見武庫井中，羣臣將上賀，楚上言曰：「頃聞武庫井中有二龍，羣臣或有謂之禎祥而稱賀者，或有謂之非祥無所賀者，可謂楚既失之，而齊亦未爲得也。夫龍或俯鱗潛于重泉，或仰攀雲漢游乎蒼昊，而今蟠于坎井，同於蛙蝦者，豈獨管庫之士或有隱伏，厮役之賢沒於行伍？故龍見光景，有所感悟。願陛下赦小過，舉賢才，垂夢於傅巖，望想於渭濱，修學官，起淹滯，申命公卿，舉獨行君子可惇風厲俗者，又舉亮拔秀異之才可以撥煩理難矯世抗言者，無繫世族，必先逸賤。夫戰勝攻取之勢，并兼混一之威，五伯之事，韓白之功耳；至於制禮作樂，闡揚道化，甫是士人出筋力之秋也。伏願陛下擇狂夫之言。」

惠帝初，爲馮翊太守。元康三年卒。〔八〕

初，楚與同郡王濟友善，濟爲本州大中正，訪問銓邑人品狀，至楚，濟曰：「此人非卿所能目，吾自爲之。」乃狀楚曰：「天才英博，亮拔不羣。」楚少時欲隱居，謂濟曰：「當欲枕石漱流。」誤云「漱石枕流」。濟曰：「流非可枕，石非可漱。」楚曰：「所以枕流，欲洗其耳；所以漱石，欲厲其齒。」楚少所推服，惟雅敬濟。初，楚除婦服，作詩以示濟，濟曰：「未知文生於情，情生於文，覽之悽然，增伉儷之重。」

三子：衆、洵、纂。衆及洵俱未仕而早終，〔九〕惟纂子統、綽並知名。

統字承公。幼與綽及從弟盛過江。誕任不羈，而善屬文，時人以爲有楚風。征北將軍褚裒聞其名，命爲參軍，辭不就，家于會稽。性好山水，乃求爲鄞令，轉在吳寧。居職不留心碎務，縱意游肆，名山勝川，靡不窮究。後爲餘姚令，卒。

子騰嗣，以博學著稱，位至廷尉。騰弟登，少善名理，注老子，行于世，仕至尚書郎，早終。

綽字興公。博學善屬文，少與高陽許詢俱有高尚之志。居于會稽，游放山水，十有餘年，乃作遂初賦以致其意。嘗鄙山濤，而謂人曰：「山濤吾所不解，吏非吏，隱非隱，若以元禮門爲龍津，則當點額暴鱗矣。」所居齋前種一株松，恒自守護，鄰人謂之曰：「樹子非不楚楚可憐，但恐永無棟梁日耳。」綽答曰：「楓柳雖復合抱，亦何所施邪！」綽與詢一時名流，或愛詢高邁，則鄙於綽，或愛綽才藻，而無取於詢。沙門支遁試問綽：「君何如許？」答曰：「高情遠致，弟子早已伏膺；然一詠一吟，許將北面矣。」絕重張衡、左思之賦，每云：「三都、二京，五經之鼓吹也。」嘗作天台山賦，辭致甚工，初成，以示友人范榮期，云：「卿試擲地，當作金石聲也。」榮期曰：「恐此金石非中宮商。」然每至佳句，輒云：「應是我輩語。」除著作佐郎，襲爵長樂侯。

綽性通率，好譏調。嘗與習鑿齒共行，綽在前，顧謂鑿齒曰：「沙之汰之，瓦石在後。」鑿齒曰：「簸之颺之，糠秕在前。」

征西將軍庾亮請爲參軍，補章安令，徵拜太學博士，遷尚書郎。揚州刺史殷浩以爲建威長史。會稽內史王羲之引爲右軍長史。轉永嘉太守，遷散騎常侍，領著作郎。

時大司馬桓溫欲經緯中國，以河南粗平，將移都洛陽。朝廷畏溫，不敢爲異，而北土蕭條，人情疑懼，雖並知不可，莫敢先諫。綽乃上疏曰：

伏見征西大將軍臣溫表「便當躬率三軍，討除二寇，蕩滌河渭，淸灑舊京。然後神旂電舒，朝服濟江，反皇居於中土，正玉衡於天極。」斯超世之弘圖，千載之盛事。然臣之所懷，竊有未安，以爲帝王之興，莫不藉地利人和以建功業，貴能以義平暴，因而撫之。懷愍不建，淪胥秦京，遂令胡戎交侵，神州絕綱，土崩之釁，誠由道喪。然中夏蕩蕩，一時橫流，百郡千城曾無完郛者，何哉？亦以地不可守，投奔有所故也。天祚未革，中宗龍飛，非惟信順協於天人而已，實賴萬里長江畫而守之耳。易稱「王公設險以守其國」，險之時義大矣哉！斯已然之明效也。今作勝談，自當任道而遺險；校實量分，不得不保小以固存。自喪亂已來六十餘年，蒼生殄滅，百不遺一，河洛丘虛，函夏蕭條，井堙木刊，阡陌夷滅，生理茫茫，永無依歸。播流江表，已經數世，存者長子老孫，亡者丘隴成行。雖北風之思感其素心，目前之哀實爲交切。若遷都旋軫之日，中興五陵，即復緬成遐域。泰山之安既難以理保，烝烝之思豈不纏於聖心哉！

溫今此舉，誠欲大覽始終，爲國遠圖。向無山陵之急，亦未首決大謀，獨任天下之至難也。今發憤忘食，忠慨亮到，凡在有心，孰不致感！而百姓震駭，同懷危懼者，豈不以反舊之樂賒，而趣死之憂促哉！何者？植根於江外數十年矣，一朝拔之，頓驅蹴於空荒之地，提挈萬里，踰險浮深，離墳墓，棄生業，富者無三年之糧，貧者無一飡之飯，田宅不可復售，舟車無從而得，捨安樂之國，適習亂之鄉，出必安之地，就累卵之危，將頓仆道塗，飄溺江川，僅有達者。夫國以人爲本，疾寇所以爲人，衆喪而寇除，亦安所取裁？此仁者所宜哀矜，國家所宜深慮也。自古今帝王之都，豈有常所，時隆則宅中而圖大，勢屈則遵養以待會。使德不可勝，家有三年之積，然後始可謀太平之事耳。今天時人事，有未至者矣，一朝欲一宇宙，無乃頓而難舉乎？

臣之愚計，以爲且可更遣一將有威名資實者，先鎮洛陽，於陵所築二壘以奉衞山陵，掃平梁許，清一河南，運漕之路既通，然後盡力於開墾，廣田積穀，漸爲徙者之資。如此，賊見亡徵，勢必遠竄。如其迷逆不化，復欲送死者，南北諸軍風馳電赴，若身手之救痛痒，率然之應首尾，山陵既固，中夏小康。陛下且端委紫極，增修德政，躬行漢文簡樸之至，去小惠，節游費，審官人，練甲兵，以養士滅寇爲先。十年行之，無使隳廢，則貧者殖其財，怯者充其勇，人知天德，赴死如歸，以此致政，猶運諸掌握。何故捨百勝之長理，舉天下而一擲哉！陛下春秋方富，溫克壯其猷，君臣相與，弘養德業，括囊元吉，豈不快乎！

今溫唱高議，聖朝互同，臣以輕微，獨獻管見。出言之難，實在今日，而臣區區必聞天聽者，竊以無諱之朝，〔一〇〕狂瞽進說，芻蕘之謀，聖賢所察，所以不勝至憂，觸冒干陳。若陛下垂神，溫少留思，豈非屈於一人而允億兆之願哉！如以干忤罪大，欲加顯戮，使丹誠上達，退受刑誅，雖沒泉壤，尸且不朽。

桓溫見綽表，不悅，曰：「致意興公，何不尋君遂初賦，知人家國事邪！」尋轉廷尉卿，領著作。綽少以文才垂稱，于時文士，綽為其冠。溫、王、郗、庾諸公之薨，必須綽為碑文，然後刊石焉。年五十八，卒。

子嗣，有綽風，文章相亞，位至中軍參軍，早亡。

史臣曰：江統風檢操行，良有可稱，陳留多士，斯為其冠。徙戎之論，實乃經國遠圖。然運距中衰，陵替有漸，假其言見用，恐速禍招怨，無救於將顛也。逮愍懷廢徙，冒禁拜辭，所謂命輕鴻毛，義貴熊掌。彪位隆端右，竭誠獻替。惇遺忽榮利，聿修天爵。雖出處異塗，俱難兄弟矣。孫楚體英絢之姿，超然出類，見知武子，誠無媿色。覽其貽皓之書，諒曩代之佳筆也。而負才誕傲，蔑苞忿奕，違遜讓之道，肆陵憤之氣，丁年沈廢，諒自取矣。統綽棣華秀發，名顯中興，可謂無忝爾祖。統竟淪跡下邑，窮觀勝地，會其心焉。綽獻直論辭，都不慴元子，有匪躬之節，豈徒文雅而已哉！

贊曰：應元蹈義，子荆越俗。江寡悔尤，孫貽擯辱。彪統昆弟，江左馳聲。彬彬藻思，綽冠羣英。

校勘記

〔一〕夫夷蠻戎狄謂之四夷　「四夷」，各本作「四海」，今從吳本。册府九九〇亦作「四夷」。

〔二〕爲寇賊強暴　「爲」，册府九九〇作「雖」，疑是。

〔三〕嘉左衽之功　「嘉」，各本作「加」，今從吳本。册府九九〇、通典一八九、通志一二四下均作「嘉」。

〔四〕夷夏俱斃　「斃」，通鑑八三作「敝」，羣書治要三〇、通典一八九、通志一二四下作「弊」。「敝」「弊」同，疑「斃」爲誤字。

〔五〕干瓚　見卷八校記。

〔六〕孫統綽　原目作「子衆洵纂纂子統綽」。按：正文楚三子無傳，唯楚孫統、綽有傳，今改正。

〔七〕文帝遺符劭孫郁使吳　斠注：文帝紀、吳志三嗣主傳、文選爲石仲容與孫晧書注引臧榮緒晉書，

「符」並作「徐」。文紀、魏志陳留王紀「郁」並作「彧」。參卷二校記。

〔八〕元康三年卒　「元康」，各本作「太康」，今從宋本。

〔九〕三子至洵俱未仕而早終　孫洵，孫盛傳及魏志劉放傳注引晉陽秋俱云爲潁川太守，非未仕。

〔一〇〕竊以無諱之朝　「竊」，各本作「切」，今從宋本。通志一二四下亦作「竊」。

晉書卷五十七

列傳第二十七

羅憲 兄子尚

羅憲字令則，襄陽人也。父蒙，蜀廣漢太守。憲年十三，能屬文，早知名。師事譙周，周門人稱爲子貢。性方亮嚴整，待士無倦，輕財好施，不營產業。仕蜀爲太子舍人、宣信校尉。再使於吳，吳人稱焉。

時黃皓預政，衆多附之，憲獨介然。皓恚之，左遷巴東太守。時大將軍閻宇都督巴東，拜憲領軍，爲宇副貳。魏之伐蜀，召宇西還，憲守永安城。及成都敗，城中擾動，邊江長吏皆棄城走，憲斬亂者一人，百姓乃安。知劉禪降，乃率所統臨于都亭三日。吳聞蜀敗，遣將軍盛憲西上，〔一〕外託救援，內欲襲憲。憲曰：「本朝傾覆，吳爲脣齒，不恤我難，而邀其利，吾寧當爲降虜乎！」乃歸順。於是繕甲完聚，厲以節義，士皆用命。及鍾會、鄧艾死，百城無主，吳又使步協西征，憲大破其軍。孫休怒，又遣陸抗助協。憲距守經年，救援不至，城中疾疫太半。或勸南出牂柯，北奔上庸，可以保全。憲曰：「夫爲人主，百姓所仰，既不能存，急而棄之，君子不爲也。畢命於此矣。」會荊州刺史胡烈等救之，抗退。加陵江將軍、監巴東軍事、使持節，領武陵太守。

泰始初入朝，詔曰：「憲忠烈果毅，有才策器幹，可給鼓吹。」又賜山玄玉佩劍。泰始六年卒，贈使持節、安南將軍、武陵太守，追封西鄂侯，謚曰烈。

初，憲侍讌華林園，詔問蜀大臣子弟，後問先輩宜時敍用者，憲薦蜀人常忌、杜軫等，皆西國之良器，武帝並召而任之。

子襲，歷給事中、陵江將軍，統其父部曲，至廣漢太守。兄子尙。

尙字敬之，一名仲。父式，牂柯太守。尙少孤，依叔父憲。善屬文。荊州刺史王戎以尙及劉喬爲參軍，並委任之。太康末，爲梁州刺史。

及趙廞反于蜀，尙表曰：「廞非雄才，必無所成，計日聽其敗耳。」乃假尙節爲平西將軍、益州刺史、西戎校尉。性貪，少斷，蜀人言曰：「尙之所愛，非邪則佞；尙之所憎，非忠則正。富擬魯衞，家成市里；貪如豺狼，無復極已。」又曰：「蜀賊尙可，羅尙殺我。平西將軍，反更爲禍。」

時李特亦起於蜀，攻蜀，殺趙廞。又攻尙於成都，尙退保江陽。初，尙乞師方嶽，荆州刺史宗岱率建平太守孫阜救之，〔二〕次于江州。岱、阜兵盛，諸爲寇所逼者，人有奮志。尙乃使兵曹從事任銳僞降，〔三〕因出密宣告于外，剋日俱擊，遂大破之，斬李特，傳首洛陽。特子雄僭號，都于郫城。尙遣將軍隗伯攻之，不克。俄而尙卒，雄遂據有蜀土。

滕脩

滕脩字顯先，南陽西鄂人也。仕吳爲將帥，封西鄂侯。孫晧時，代熊睦爲廣州刺史，甚有威惠。徵爲執金吾。廣州部曲督郭馬等爲亂，晧以脩宿有威惠，爲嶺表所伏，以爲使持節、都督廣州軍事、鎭南將軍、廣州牧以討之。未克而王師伐吳，脩率衆赴難。至巴丘而晧已降，乃縞素流涕而還，與廣州刺史閭豐、蒼梧太守王毅各送印綬，詔以脩爲安南將軍，廣州牧、持節、都督如故，封武當侯，加鼓吹，委以南方事。脩在南積年，爲邊夷所附。

太康九年卒，請葬京師，帝嘉其意，賜墓田一頃，謚曰聲。脩之子並上表曰：「亡父脩羈紲吳壤，爲所驅馳；幸逢開通，沐浴至化，得從俘虜握戎馬之要；未覲聖顏，委南藩之重，實由勳勞少聞天聽故也。年衰疾篤，屢乞骸骨，未蒙垂哀，奄至薨隕。臣承遺意，輿櫬還都，瞻望雲闕，實懷痛裂。竊聞博士諡脩曰聲，直彰流播，不稱行績，不勝愚情，冒昧聞訴。」帝乃賜諡曰忠。

並子舍，初爲庾冰輕車長史，討蘇峻有功，封夏陽縣開國侯，邑千六百戶，授平南將軍、廣州刺史。在任積年，甚有威惠，卒諡曰戴。舍弟子遯，交州刺史。

脩曾孫恬之，龍驤將軍、魏郡太守，戍黎陽，爲翟遼所執，死之。

馬隆

馬隆字孝興，東平平陸人。少而智勇，好立名節。魏兗州刺史令狐愚坐事伏誅，舉州無敢收者。隆以武吏託稱愚客，以私財殯葬，服喪三年，列植松柏，禮畢乃還，一州以爲美談。署武猛從事。

泰始中，將興伐吳之役，下詔曰：「吳會未平，宜得猛士以濟武功。雖舊有薦舉之法，未足以盡殊才。其普告州郡，有壯勇秀異才力傑出者，皆以名聞，將簡其尤異，擢而用之。苟有其人，勿限所取。」兗州舉隆才堪良將。稍遷司馬督。

初，涼州刺史楊欣失羌戎之和，隆陳其必敗。俄而欣爲虜所沒，河西斷絕，帝每有西顧之憂，臨朝而歎曰：「誰能爲我討此虜通涼州者乎？」朝臣莫對。隆進曰：「陛下若能任臣，臣能平之。」帝曰：「必能滅賊，何爲不任，顧卿方略何如耳。」隆曰：「陛下若能任臣，當聽臣自任。」帝曰：「云何？」隆曰：「臣請募勇士三千人，無問所從來，率之鼓行而西，稟陛下威德，醜虜何足滅哉！」帝許之，乃以隆爲武威太守。公卿僉曰：「六軍既衆，州郡兵多，但當用之，不宜橫設賞募以亂常典。」隆小將妄說，不可從也。」帝弗納。隆募限腰引弩三十六鈞、弓四鈞，立標簡試。自旦至中，得三千五百人，隆曰：「足矣。」因請自至武庫選杖。武庫令與隆忿爭，御史中丞奏劾隆，隆曰：「臣當亡命戰場，以報所受，武庫令乃以魏時朽杖見給，不可復用，非陛下使臣滅賊意也。」帝從之，又給其三年軍資。隆於是西渡溫水。虜樹機能等以衆萬計，或乘險以遏隆前，或設伏以截隆後。隆依八陣圖作偏箱車，地廣則鹿角車營，路狹則爲木屋施於車上，且戰且前，弓矢所及，應弦而倒。奇謀間發，出敵不意。或夾道累磁石，賊負鐵鎧，行不得前，隆卒悉被犀甲，無所留礙，賊咸以爲神。轉戰千里，殺傷以千數。自隆之西，音問斷絕，朝廷憂之，或謂已沒。後隆使夜到，帝撫掌歡笑。詰朝，召羣臣謂曰：「若從諸卿言，是無秦涼也。」乃詔曰：「隆以偏師寡衆，奮不顧難，冒險能濟，其假節、宣威將軍，加赤幢、曲蓋、鼓吹。」隆到武威，虜大人猝跋韓、且萬能等率萬餘落歸降，前後誅殺及降附者以萬計。又率善戎沒骨能等與樹機能大戰，斬之，涼州遂平。朝議將加隆將士勳賞，有司奏隆將士皆先加顯爵，不應更授。衞將軍楊珧駁曰：「前精募將士，少加爵命者，此適所以爲誘引。今隆全軍獨克，西土獲安，不得便以前授塞此後功，宜皆聽許，以明要信。」乃從珧議，賜爵加秩各有差。

太康初，朝廷以西平荒毁，宜時興復，以隆爲平虜護軍、西平太守，將所領精兵，又給牙門一軍，屯據西平。時南虜成奚每爲邊患，隆至，帥軍討之。虜據險距守，隆令軍士皆負農器，將若田者。虜以隆無征討意，御衆稍怠。隆因其無備，進兵擊破之。畢隆之政，不敢爲寇。

太熙初，封奉高縣侯，加授東羌校尉。積十餘年，威信震於隴右。時略陽太守馮翊嚴舒與楊駿通親，密圖代隆，毁隆年老謬耄，不宜服戎，於是徵隆，以舒代鎮。氐羌聚結，百姓驚懼。朝廷恐關隴復擾，乃免舒，遣隆復職，竟卒于官。

子咸嗣，亦驍勇。成都王穎攻長沙王乂，以咸爲鷹揚將軍，率兵屯河橋中渚，爲乂將王瑚所敗，没於陣。

胡奮

胡奮字玄威，安定臨涇人也，魏車騎將軍陰密侯遵之子也。奮性開朗，有籌略，少好武事。宣帝之伐遼東也，以白衣侍從左右，甚見接待。還爲校尉，稍遷徐州刺史，封夏陽子。匈奴中部帥劉猛叛，使驍騎路蕃討之，以奮爲監軍、假節，頓軍陘北，爲蕃後繼。擊猛，破之，猛帳下將李恪斬猛而降。以功累遷征南將軍、假節、都督荊州諸軍事，遷護軍，加散騎常侍。奮家世將門，晚乃好學，有刀筆之用，所在有聲績，居邊特有威惠。

泰始末，武帝怠政事而耽於色，大採擇公卿女以充六宮，奮女選入爲貴人。奮唯有一子，爲南陽王友，早亡。及聞女爲貴人，哭曰：「老奴不死，唯有二兒，男入九地之下，女上九天之上。」奮既舊臣，兼有椒房之助，甚見寵待。遷左僕射，加鎮軍大將軍、開府儀同三司。時楊駿以后父驕傲自得，奮謂駿曰：「卿恃女更益豪邪？歷觀前代，與天家婚，未有不滅門者，但早晚事耳。觀卿舉措，適所以速禍。」駿曰：「卿女不在天家乎？」奮曰：「我女與卿女作婢耳，何能損益！」時人皆爲之懼。駿雖銜之，而不能害。後卒於官，贈車騎將軍，謚曰壯。奮兄弟六人，兄廣，弟烈，並知名。

廣字宣祖，位至散騎常侍、少府。廣子喜，字林甫，亦以開濟爲稱，仕至涼州刺史、建武將軍、假節、護羌校尉。

烈字武玄，爲將伐蜀。鍾會之反也，烈與諸將皆被閉。烈子世元，時年十八，爲士卒先，攻殺會，名馳遠近。烈爲秦州刺史，及涼州叛，烈屯於萬斛堆，爲虜所圍，無援，遇害。

陶璜

陶璜字世英，丹楊秣陵人也。父基，吳交州刺史。璜仕吳歷顯位。

孫晧時，交阯太守孫諝貪暴，爲百姓所患。會察戰鄧荀至，〔四〕擅調孔雀三千頭，遣送秣陵，既苦遠役，咸思爲亂。郡吏呂興殺諝及荀，以郡內附。武帝拜興安南將軍、交阯太守。尋爲其功曹李統所殺，帝更以建寧爨谷爲交阯太守。谷又死，更遣巴西馬融代之。融病卒，南中監軍霍弋又遣犍爲楊稷代融，與將軍毛炅、九眞太守董元、牙門孟幹、孟通、李松、王業、〔五〕爨能等，自蜀出交阯，破吳軍於古城，斬大都督脩則、交州刺史劉俊。吳遣虞汜爲監軍，薛珝爲威南將軍、大都督，璜爲蒼梧太守，距稷，戰于分水。璜敗，退保合浦，亡其二將。珝怒，謂璜曰：「若自表討賊，而喪二帥，其責安在？」璜曰：「下官不得行意，諸軍不相順，故致敗耳。」珝怒，欲引軍還。璜夜以數百兵襲董元，獲其寶物，船載而歸，珝乃謝之，以璜領交州，爲前部督。璜從海道出於不意，徑至交阯，元距之。諸將將戰，璜疑斷牆內有伏兵，列長戟於其後。兵纔接，元僞退，璜追之，伏兵果出，長戟逆之，大破元等。以前所得寶船上錦物數千匹遺扶嚴賊帥梁奇，奇將萬餘人助璜。元有勇將解系同在城內，璜誘其弟象，使爲書與系，又使象乘璜軺車，鼓吹導從而行。元等曰：「象尚若此，系必有去志。」乃就殺之。玥、璜遂陷交阯。吳因用璜爲交州刺史。

璜有謀策，周窮好施，能得人心。滕脩數討南賊，不能制，璜曰：「南岸仰吾鹽鐵，斷勿與市，皆壞爲田器。如此二年，可一戰而滅也。」脩從之，果破賊。

初，霍弋之遣稷、炅等，與之誓曰：「若賊圍城未百日而降者，家屬誅；若過百日救兵不至，吾受其罪。」稷等守未百日，糧盡，乞降，璜不許，給其糧使守。諸將並諫，璜曰：「霍弋已死，不能救稷等必矣，可須其日滿，然後受降，使彼得無罪，我受有義，內訓百姓，外懷鄰國，不亦可乎！」稷等期訖糧盡，救兵不至，乃納之。脩則既爲毛炅所殺，則子允隨璜南征，城既降，允求復讐，璜不許。炅密謀襲璜，事覺，收炅，呵曰：「晉賊！」炅厲聲曰：「吳狗！何等爲賊？」允剖其腹，曰：「復能作賊不？」炅猶罵曰：「吾志殺汝孫晧，汝父何死狗也！」璜既擒稷等，並送之。稷至合浦，發病死。孟幹、爨能、李松等至建鄴，晧將殺之。或勸晧，幹等忠於所事，宜宥之以勸邊將，晧從其言，將徙之臨海。幹等志欲北歸，慮東徙轉遠，以吳人愛蜀側竹弩，言能作之，晧留付作部。後幹逃至京都，松、能爲晧所殺。幹陳伐吳之計，帝乃厚加賞賜，以爲日南太守。先是，以楊稷爲交州刺史，毛炅爲交阯太守，印綬未至而敗，即贈稷交州，炅及松能子並關內侯。

九眞郡功曹李祚保郡內附，璜遣將攻之，不克。祚舅黎晃隨軍，勸祚令降。祚答曰：

「舅自吳將，祚自晉臣，唯力是視耳。」踰時乃拔。皓以璜爲使持節、都督交州諸軍事、前將軍、交州牧。武平、九德、新昌土地阻險，夷獠勁悍，歷世不賓，璜征討，開置三郡，及九眞屬國三十餘縣。徵璜爲武昌都督，以合浦太守脩允代之。交土人請留璜以千數，於是遣還。

皓既降晉，手書遣璜息融敕璜歸順。璜流涕數日，遣使送印綬詣洛陽。帝詔復其本職，封宛陵侯，改爲冠軍將軍。

吳既平，普減州郡兵，璜上言曰：「交土荒裔，斗絕一方，或重譯而言，連帶山海。又南郡去州海行千有餘里，〔六〕外距林邑纔七百里。夷帥范熊世爲逋寇，自稱爲王，數攻百姓。且連接扶南，種類猥多，朋黨相倚，負險不賓。往隸吳時，數作寇逆，攻破郡縣，殺害長吏。臣以尫駑，昔爲故國所採，偏戍在南，十有餘年。雖前後征討，翦其魁桀，深山僻穴，尚有逋竄。又臣所統之卒本七千餘人，南土溫溼，多有氣毒，加累年征討，死亡減耗，其見在者二千四百二十人。今四海混同，無思不服，當卷甲消刃，禮樂是務。而此州之人，識義者寡，厭其安樂，好爲禍亂。又廣州南岸，周旋六千餘里，不賓屬者乃五萬餘戶，及桂林不羈之輩，復當萬戶。至於服從官役，纔五千餘家。二州脣齒，唯兵是鎮。又寧州興古接據上流，去交阯郡千六百里，水陸並通，互相維衞。州兵未宜約損，以示單虛。夫風塵之變，出於非常。臣亡國之餘，議不足採，聖恩廣厚，猥垂飾擢，蠲其罪釁，改授方任，去辱卽寵，拭目更視，誓念投命，以報所受，臨履所見，謹冒瞽陳。」又以「合浦郡土地磽确，無有田農，百姓唯以采珠爲業，商賈去來，以珠貿米。而吳時珠禁甚嚴，慮百姓私散好珠，禁絕來去，人以饑困。又所調猥多，限每不充。今請上珠三分輸二，次者輸一，粗者蠲除。自十月訖二月，非採上珠之時，聽商旅往來如舊」。並從之。

在南三十年，威恩著于殊俗。及卒，舉州號哭，如喪慈親。朝廷乃以員外散騎常侍吾彥代璜。彥卒，又以員外散騎常侍顧祕代彥。祕卒，州人逼祕子參領州事。參尋卒，參弟壽求領州，州人不聽，固求之，遂領州。壽乃殺長史胡肇等，又將殺帳下督梁碩，碩走得免，起兵討壽，禽之，付壽母，令鴆殺之。碩乃迎璜子蒼梧太守威領刺史，在職甚得百姓心，三年卒。威弟淑，子綏，後並爲交州。自基至綏四世，爲交州者五人。

璜弟濬，吳鎮南大將軍、荆州牧。濬弟抗，太子中庶子。濬子湮，字恭之；湮弟猷，字恭豫，並有名。湮至臨海太守、黄門侍郎。猷宣城內史，王導右軍長史。湮子馥，于湖令，爲韓晃所殺，追贈廬江太守。抗子回，自有傳。

吾彥

吾彥字士則，吳郡吳人也。出自寒微，有文武才幹。身長八尺，手格猛獸，旅力絕羣。

仕吳爲通江吏。時將軍薛珝杖節南征，軍容甚盛，彥觀之，慨然而歎。有善相者劉札謂之曰：「以君之相，後當至此，不足慕也。」

初爲小將，給吳大司馬陸抗。抗奇其勇略，將拔用之，患衆情不允，乃會諸將，密使人陽狂拔刀跳躍而來，坐上諸將皆懼而走，唯彥不動，舉几禦之，衆服其勇，乃擢用焉。

稍遷建平太守。時王濬將伐吳，造船於蜀，彥覺之，請增兵爲備，皓不從，彥乃輒爲鐵鎖，橫斷江路。及師臨境，緣江諸城皆望風降附，或見攻而拔，唯彥堅守，大衆攻之不能克，乃退舍禮之。

吳亡，彥始歸降，武帝以爲金城太守。帝嘗從容問薛瑩曰：「孫皓所以亡國者何也？」瑩對曰：「歸命侯臣皓之君吳，昵近小人，刑罰妄加，大臣大將無所親信，人人憂恐，各不自安，敗亡之釁，由此而作矣。」其後帝又問彥，對曰：「吳主英俊，宰輔賢明。」帝笑曰：「君明臣賢，何爲亡國？」彥曰：「天祿永終，曆數有屬，所以爲陛下擒。此蓋天時，豈人事也！」張華時在坐，謂彥曰：「君爲吳將，積有歲年，蔑爾無聞，竊所惑矣。」彥厲聲曰：「陛下知我，而卿不聞乎？」帝甚嘉之。

轉在敦煌，威恩甚著。遷雁門太守。時順陽王暢驕縱，前後內史皆誣之以罪。及彥爲順陽內史，彥清身率下，威刑嚴肅，衆皆畏懼。暢不能誣，乃更薦之，冀其去職。遷員外散騎常侍。帝嘗問彥：「陸喜、陸抗二人誰多也？」彥對曰：「道德名望，抗不及喜；立功立事，喜不及抗。」

會交州刺史陶璜卒，以彥爲南中都督、交州刺史。重餉陸機兄弟，機將受之，雲曰：「彥本微賤，爲先公所拔，而答詔不善，安可受之！」機乃止。因此每毀之。長沙孝廉尹虞謂機等曰：「自古由賤而興者，乃有帝王，何但公卿。若何元幹、侯孝明、唐儒宗、張義允等，並起自寒微，皆內侍外鎭，人無譏者。卿以士則答詔小有不善，毀之無已，吾恐南人皆將去卿，卿便獨坐也。」於是機等意始解，毀言漸息矣。

初，陶璜之死也，九眞戍兵作亂，逐其太守，九眞賊帥趙祉圍郡城，彥悉討平之。在鎭二十餘年，威恩宣著，南州寧靖。自表求代，徵爲大長秋。卒於官。

張光

張光字景武，江夏鍾武人也。身長八尺，明眉目，美音聲。少爲郡吏，家世有部曲，以牙門將伐吳有功，遷江夏西部都尉，轉北地都尉。

初，趙王倫爲關中都督，氐羌反叛，太守張損戰沒，郡縣吏士少有全者。光以百餘人戍馬蘭山北，賊圍之百餘日。光撫厲將士，屢出奇兵擊賊，破之。光以兵少路遠，自分敗沒。

會梁王肜遣司馬索靖將兵迎光，舉軍悲泣，遂還長安。肜表光「處絕圍之地，有耿恭之忠，宜加甄賞，以明獎勸」。於是擢授新平太守，加鼓吹。

屬雍州刺史劉沈被密詔討河間王顒，光起兵助沈。沈時委任秦州刺史皇甫重，重自以關西大族，心每輕光，謀多不用。及二州軍潰，爲顒所擒，顒謂光曰：「前起兵欲作何策？」光正色答曰：「但劉雍州不用鄙計，故令大王得有今日也。」顒壯之，引與歡宴彌日，表爲右衞司馬。

陳敏作亂，除光順陽太守，加陵江將軍，率步騎五千詣荆州討之。刺史劉弘雅敬重光，稱爲南楚之秀。時江夏太守陶侃與敏大將錢端相距於長岐，將戰，襄陽太守皮初爲步軍，使光設伏以待之，武陵太守苗光爲水軍，藏舟艦於沔水。皮初等與賊交戰，光發伏兵應之，水陸同奮，賊衆大敗。弘表光有殊勳，遷材官將軍、梁州刺史。

先是，秦州人鄧定等二千餘家，饑餓流入漢中，保于成固，〔七〕漸爲抄盜。梁州刺史張殷遣巴西太守張燕討之。定窘急，僞乞降于燕，幷餽燕金銀，燕喜，爲之緩師。定密結李雄，雄遣衆救定，燕退，定遂進逼漢中。太守杜正沖東奔魏興，〔八〕殷亦棄官而遁。光不得赴州，止於魏興，乃結諸郡守共謀進取。燕唱言曰：「漢中荒敗，迫近大賊，克復之事，當俟英雄。」正沖曰：「張燕受賊金銀，不時進討，阻兵緩寇，致喪漢中，實燕之罪也。」光於是發怒，呵燕令出，斬之以徇。綏撫荒殘，百姓悅服。光於是卻鎮漢中。

時逆賊王如餘黨李運、楊武等，自襄陽將三千餘家入漢中，光遣參軍晉邈率衆於黃金距之。邈受運重賂，勸光納運。光從邈言，使居成固。既而邈以運多珍貨，又欲奪之，復言於光曰：「運之徒屬不事佃農，但營器杖，意在難測，可掩而取之。」光又信焉。遣邈衆討運，不克。光乞師於氐王楊茂搜，茂搜遣子難敵助之。難敵求貨於光，光不與。楊武乃厚賂難敵，謂之曰：「流人寶物悉在光處，今伐我，不如伐光。」難敵大喜，聲言助光，內與運同，光弗之知也，遣息援率衆助邈。運與難敵夾攻邈等，援爲流矢所中死，賊遂大盛。光嬰城固守，自夏迄冬，憤激成疾。佐吏及百姓咸勸光退據魏興，光按劍曰：「吾受國厚恩，不能翦除寇賊，今得自死，便如登仙，何得退還也！」聲絕而卒，時年五十五。百姓悲泣，遠近傷惜之。有二子：炅、邁。

炅少辟太宰掾。邁多才略，有父風。州人推邁權領州事，與賊戰沒。別駕范曠及督護王喬奉光妻息，率其遺衆，還據魏興。其後義陽太守任愔爲梁州，光妻子歸本郡。南平太守應詹白都督王敦，稱「光在梁州能興微繼絕，威振巴漢。值中原傾覆，征鎮失守，外無救助，內闕資儲，以寡敵衆，經年抗禦，厲節不撓，宜應追論顯贈，以慰存亡」。敦不能從。

趙誘

趙誘字元孫，淮南人也。世以將顯。州辟主簿。值刺史郗隆被齊王冏檄，使起兵討趙王倫，隆欲承檄舉義，而諸子姪並在洛陽，欲坐觀成敗，恐爲冏所討，進退有疑，會羣吏計議。誘說隆曰：「趙王篡逆，海內所病。今義兵飈起，其敗必矣。今爲明使君計，莫若自將精兵，徑赴許昌，上策也。不然，且可留後，遣猛將將兵會盟，亦中策也。若遣小軍隨形助勝，下策耳。」隆曰：「我受二帝恩，無所偏助，正欲保州而已。」誘與治中留寶、主簿張褒等諫隆：「若無所助，變難將生，州亦不可保也。」隆猶豫不決，遂爲其下所害。

誘還家，杜門不出。左將軍王敦以爲參軍，加廣武將軍，與甘卓、周訪共討華軼，破之。又擊杜弢於西湘。太興初，復與卓攻弢，滅之。累功賜爵平阿縣侯，代陶侃爲武昌太守。時杜曾迎第五猗於荆州作亂，敦遣誘與襄陽太守朱軌共距之。猗既愍帝所遣，加有時望，爲荆楚所歸。誘等苦戰皆沒，敦甚悼惜之，表贈征虜將軍、秦州刺史，謚曰敬。

子龔，與誘俱死。元帝爲晉王，下令贈新昌太守。龔弟胤，字伯舒。王敦使周訪擊杜曾，胤請從行。訪憚曾之强，欲先以胤餌曾，使其衆疲而後擊之。胤多梟首級。王導引爲從事中郎。南頓王宗反，胤殺宗，於是王導、庾亮並倚杖之。轉冠軍將軍，遷西豫州刺史，〔九〕卒於官。

史臣曰：忠爲令德，貞曰事君，徇國家而竭身，歷夷險而一節。羅憲、滕脩，濯纓入仕，指巴東而受賑，出嶺嶠而揚麾。屬鼎命淪胥，本朝失守，屈巴丘而流涕，集都亭而大臨。古之忠烈，罕輩于茲！孝興之智勇，玄威之武藝，滅醜虜於河西，制凶酋於磴北，審楊欣之必敗，譏楊駿之速禍。陶璜、吾彥，逸足齊驅，毛炅屈其深謀，陸抗奇其茂略。薪槱之任，淸規自遠；鼙鼓之臣，厥聲彌劭。景武，南楚秀士；元孫，累葉將門，赴死喻於登仙，效誠陳於上策，竟而俱斃，貞則斯存。

贊曰：憲居玉壘，才博流譽。脩赴石門，惠政攸著。孝興、玄威，操履無違。愚墳畢禮，楊門致譏。璜謀超絕，彥材雄傑。潛師襲董，覯兵歎薛。惟趙與張，神略多方。作尉北地，立功西湘。

校勘記

〔一〕盛憲　校文：吳志孫休傳作「盛曼」。

〔二〕宗岱　惠紀、李特載記作「宋岱」。

〔三〕任銳　考異：李特載記作「任明」，蜀錄作「任叡」，當以「叡」爲本名。按：通鑑八五亦作「任叡」。

〔四〕鄧荀　魏志陳留王紀作「鄧句」。

〔五〕王業　通鑑七八作「王素」。

〔六〕又南郡去州海行千有餘里　李校：「南」上當脫「日」字。

〔七〕成固　原作「城固」，據下文及地理志上、通鑑八六改。

〔八〕杜正沖　通鑑八六作「杜孟治」。

〔九〕遷西豫州刺史　勞校：「西」字衍。

晉書卷五十八

列傳第二十八

周處 子玘 玘子勰 玘弟札 札兄子莚

周處字子隱，義興陽羨人也。父魴，吳鄱陽太守。處少孤，未弱冠，膂力絕人，好馳騁田獵，不脩細行，縱情肆慾，州曲患之。處自知爲人所惡，乃慨然有改勵之志，謂父老曰：「今時和歲豐，何苦而不樂耶？」父老歎曰：「三害未除，何樂之有！」處曰：「何謂也？」答曰：「南山白額猛獸，長橋下蛟，幷子爲三矣。」處曰：「若此爲患，吾能除之。」父老曰：「子若除之，則一郡之大慶，非徒去害而已。」處乃入山射殺猛獸，因投水搏蛟，蛟或沈或浮，行數十里，而處與之俱，經三日三夜，人謂死，〔一〕皆相慶賀。處果殺蛟而反，聞鄉里相慶，始知人患己之甚，乃入吳尋二陸。時機不在，見雲，具以情告，曰：「欲自修而年已蹉跎，恐將無及。」雲曰：「古人貴朝聞夕改，君前塗尚可，且患志之不立，何憂名之不彰！」處遂勵志好學，有文思，志存義烈，言必忠信克己。朞年，州府交辟。仕吳爲東觀左丞。孫晧末，爲無難督。

及吳平，王渾登建鄴宮釃酒，既酣，謂吳人曰：「諸君亡國之餘，得無感乎？」處對曰：「漢末分崩，三國鼎立，魏滅於前，吳亡於後，亡國之感，豈惟一人！」渾有慚色。

入洛，稍遷新平太守，撫和戎狄，叛羌歸附，雍土美之。轉廣漢太守。郡多滯訟，有經三十年而不決者，處詳其枉直，一朝決遣。以母老罷歸。尋除楚內史，未之官，徵拜散騎常侍。處曰：「古人辭大不辭小。」乃先之楚。而郡既經喪亂，新舊雜居，風俗未一，處敦以教義，又檢尸骸無主及白骨在野收葬之，然始就徵，〔三〕遠近稱歎。

及居近侍，多所規諷。遷御史中丞，凡所糾劾，不避寵戚。梁王肜違法，處深文案之。及氐人齊萬年反，朝臣惡處强直，皆曰：「處，吳之名將子也，忠烈果毅。」乃使隸夏侯駿西征。伏波將軍孫秀知其將死，謂之曰：「卿有老母，可以此辭也。」處曰：「忠孝之道，安得兩全！既辭親事君，父母復安得而子乎？今日是我死所也。」萬年聞之，曰：「周府君昔臨新平，我知其爲人，才兼文武，若專斷而來，不可當也。如受制於人，此成擒耳。」既而梁王肜爲征西大將軍、都督關中諸軍事。處知肜不平，必當陷己，自以人臣盡節，不宜辭憚，乃悲慨卽路，志不生還。中書令陳準知肜將逞宿憾，乃言於朝曰：「駿及梁王皆是貴戚，非將率之才，進不求名，退不畏咎。周處吳人，忠勇果勁，有怨無援，將必喪身。宜詔孟觀以精兵萬人，爲處前鋒，必能殄寇。不然，肜當使處先驅，其敗必也。」朝廷不從。時賊屯梁山，有衆七萬，而駿逼處以五千兵擊之。處曰：「軍無後繼，必至覆敗，雖在亡身，爲國取恥。」肜復命處進討，乃與振威將軍盧播、雍州刺史解系攻萬年於六陌。將戰，處軍人未食，肜促令速進，而絕其後繼。處知必敗，賦詩曰：「去去世事已，策馬觀西戎。藜藿甘粱黍，期之克令終。」言畢而戰，自旦及暮，斬首萬計。弦絕矢盡，播、系不救。左右勸退，處按劍曰：「此是吾效節授命之日，何退之爲！且古者良將受命，鑿凶門以出，〔三〕蓋有進無退也。今諸軍負信，勢必不振。我爲大臣，以身徇國，不亦可乎！」遂力戰而沒。追贈平西將軍，賜錢百萬，葬地一頃，京城地五十畝爲第，又賜王家近田五頃。詔曰：「處母年老，加以遠人，朕每愍念，給其醫藥酒米，賜以終年。」

處著默語三十篇及風土記，并撰集吳書。時潘岳奉詔作關中詩曰：「周徇師令，身膏齊斧。人之云亡，貞節克舉。」又西戎校尉閻纘亦上詩云：「周全其節，令問不已。身雖云沒，書名良史。」及元帝爲晉王，將加處策謚，太常賀循議曰：「處履德清方，才量高出；歷守四郡，安人立政；入司百僚，貞節不撓；在戎致身，見危授命：此皆忠賢之茂實，烈士之遠節。案謚法執德不回曰孝。」遂以謚焉。有三子：玘、靖、札。靖早卒，玘、札並知名。

玘字宣佩。强毅沈斷有父風，而文學不及。閉門潔己，不妄交遊，士友咸望風敬憚焉，故名重一方。弱冠，州郡命，不就。〔四〕刺史初到，召爲別駕從事，虚己備禮，方始應命。累薦名宰府，舉秀才，除議郎。

太安初，妖賊張昌、丘沈等聚衆於江夏，百姓從之如歸。惠帝使監軍華宏討之，敗于障山。昌等浸盛，殺平南將軍羊伊，鎮南大將軍、新野王歆等，所在覆沒。昌别率封雲攻徐州，石冰攻揚州，刺史陳徽出奔，冰遂略有揚土。玘密欲討冰，潛結前南平內史王矩，共推吳興太守顧祕都督揚州九郡軍事，及江東人士同起義兵，斬冰所置吳興太守區山及諸長史。冰遣其將羌毒領數萬人距玘，玘臨陣斬毒。時右將軍陳敏自廣陵率衆助玘，斬冰別率趙驤於蕪湖，因與玘俱前攻冰於建康。冰北走投封雲，雲司馬張統斬雲、冰以降，徐揚並平。玘不言功賞，散衆還家。

陳敏反于揚州，以玘爲安豐太守，加四品將軍。玘稱疾不行，密遣使告鎮東將軍劉準，令發兵臨江，己爲內應，翦髮爲信。準在壽春，遣督護衡彥率衆而東。時敏弟昶爲廣武將軍、歷陽內史，以吳興錢廣爲司馬。玘密諷廣殺昶。玘與顧榮、甘卓等以兵攻敏，敏衆奔潰，單馬北走，獲之於江乘界，斬之於建康，夷三族。東海王越聞其名，召爲參軍。詔補尚書郎、散騎郎，並不行。元帝初鎮江左，以玘爲倉曹屬。

初，吳興人錢璯亦起義兵討陳敏，越命爲建武將軍，使率其屬會于京都。璯至廣陵，聞劉聰逼洛陽，畏懊不敢進。帝促以軍期，璯乃謀反。時王敦遷尙書，當應徵與璯俱西。璯陰欲殺敦，藉以舉事。敦聞之，奔告帝。璯遂殺度支校尉陳豐，焚燒邸閣，自號平西大將軍、八州都督，劫孫晧子充，立爲吳王，旣而殺之。來寇玘縣。帝遣將軍郭逸、都尉宋典等討之，並以兵少未敢前。玘復率合鄉里義衆，與逸等俱進，討璯，斬之，傳首于建康。

玘三定江南，開復王略，帝嘉其勳，以玘行建威將軍、吳興太守，封烏程縣侯。吳興寇亂之後，百姓饑饉，盜賊公行。玘甚有威惠，百姓敬愛之。朞年之間，境內寧謐。帝以玘頻興義兵，勳誠並茂，乃以陽羨及長城之西鄉、丹楊之永世別爲義興郡，以彰其功焉。

玘宗族强盛，人情所歸，帝疑憚之。于時中州人士佐佑王業，而玘自以爲不得調，內懷怨望，復爲刁協輕之，恥恚愈甚。時鎮東將軍祭酒東萊王恢亦爲周顗所侮，乃與玘陰謀誅諸執政，推玘及戴若思與諸南士共奉帝以經緯世事。先是，流人帥夏鐵等寓于淮泗，恢陰書與鐵，令起兵，己當與玘以三吳應之。建興初，鐵已聚衆數百人，臨淮太守蔡豹斬鐵以聞。恢聞鐵死，懼罪，奔于玘，玘殺之，埋于豕牢。帝聞而祕之，召玘爲鎮東司馬，未到，復改授建武將軍、南郡太守。玘旣南行，至蕪湖，又下令曰：「玘奕世忠烈，義誠顯著，孤所欽喜。今以爲軍諮祭酒，將軍如故，進爵爲公，祿秩僚屬一同開國之例。」玘忿於迴易，又知其謀泄，遂憂憤發背而卒，時年五十六。將卒，謂子勰曰：「殺我者諸傖子，能復之，乃吾子也。」吳人謂中州人曰「傖」，故云耳。贈輔國將軍，諡曰忠烈。子勰嗣。

勰字彥和。常緘父言。時中國亡官失守之士避亂來者，多居顯位，駕御吳人，吳人頗怨。勰因之欲起兵，潛結吳興郡功曹徐馥。馥家有部曲，勰使馥矯稱叔父札命以合衆，豪俠樂亂者翕然附之，以討王導、刁協爲名。孫皓族人弼亦起兵於廣德以應之。馥殺吳興太守袁琇，有衆數千，將奉札爲主。時札以疾歸家，聞而大驚，乃告亂於義興太守孔侃。勰知札不同，不敢發兵。馥黨懼，攻馥，殺之。孫弼衆亦潰，宣城太守陶猷滅之。元帝以周氏奕世豪望，吳人所宗，故不窮治，撫之如舊。勰爲札所責，失志歸家，淫侈縱恣，每謂人曰：「人生幾時，但當快意耳。」終於臨淮太守。

勰弟彝，少知名，元帝辟爲丞相掾，早亡。

札字宣季。性矜險好利，外方內荏，少以豪右自處，州郡辟命皆不就。察孝廉，除郎中、大司馬齊王冏參軍。出補句容令，遷吳國上軍將軍。辟東海王越參軍，不就。以討錢璯功，賜爵漳浦亭侯。元帝爲丞相，表札爲寧遠將軍、歷陽內史，不之職，轉從事中郎。徐馥平，以札爲奮武將軍、吳興內史，錄前後功，改封東遷縣侯，進號征虜將軍、監揚州江北軍事、東中郎將，鎮涂中，未之職，轉右將軍、都督石頭水陸軍事。札腳疾，不堪拜，固讓經年，有司彈奏，不得已乃視職。加散騎常侍。

王敦舉兵攻石頭，札開門應敦，故王師敗績。敦轉札爲光祿勳，尋補尚書。頃之，遷右將軍、會稽內史。時札兄靖子懋晉陵太守、清流亭侯，懋弟莚征虜將軍、〔五〕吳興內史，莚弟贊大將軍從事中郎、武康縣侯，贊弟縉太子文學、都鄉侯，次兄子勰臨淮太守、烏程公。札一門五侯，並居列位，吳士貴盛，莫與爲比，王敦深忌之。後莚喪母，送者千數，敦益憚焉。及敦疾，錢鳳以周氏宗强，與沈充權勢相侔，欲自託於充，謀滅周氏，使充得專威揚土，乃說敦曰：「夫有國者患於强逼，自古釁難恒必由之。今江東之豪莫强周、沈，公萬世之後，二族必不靜矣。周强而多俊才，宜先爲之所，後嗣可安，國家可保耳。」敦納之。時有道士李脫者，妖術惑衆，自言八百歲，故號李八百。自中州至建鄴，以鬼道療病，又署人官位，時人多信事之。弟子李弘養徒灊山，云應讖當王。故敦使廬江太守李恒告札及其諸兄子與脫謀圖不軌。時莚爲敦諮議參軍，卽營中殺莚及脫、弘，又遣參軍賀鸞就沈充盡掩殺札兄弟子，既而進軍會稽，襲札。札先不知，卒聞兵至，率麾下數百人出距之，兵散見殺。札性貪財好色，惟以業產爲務。兵至之日，庫中有精杖，外白以配兵，札猶惜不與，以弊者給之，其鄙吝如此，故士卒莫爲之用。

及敦死，札、莚故吏並詣闕訟周氏之冤，宜加贈謚。事下八坐，尚書卞壼議以「札石頭之役開門延寇，遂使賊敦恣亂，札之責也。追贈意所未安。懋、莚兄弟宜復本位。」司徒王導議以「札在石頭，忠存社稷，義在亡身。至於往年之事，自臣等有識以上，與札情豈有異！此言實貫於聖鑒。論者見姦逆既彰，便欲徵往年已有不臣之漸。卽復使爾，要當時衆所未悟。既悟其姦萌，札與臣等便以身許國，死而後已，札亦尋取梟夷。朝廷檄命既下，大事既定，便正以爲逆黨。邪正失所，進退無據，誠國體所宜深惜。臣謂宜與周顗、戴若思等同例。」尚書令郗鑒議曰：「夫褒貶臧否，宜令體明例通。今周、戴以死節復位，周札以開門同例，事異賞均，意所疑惑。如司徒議，謂往年之事自有識以上皆與札不異，此爲邪正坦然有在。昔宋文失禮，華樂荷不臣之罰；齊靈嬖孽，高厚有從昏之戮。以古況今，譙王、周、戴宜受若此之責，何加贈復位之有乎！今據已顯復，則札宜貶責明矣。」導重議曰：「省令君議，必札之開門與譙王、周、戴異。今札開門，直出風言，竟實事邪？便以風言定褒貶，意莫若原情考徵也。論者謂札知隗、協亂政，信敦匡救，苟匡救信，姦佞除，卽所謂流四凶族以隆人主巍巍之功耳。如此，札所以忠於社稷也。後敦悖謬出所不圖，札亦闔門不同，以此滅族，是其死於爲義也。夫信敦當時之匡救，不圖將來之大逆，惡隗、協之亂政，不失爲臣之貞節者，于時朝士豈惟周札邪！若盡謂不忠，懼有誣乎譙王、周、戴。各以死衞國，斯亦人臣之節也。但所見有同異，然期之於必忠，故宜申明耳。卽如令君議，宋華、齊高其在隗、協矣。昔子糾之難，召忽死之，管仲不死。若以死爲賢，則管仲當貶；若以不死爲賢，則召忽死爲失。先典何以兩通之？明爲忠之情同也。死雖是忠之一目，亦不必爲忠皆當死也。漢祖遺約，非劉氏不王，非功臣不侯，違命天下共誅之。後呂后王諸呂，周勃從之，王陵廷爭，可不謂忠乎？周勃誅呂尊文，安漢社稷，忠莫尙焉，則王陵又何足言，而前史兩爲美談。固知死與不死，爭與不爭，苟原情盡意，不可定於一槪也。且札闔棺定謚，違逆黨順，受戮凶邪，不負忠義明矣。」鑒又駁不同，而朝廷竟從導議，追贈札衞尉，遣使者祠以少牢。

札長子澹，太宰府掾。次子稚，察孝廉，不行。

莚卓犖有才幹，拜征虜將軍、吳興太守，遷黃門侍郎。徐馥之役，莚族兄續亦聚衆應之。元帝議欲討之，王導以爲「兵少則不足制寇，多遣則根本空虛。黃門侍郎周莚忠烈至到，爲一郡所敬。意謂直遣莚，足能殺續」。於是詔以力士百人給莚，使輕騎還陽羡。莚卽日取道，晝夜兼行。既至郡，將入，遇續於門，莚謂續曰：「宜與君共詣孔府君，有所論。」續不肯入，莚逼牽與俱。坐定，莚謂太守孔侃曰：「府君何以置賊在坐？」續衣裏帶小刀，便操刃逼莚，莚叱郡傳教吳曾：「何不舉手！」曾有膽力，便以刀環築續，殺之。莚因欲誅勰，札拒不許，委罪於從兄邵，誅之。莚不歸家省母，遂長驅而去，母狼狽追之。其忠公如此。

遷太子右衞率。及王敦作難，加冠軍將軍、都督會稽吳興義興晉陵東陽軍事，率水軍三千人討沈充，未發而王師敗績。莚聞札開城納敦，憤咤慷慨形于辭色。尋遇害。敦平後，與札同被復官。

初，莚於姑孰立屋五間，而六梁一時躍出墮地，衡獨立柱頭零節之上，甚危，雖以人功不能然也。後竟覆族。

莚弟縉，少無行檢，嘗在建康烏衣道中逢孔氏婢，時與同僚二人共載，便令左右捉婢上車，其强暴若此。

周訪 子撫 撫子楚 楚子瓊 瓊子虓 撫弟光 光子仲孫

周訪字士達，本汝南安城人也。漢末避地江南，至訪四世。吳平，因家廬江尋陽焉。祖纂，吳威遠將軍。父敏，左中郎將。訪少沈毅，謙而能讓，果於斷割，周窮振乏，家無餘財。

爲縣功曹，時陶侃爲散吏，訪薦爲主簿，相與結友，以女妻侃子瞻。訪察孝廉，除郎中、上甲令，皆不之官。鄉人盜訪牛於冢間殺之，訪得之，密埋其肉，不使人知。

及元帝渡江，命參鎭東軍事。時有與訪同姓名者，罪當死，吏誤收訪，訪奮擊收者，數十人皆散走，而自歸於帝，帝不之罪。尋以爲揚烈將軍，領兵一千二百，屯尋陽鄂陵，與甘卓、趙誘討華軼。所統厲武將軍丁乾與軼所統武昌太守馮逸交通，訪收斬之。逸來攻訪，訪率衆擊破之。逸遁保柴桑，訪乘勝進討。軼遣其黨王約、傅札等萬餘人助逸，大戰於湓口，約等又敗。訪與甘卓等會於彭澤，與軼水軍將朱矩等戰，又敗之。軼將周廣燒城以應訪，軼衆潰，訪執軼，斬之，遂平江州。

帝以訪爲振武將軍、尋陽太守，加鼓吹、曲蓋。復命訪與諸軍共征杜弢。弢作桔槔打官軍船艦，訪作長岐棖以距之，桔槔不得爲害。而賊從靑草湖密抄官軍，又遣其將張彥陷豫章，焚燒城邑。王敦時鎭湓口，遣督護繆蕤、李恒受訪節度，共擊彥。蕤於豫章石頭，與彥交戰，彥軍退走，訪率帳下將李午等追彥，破之，臨陣斬彥。時訪爲流矢所中，折前兩齒，形色不變。及暮，訪與賊隔水，賊衆數倍，自知力不能敵，乃密遣人如樵採者而出，於是結陣鳴鼓而來，大呼曰：「左軍至！」士卒皆稱萬歲。至夜，令軍中多布火而食，賊謂官軍益至，未曉而退。訪謂諸將曰：「賊必引退，然終知我無救軍，當還掩人，宜促渡水北。」既渡，斷橋訖，而賊果至，隔水不得進，於是遂歸湘州。訪復以舟師造湘城，軍達富口，而弢遣杜弘出海昏。時湓口騷動，訪步上柴桑，偷渡，與賊戰，斬首數百。賊退保廬陵，訪追擊敗之，賊嬰城自守。尋而軍糧爲賊所掠，退住巴丘。糧廩既至，復圍弘於廬陵。弘大擲寶物於城外，軍人競拾之，弘因陣亂突圍而出。訪率軍追之，獲鞍馬鎧杖不可勝數。弘入南康，太守將率兵逆擊，又破之，奔于臨賀。帝又進訪龍驤將軍。王敦表爲豫章太守。加征討都督，賜爵尋陽縣侯。

時梁州刺史張光卒，愍帝以侍中第五猗爲征南大將軍，監荆、梁、益、寧四州，出自武關。賊率杜曾、摯瞻、胡混等並迎猗，奉之，聚兵數萬，破陶侃於石城，攻平南將軍荀崧於宛，不克，引兵向江陵。王敦以從弟廙爲荆州刺史，令督護征虜將軍趙誘、襄陽太守朱軌、陵江將軍黄峻等討曾，而大敗於女觀湖，誘、軌並遇害。曾遂逐廙，徑造沔口，大爲寇害，威震江沔。元帝命訪擊之。訪有衆八千，進至沌陽。曾等鋭氣甚盛，訪曰：「先人有奪人之心，軍之善謀也。」使將軍李恒督左甄，許朝督右甄，訪自領中軍，高張旗幟。曾果畏訪，先攻左右甄。曾勇冠三軍，訪甚惡之，自於陣後射雉以安衆心。令其衆曰：「一甄敗，鳴三鼓；兩甄敗，鳴六鼓。」趙胤領其父餘兵屬左甄，力戰，敗而復合。胤馳馬告訪，訪怒，叱令更進。胤號哭還戰，自旦至申，兩甄皆敗。訪聞鼓音，選精鋭八百人，自行酒飲之，敕不得妄動，聞鼓音乃進。賊未至三十步，訪親鳴鼓，將士皆騰躍奔赴，曾遂大潰，殺千餘人。訪夜追之，諸將請待明日，訪曰：「曾驍勇能戰，向之敗也，彼勞我逸，是以克之。宜及其衰乘之，可滅。」鼓行而進，遂定漢沔。曾等走固武當。訪以功遷南中郎將、督梁州諸軍、梁州刺史，屯襄陽。訪謂其僚佐曰：「昔城濮之役，晉文以得臣不死而有憂色，今不斬曾，禍難未已。」於是出其不意，又擊破之，曾遁走。訪部將蘇溫收曾詣軍，并獲第五猗、胡混、摯瞻等，送於王敦。又白敦，說猗逼於曾，不宜殺。敦不從而斬之。進位安南將軍、持節，都督、刺史如故。

初，王敦懼杜曾之難，謂訪曰：「擒曾，當相論爲荆州刺史。」及是而敦不用。至王廙去職，詔以訪爲荆州。敦以訪名將，勳業隆重，有疑色。其從事中郎郭舒說敦曰：「鄙州雖遇寇難荒弊，實爲用武之國，若以假人，將有尾大之患，公宜自領，訪爲梁州足矣。」敦從之。訪大怒。敦手書譬釋，并遺玉環玉椀以申厚意。訪投椀于地曰：「吾豈賈豎，可以寶悅乎！」陰欲圖之。既在襄陽，務農訓卒，勤于採納，守宰有缺輒補，然後言上。敦患之，而憚其强，不敢有異。訪威風既著，遠近悅服，智勇過人，爲中興名將。性謙虛，未嘗論功伐。或問訪曰：「人有小善，鮮不自稱。卿功勳如此，初無一言何也？」訪曰：「朝廷威靈，將士用命，訪何功之有！」士以此重之。訪練兵簡卒，欲宣力中原，與李矩、郭默相結，慨然有平河洛之志。善於撫納，士衆皆爲致死。聞敦有不臣之心，訪恒切齒。敦雖懷逆謀，故終訪之世未敢爲非。

初，訪少時遇善相者廬江陳訓，謂訪與陶侃曰：「二君皆位至方嶽，功名略同，但陶得上壽，周當下壽，優劣更由年耳。」訪小侃一歲，太興三年卒，時年六十一。帝哭之甚慟，詔贈征西將軍，謚曰壯，立碑於本郡。二子：撫、光。

撫字道和。强毅有父風，而將御不及。元帝辟爲丞相掾，父喪去官。服闋，襲爵，除鷹揚將軍、武昌太守。王敦命爲從事中郎，與鄧嶽俱爲敦爪牙。甘卓遇害，敦以撫爲沔北諸軍事、〔六〕南中郎將，鎭沔中。及敦作逆，撫領二千人從之。敦敗，撫與嶽俱亡走。撫弟光將資遺其兄，而陰欲取嶽。撫怒曰：「我與伯山同亡，何不先斬我！」會嶽至，撫出門遙謂之曰：「何不速去！今骨肉尚欲相危，況他人乎！」嶽迴船而走，撫遂共入西陽蠻中，蠻酋向蠶納之。初，嶽爲西陽，欲伐諸蠻，及是諸蠻皆怨，將殺之。蠶不聽，曰：「鄧府君窮來歸我，我何忍殺之！」由是俱得免。明年，詔原敦黨，嶽、撫詣闕請罪，有詔禁錮之。

咸和初，司徒王導以撫爲從事中郎，出爲寧遠將軍、江夏相。蘇峻作逆，率所領從溫嶠討之。峻平，遷監沔北軍事、南中郎將，鎭襄陽。石勒將郭敬率騎攻撫，撫不能守，率所領奔于武昌，坐免官。尋遷振威將軍、豫章太守，後代毌丘奧監巴東諸軍事、益州刺史、假節，將軍如故。尋進征虜將軍，加督寧州諸軍事。

永和初，桓溫征蜀，進撫督梁州之漢中巴西梓潼陰平四郡軍事，鎮彭模。撫擊破蜀餘寇隗文、鄧定等，斬僞尚書僕射王誓、平南將軍王潤，以功遷平西將軍。隗文、鄧定等復反，立范賢子賁爲帝。初，賢爲李雄國師，以左道惑百姓，人多事之，賁遂有衆一萬。撫與龍驤將軍朱燾擊破斬之，〔七〕以功進爵建城縣公。

征西督護蕭敬文作亂，殺征虜將軍楊謹，〔八〕據涪城，自號益州牧。桓溫使督護鄧遐助撫討之，不能拔，引退。溫又令梁州刺史司馬勳等會撫伐之。敬文固守，自二月至于八月，乃出降，撫斬之，傳首京師。

升平中，進鎮西將軍。在州三十餘年，興寧三年卒，贈征西將軍，謚曰襄。子楚嗣。

楚字元孫。起家參征西軍事，從父入蜀，拜鷹揚將軍、犍爲太守。父卒，以楚監梁益二州、假節，襲爵建城公。世在梁益，甚得物情。時梁州刺史司馬勳作逆，楚與朱序討平之，進冠軍將軍。太和中，蜀盜李金銀、〔九〕廣漢妖賊李弘並聚衆爲寇，僞稱李勢子，當以聖道王，年號鳳皇。又隴西人李高詐稱李雄子，破涪城。梁州刺史楊亮失守，楚遣其子討平之。是歲，楚卒，謚曰定。子瓊嗣。

瓊勁烈有將略，歷數郡，代楊亮爲梁州刺史、建武將軍，領西戎校尉。初，氐人竇衝求降，朝廷以爲東羌校尉。後衝反，欲入漢中，安定人皇甫釗、京兆人周勳等謀納衝，瓊密知之，收釗、勳等斬之。尋卒。子虓嗣。

虓字孟威。少有節操。州召爲祭酒，後歷位至西夷校尉，領梓潼太守。寧康初，苻堅將楊安寇梓潼，虓固守涪城，遣步騎數千，送母妻從漢水將抵江陵，爲堅將朱肜邀而獲之，虓遂降于安。堅欲以爲尚書郎，虓曰：「蒙國厚恩，以至今日。但老母見獲，失節於此。母子獲全，秦之惠也。雖公侯之貴，不以爲榮，況郎任乎！」堅乃止。自是每入見堅，輒箕踞而坐，呼之爲氐賊。堅不悅。屬元會，威儀甚整，堅因謂虓曰：「晉家元會何如此？」虓攘袂厲聲曰：「戎狄集聚，譬猶犬羊相羣，何敢比天子！」及呂光征西域，堅出餞之，戎士二十萬，旌旗數百里，又問虓曰：「朕衆力何如？」虓曰：「戎狄已來，未之有也。」堅黨以虓不遜，屢請除之。堅待之彌厚。虓乃密書與桓沖，說賊姦計。太元三年，虓潛至漢中，堅追得之。後又與堅兄子苞謀襲堅，〔一〇〕事泄，堅引虓問其狀，虓曰：「昔漸離、豫讓，燕、智之微臣，猶漆身吞炭，不忘忠節。況虓世荷晉恩，豈敢忘也。生爲晉臣，死爲晉鬼，復何問乎！」堅曰：「今殺之，適成其名矣。」遂撻之，徙于太原。後堅復陷順陽、魏興，獲二守，皆執節不撓，堅歎曰：「周孟威不屈於前，丁彥遠潔己於後，吉祖沖不食而死，皆忠臣也。」

虓竟以病卒於太原。其子興迎致其喪，冠軍將軍謝玄親臨哭之，因上疏曰：「臣聞旌善表功，崇義明節，所以振揚聲教，垂美來葉。故西夷校尉、梓潼太守周虓，執心忠烈，厲節寇庭，遂嬰禍荒裔，痛賓泉壤。臣每悲其志，以爲蘇武之賢，不復過也。前宣告幷州，訪求虓喪，幷索其家。負荷數千，始得來至。卽以資送，還其舊隴。伏願聖朝追其志心，〔二〕表其殊節，使負霜之志不墜於地，則榮慰存亡，惠被幽顯矣。」孝武帝詔曰：「虓厲志貞亮，無愧古烈。未及拔身，奄隕厥命。甄表義節，國之典也。贈龍驤將軍、益州刺史，賻錢二十萬，布百匹。」又贍賜其家。

光少有父風，年十一，見王敦，敦謂曰：「貴郡未有將，誰可用者？」光曰：「明公不恥下問，竊謂無復見勝。」敦笑以爲寧遠將軍、尋陽太守。及敦舉兵，光率千餘人赴之。旣至，敦已死，光未之知，求見敦。王應祕不言，以疾告。光退曰：「今我遠來而不得見王公，公其死乎？」遽見其兄撫曰：「王公已死，兄何爲與錢鳳作賊？」衆並愕然。其夕，衆散，錢鳳走出，至闔廬洲，光捕鳳，詣闕贖罪，故得不廢。蘇峻作逆，隨溫嶠力戰有功。峻平，賜爵曲江男，卒官。

子仲孫，興寧初督寧州軍事、振武將軍、寧州刺史。在州貪暴，人不堪命。桓溫以梁益多寇，周氏世有威稱，復除仲孫監益、豫、梁州之三郡。寧康初，楊安寇蜀，仲孫失守，免官。後徵爲光祿勳，卒。

初，陶侃微時，丁艱，將葬，家中忽失牛而不知所在。遇一老父，謂曰：「前崗見一牛眠山汙中，其地若葬，位極人臣矣。」又指一山云：「此亦其次，當世出二千石。」言訖不見。侃尋牛得之，因葬其處，以所指別山與訪。訪父死，葬焉，果爲刺史，著稱寧益，自訪以下，三世爲益州四十一年，如其所言云。

史臣曰：夫仁義豈有常，蹈之卽君子，背之卽小人。周子隱以跅弛之材，負不羈之行，比凶蛟猛獸，縱毒鄉閭，終能克己厲精，朝聞夕改，輕生重義，徇國亡軀，可謂志節之士也。宣佩奮茲忠勇，屢殄妖氛，威略冠於本朝，庸績書於王府。旣而結憾朝宰，潛構異圖，忿不思難，斯爲隘矣。終於憤恚，豈不惜哉！札莚等負儁逸之材，以雄豪自許，始見疑於朝廷，終獲戾於權右，强弗如弱，信有徵矣。而札受委扞城，乃開門揖盜，去順效逆，彼實有之。後雖假手凶徒，可謂罪人斯得。朝廷議加榮贈，不其僭乎！有晉之刑政陵夷，用此道也。

周訪器兼文武，任在折衝，戡定湘羅，克清江漢，謀孫翼子，杖節擁旄，西蜀仰其威風，中興推爲名將，功成名立，不亦美乎！孟威陷迹虜廷，抗辭僞主，雖圖史所載，何以加焉！

贊曰：平西果勁，始邪末正。勇足除殘，忠能致命。宣佩懋功，三定江東。札雖啓敵，莚實懷忠。尋陽緯武，擁旄持斧。曰子曰孫，重規疊矩。孟威抗烈，心存舊主。

校勘記

〔一〕人謂死　御覽四三五、册府八九七「謂」下有「已」字。

〔二〕然始就徵　通志一二四下「始」作「後」。

〔三〕鑿凶門以出　原無「鑿」字。李校：「凶門」上當脫一「鑿」字。斠注：類聚二〇、御覽四一七引周處別傳「凶」上有「鑿」字。按：御覽三一二引晉書正有「鑿」字。語出淮南子兵略，當有「鑿」字，今據補。

〔四〕州郡命不就　通志一二四下「命」上有「辟」字。

〔五〕懋弟莚　「莚」，各本作「筵」，今從宋本。通鑑九二、九三、通志三四下亦作「莚」。下同。

〔六〕以撫爲沔北諸軍事　通鑑九二「爲」作「督」。

〔七〕朱燾　原作「朱壽」，穆帝紀及庾翼、毛穆之、朱序等傳、通鑑九八、建康實錄八均作「朱燾」，今據改。

〔八〕楊謹　勞校：本紀作「楊謙」。按：通鑑九七亦作「楊謙」。

〔九〕李金銀　周校：廢帝紀作「李金根」。

〔一〇〕堅兄子苞　勞校：載記「苞」作「陽」。

〔一一〕追其志心　李校：「志心」疑是「忠心」之誤。按：册府一三七正作「忠心」。

晉書卷五十九

列傳第二十九

自古帝王之臨天下也，皆欲廣樹藩屏，崇固維城。唐虞以前，憲章蓋闕，夏殷以後，遺迹可知。然而玉帛會于塗山，雖云萬國，至於分疆胙土，猶或未詳。洎乎周室，粲焉可觀，封建親賢，並爲列國。當其興也，周召贊其升平；及其衰也，桓文輔其危亂。故得卜世之祚克昌，卜年之基惟永。逮王赧即世，天祿已終，虛位無主，三十餘載。爰及暴秦，幷吞天下，戒衰周之削弱，忽帝業之遠圖，謂王室之陵遲，由諸侯之强大。於是罷侯置守，獨尊諸己，至乎子弟，並爲匹夫，惟欲肆虐陵威，莫顧謀孫翼子。枝葉微弱，宗祏孤危，內無社稷之臣，外闕藩維之助。陳項一呼，海內沸騰，隕身於望夷，繫頸於軹道。事不師古，二世而滅。漢祖勃興，爰革斯弊。於是分王子弟，列建功臣，錫之山川，誓以帶礪。然而矯枉過直，懲羹吹齏，土地封疆，踰越往古。始則韓彭菹醢，次乃吳楚稱亂。然雖克滅權偪，猶足維翰王畿。洎成哀之後，戚藩陵替，君臣乘茲間隙，〔一〕竊位偷安。光武雄略緯天，慷慨下國，遂能除兇靜亂，復禹配天，休祉盛於兩京，鼎祚隆於四百，宗支繼絕之力，可得而言。魏武忘經國之宏規，行忌刻之小數，功臣無立錐之地，子弟君不使之人，徒分茅社，實傳虛爵，本根無所庇蔭，遂乃三葉而亡。

有晉思改覆車，復隆盤石，或出擁旄節，莅嶽牧之榮；入踐台階，居端揆之重。然而付託失所，授任乖方，政令不恒，賞罰斯濫。或有材而不任，或無罪而見誅，朝為伊周，夕為莽卓。機權失於上，禍亂作於下。楚趙諸王，相仍構釁，徒興晉陽之甲，竟匪勤王之師。始則為身擇利，利未加而害及；初迺無心憂國，國非憂而奚拯！遂使昭陽興廢，有甚弈棊；乘輿幽縶，更同羑里。胡羯陵侮，宗廟丘墟，良可悲也。

夫為國之有藩屏，猶濟川之有舟楫，安危成敗，義實相資。舟楫且完，波濤不足稱其險；藩屏式固，禍亂何以成其階！向使八王之中，一藩繄賴，如梁王之禦大敵，若朱虛之除大憝，則外寇焉敢憑陵，內難奚由竊發！縱令天子暗劣，鼎臣奢放，雖或顛沛，未至土崩。何以言之？琅邪譬彼諸王，權輕衆寡，度長絜大，不可同年。遂能匹馬濟江，奄有吳會，存重宗社，〔三〕百有餘年。雖曰天時，抑亦人事。豈如趙倫、齊冏之輩，河間、東海之徒，家國俱亡，身名並滅。善惡之數，此非其效歟！西晉之政亂朝危，雖由時主，然而煽其風，速其禍者，咎在八王，故序而論之，總為其傳云耳。

汝南王亮 子粹 矩 羕 宗 熙 矩子祐

汝南文成王亮字子翼，宣帝第四子也。少清警有才用，仕魏爲散騎侍郎、萬歲亭侯，拜東中郎將，進封廣陽鄉侯。討諸葛誕於壽春，失利，免官。頃之，拜左將軍，加散騎常侍、假節，出監豫州諸軍事。五等建，改封祁陽伯，轉鎮西將軍。武帝踐阼，封扶風郡王，邑萬戶，置騎司馬，增參軍掾屬，持節、都督關中雍涼諸軍事。會秦州刺史胡烈爲羌虜所害，亮遣將軍劉旂、騎督敬琰赴救，不進，坐是貶爲平西將軍。旂當斬，亮與軍司曹冏上言，節度之咎由亮而出，乞丐旂死。詔曰："高平困急，計城中及旂足以相拔，就不能徑至，尚當深進。今奔突有投，而坐視覆敗，故加旂大戮。今若罪不在旂，當有所在。"有司又奏免亮官，削爵土。詔惟免官。頃之，拜撫軍將軍。是歲，吳將步闡來降，假亮節都督諸軍事以納之。尋加侍中之服。

咸寧初，以扶風池陽四千一百戶爲太妃伏氏湯沐邑，置家令丞僕，後改食南郡枝江。太妃嘗有小疾，祓於洛水，亮兄弟三人侍從，並持節鼓吹，震耀洛濱。武帝登陵雲臺望見，曰："伏妃可謂富貴矣。"其年進號衞將軍，加侍中。時宗室殷盛，無相統攝，乃以亮爲宗師，本官如故，使訓導觀察，有不遵禮法，小者正以義方，大者隨事聞奏。

三年，徙封汝南，出爲鎭南大將軍、都督豫州諸軍事、開府、假節，之國，給追鋒車、皁輪犢車，錢五十萬。頃之，徵亮爲侍中、撫軍大將軍，領後軍將軍，統冠軍、步兵、射聲、長水等營，給兵五百人，騎百匹。遷太尉、錄尙書事、領太子太傅，侍中如故。

及武帝寢疾，爲楊駿所排，乃以亮爲侍中、大司馬、假黃鉞、大都督、督豫州諸軍事，出鎭許昌，加軒懸之樂，六佾之舞。封子羕爲西陽公。未發，帝大漸，詔留亮委以後事。楊駿聞之，從中書監華廙索詔視，遂不還。帝崩，亮懼駿疑己，辭疾不入，於大司馬門外敍哀而已，表求過葬。駿欲討亮，亮知之，問計於廷尉何勖。勖曰：「今朝廷皆歸心於公，公何不討人而懼爲人所討！」或說亮率所領入廢駿，亮不能用，夜馳赴許昌，故得免。及駿誅，詔曰：「大司馬、汝南王亮體道沖粹，通識政理，宣翼之績顯於本朝，二南之風流于方夏，將憑遠猷，以康王化。其以亮爲太宰、錄尙書事，入朝不趨，劍履上殿，增掾屬十人，給千兵百騎，與太保衞瓘對掌朝政。」亮論賞誅楊駿之功過差，欲以苟悅衆心，由是失望。

楚王瑋有勳而好立威，亮憚之，欲奪其兵權。瑋甚憾，乃承賈后旨，誣亮與瓘有廢立之謀，矯詔遣其長史公孫宏與積弩將軍李肇夜以兵圍之。帳下督李龍白外有變，請距之，亮不聽。俄然楚兵登牆而呼，亮驚曰：「吾無二心，何至於是！若有詔書，其可見乎？」宏等不許，促兵攻之。長史劉準謂亮曰：「觀此必是姦謀，府中俊乂如林，猶可盡力距戰。」又弗聽，遂爲肇所執，而歎曰：「我之忠心可破示天下也，如何無道，枉殺不辜！」是時大熱，兵人坐亮于車下，時人憐之，爲之交扇。將及日中，無敢害者。瑋出令曰：「能斬亮者，賞布千匹。」遂爲亂兵所害，投于北門之壁，鬢髮耳鼻皆悉毁焉。及瑋誅，追復亮爵位，給東園溫明祕器，朝服一襲，錢三百萬，布絹三百匹，喪葬之禮如安平獻王孚故事，廟設軒懸之樂。有五子：粹、矩、羕、宗、熙。

粹字茂弘。早卒。

矩字延明。拜世子，爲屯騎校尉，與父亮同被害。追贈典軍將軍，謚懷王。子祐立，是爲威王。

祐字永猷。永安中，從惠帝北征。帝遷長安，祐反國。及帝還洛，以征南兵八百人給之，特置四部牙門。永興初，率衆依東海王越，討劉喬有功，拜揚武將軍，以江夏雲杜益封，并前二萬五千戶。越征汲桑，表留祐領兵三千守許昌，加鼓吹、麾旗。越還，祐歸國。永嘉末，以寇賊充斥，遂南渡江，元帝命爲軍諮祭酒。建武初，爲鎭軍將軍。太興末，領左軍將軍。太寧中，進號衞將軍，加散騎常侍。咸和元年，薨，贈侍中、特進。

子恭王統立，以南頓王宗謀反，被廢。其後成帝哀亮一門殄絕，詔統復封，累遷祕書監、侍中。薨，追贈光祿勳。子羲立，〔三〕官至散騎常侍。薨，子遵之立。義熙初，梁州刺史劉稚謀反，推遵之爲主，事泄，伏誅。弟楷之子蓮扶立。宋受禪，國除。

羕字延年。太康末，封西陽縣公，拜散騎常侍。亮之被害也，羕時年八歲，鎮南將軍裴楷與之親姻，竊之以逃，一夜八遷，故得免。及瑋誅，進爵爲王，歷步兵校尉、左軍驍騎將軍。元康初，進封郡王。永興初，拜侍中。以長沙王乂黨，廢爲庶人。惠帝還洛，復羕封，爲撫軍將軍，又以汝南期思、西陵益其國。永嘉初，拜鎮軍將軍，加散騎常侍，領後軍將軍，復以邾、蘄春益之，并前三萬五千戶。隨東海王越東出鄄城，遂南渡江。元帝承制，更拜撫軍大將軍、開府，給千兵百騎。詔與南頓王宗統流人以實中州，江西荒梗，復還。及元帝踐阼，進位侍中、太保。以羕屬尊，元會特爲設牀。太興初，錄尚書事，尋領大宗師，加羽葆、斧鉞，班劍六十人，進位太宰。及王敦平，領太尉。明帝卽位，以羕宗室元老，特爲之拜。羕放縱兵士劫鈔，所司奏免羕官，詔不問。及帝寢疾，羕與王導同受顧命輔成帝。時帝幼沖，詔羕依安平獻王孚故事，設牀帳於殿上，帝親迎拜。咸和初，坐弟南頓王宗免官，降爲弋陽縣王。及蘇峻作亂，羕詣峻稱述其勳，峻大悅，矯詔復羕爵位。峻平，賜死。世子播、播弟充及息崧並伏誅，國除。咸康初，復其屬籍，以羕孫珉爲奉車都尉、奉朝請。

宗字延祚。元康中，封南頓縣侯，尋進爵爲公。討劉喬有功，進封王，增邑五千，幷前萬戶，爲征虜將軍。與兄羕俱過江。元帝承制，拜散騎常侍。愍帝之在西都，以宗爲平東將軍。元帝卽位，拜撫軍將軍，領左將軍。明帝踐阼，加長水校尉，轉左衞將軍。與虞胤俱爲帝所昵，委以禁旅。

宗與王導、庾亮志趣不同，連結輕俠，以爲腹心，導、亮並以爲言。帝以宗戚屬，每容之。及帝疾篤，宗、胤密謀爲亂，亮排闥入，升御牀，流涕言之，帝始悟。轉爲驃騎將軍。胤爲大宗正。宗遂怨望形於辭色。咸和初，御史中丞鍾雅劾宗謀反，庾亮使右衞將軍趙胤收之。宗以兵距戰，爲胤所殺，貶其族爲馬氏，徙妻子于晉安，旣而原之。三子綽、超、演，廢爲庶人。咸康中，復其屬籍。綽爲奉車都尉、奉朝請。

熙初封汝陽公，討劉喬有功，進爵爲王。永嘉末，沒於石勒。

楚王瑋

楚隱王瑋字彥度，武帝第五子也。初封始平王，歷屯騎校尉。太康末，徙封於楚，出之國，都督荊州諸軍事、平南將軍，轉鎮南將軍。武帝崩，入爲衞將軍，領北軍中候，加侍中、行太子少傅。

楊駿之誅也，瑋屯司馬門。瑋少年果銳，多立威刑，朝廷忌之。汝南王亮、太保衞瓘以瑋性很戾，不可大任，建議使與諸王之國，瑋甚忿之。長史公孫宏、舍人岐盛並薄於行，爲瑋所昵。瓘等惡其爲人，慮致禍亂，將收盛。盛知之，遂與宏謀，因積弩將軍李肇矯稱瑋命，譖亮、瓘於賈后。而后不之察，使惠帝爲詔曰：「太宰、太保欲爲伊霍之事，王宜宣詔，令淮南、長沙、成都王屯宮諸門，廢二公。」夜使黃門齎以授瑋。瑋欲覆奏，黃門曰：「事恐漏泄，非密詔本意也。」瑋乃止。遂勒本軍，復矯詔召三十六軍，手令告諸軍曰：「天禍晉室，凶亂相仍。間者楊駿之難，實賴諸君克平禍亂。而二公潛圖不軌，欲廢陛下以絕武帝之祀。今輒奉詔，免二公官。吾今受詔都督中外諸軍。諸在直衞者皆嚴加警備，其在外營，便相率領，徑詣行府。助順討逆，天所福也。懸賞開封，以待忠效。皇天后土，實聞此言。」又矯詔使亮、瓘上太宰太保印綬、侍中貂蟬，之國，官屬皆罷遣之。又矯詔赦亮、瓘官屬曰「二公潛

謀，欲危社稷，今免還第。官屬以下，一無所問。若不奉詔，便軍法從事。能率所領先出降

者，封侯受賞。朕不食言」。遂收亮、璀，殺之。

岐盛說瑋，可因兵勢誅賈模、郭彰，匡正王室，以安天下。瑋猶豫未決。會天明，帝用張華計，遣殿中將軍王宮齎騶虞幡麾衆曰：「楚王矯詔。」衆皆釋杖而走。瑋左右無復一人，窘迫不知所爲，惟一奴年十四，駕牛車將赴秦王柬。帝遣謁者詔瑋還營，執之於武賁署，遂下廷尉。詔以瑋矯制害二公父子，又欲誅滅朝臣，謀圖不軌，遂斬之，時年二十一。其日大風，雷雨霹靂。詔曰：「周公決二叔之誅，漢武斷昭平之獄，所不得已者。廷尉奏瑋已伏法，情用悲痛，吾當發哀。」瑋臨死，出其懷中青紙詔，流涕以示監刑尚書劉頌曰：「受詔而行，謂爲社稷，今更爲罪。託體先帝，受枉如此，幸見申列。」頌亦歔欷不能仰視。公孫宏、岐盛並夷三族。

瑋性開濟好施，能得衆心，及此莫不隕淚，百姓爲之立祠。賈后先惡璀、亮，又忌瑋，故以計相次誅之。永寧元年，追贈驃騎將軍，封其子範爲襄陽王，拜散騎常侍，後爲石勒所害。

趙王倫

趙王倫字子彝，宣帝第九子也，母曰柏夫人。魏嘉平初，封安樂亭侯。五等建，改封東

安子，拜諫議大夫。

武帝受禪，封琅邪郡王。坐使散騎將劉緝買工所將盜御裘，廷尉杜友正緝棄市，倫當與緝同罪。有司奏倫爵重屬親，不可坐。諫議大夫劉毅駁曰：「王法賞罰，不阿貴賤，然後可以齊禮制而明典刑也。倫知裘非常，蔽不語吏，與緝同罪，當以親貴議減，不得闕而不論。宜自於一時法中，如友所正。」帝是毅駁，然以倫親親故，下詔赦之。及之國，行東中郎將、宣威將軍。咸寧中，改封於趙，遷平北將軍、督鄴城守事，進安北將軍。元康初，遷征西將軍、開府儀同三司，鎮關中。倫刑賞失中，氐羌反叛，徵還京師。尋拜車騎將軍、太子太傅。深交賈、郭，諂事中宮，大爲賈后所親信。求錄尚書，張華、裴頠固執不可。又求尚書令，華、頠復不許。

愍懷太子廢，使倫領右軍將軍。時左衞司馬督司馬雅及常從督許超，並嘗給事東宮，二人傷太子無罪，與殿中中郎士猗等謀廢賈后，復太子，以華、頠不可移，難與圖權，倫執兵之要，性貪冒，可假以濟事，乃說倫嬖人孫秀曰：「中宮凶妬無道，與賈謐等共廢太子。今國無嫡嗣，社稷將危，大臣將起大事。而公名奉事中宮，與賈、郭親善，太子之廢，皆云豫知，一朝事起，禍必相及。何不先謀之乎？」秀許諾，言於倫，倫納焉。遂告通事令史張林及省事張衡、殿中侍御史殷渾、右衞司馬督路始，使爲內應。事將起，而秀知太子聰明，若還東宮，將與賢人圖政，量己必不得志，乃更說倫曰：「太子爲人剛猛，不可私請。明公素事賈后，時議皆以公爲賈氏之黨。今雖欲建大功於太子，太子含宿怒，必不加賞於明公矣。當謂逼百姓之望，翻覆以免罪耳。此乃所以速禍也。今且緩其事，賈后必害太子，然後廢后，爲太子報讎，亦足以立功，豈徒免禍而已。」倫從之。秀乃微泄其謀，使謐黨頗聞之。倫、秀因勸謐等早害太子，以絕衆望。

太子既遇害，倫、秀之謀益甚，而超、雅懼後難，欲悔其謀，乃辭疾。秀復告右衞佽飛督閭和，和從之，期四月三日丙夜一籌，以鼓聲爲應。至期，乃矯詔敕三部司馬曰：「中宮與賈謐等殺吾太子，今使車騎入廢中宮。汝等皆當從命，賜爵關中侯。不從，誅三族。」於是衆皆從之。倫又矯詔開門夜入，陳兵道南，遣翊軍校尉、齊王冏將三部司馬百人，排閤而入。華林令駱休爲內應，迎帝幸東堂。遂廢賈后爲庶人，幽之于建始殿。收吳太妃、趙粲及韓壽妻賈午等，付暴室考竟。詔尚書以廢后事，仍收捕賈謐等，召中書監、侍中、黃門侍郎、八坐，皆夜入殿，執張華、裴頠、解結、杜斌等，於殿前殺之。尚書始疑詔有詐，郎師景露版奏請手詔。倫等以爲沮衆，斬之以徇。明日，倫坐端門，屯兵北向，遣尚書和郁持節送賈庶人于金墉。誅趙粲叔父中護軍趙浚及散騎侍郎韓豫等，內外羣官多所黜免。倫尋矯詔自爲使持節、大都督、督中外諸軍事、相國，侍中、王如故，一依宣文輔魏故事，置左右長史、司馬、從事中郎四人、參軍十人，掾屬二十人、兵萬人。以其世子散騎常侍荂領冗從僕射；子馥前將軍，封濟陽王；虔黃門郎，封汝陰王；詡散騎侍郎，封霸城侯。孫秀等封皆大郡，並據兵權，文武官封侯者數千人，百官總已聽於倫。

倫素庸下，無智策，復受制於秀，秀之威權振於朝廷，天下皆事秀而無求於倫。秀起自琅邪小史，累官於趙國，以諂媚自達。既執機衡，遂恣其姦謀，多殺忠良，以逞私欲。司隸從事游顥與殷渾有隙，渾誘顥奴晉興，僞告顥有異志。秀不詳察，即收顥及襄陽中正李邁，殺之，厚待晉興，以爲己部曲督。前衞尉石崇、黃門郎潘岳皆與秀有嫌，並見誅。於是京邑君子不樂其生矣。

淮南王允、齊王冏以倫、秀驕僭，內懷不平。秀等亦深忌焉，乃出冏鎭許，奪允護軍。允發憤，起兵討倫。允既敗滅，倫加九錫，增封五萬戶。倫僞爲飾讓，詔遣百官詣府敦勸，侍中宣詔，然後受之。加荂撫軍將軍、領軍將軍，馥鎭軍將軍、領護軍將軍，虔中軍將軍、領右衞將軍，詡爲侍中。又以孫秀爲侍中、輔國將軍、相國司馬，右率如故。張林等並居顯要。增相府兵爲二萬人，與宿衞同，又隱匿兵士，衆過三萬。起東宮三門四角華櫓，斷宮東西道爲外徼。或謂秀曰：「散騎常侍楊準、黃門侍郎劉逵欲奉梁王肜以誅倫。」會有星變，乃徙肜爲丞相，居司徒府，轉準、逵爲外官。

倫無學，不知書；秀亦以狡黠小才，貪淫昧利。所共立事者，皆邪佞之徒，惟競榮利，無深謀遠略。荂淺薄鄙陋，馥、虔闇很強戾，詡愚嚚輕訬，而各乖異，互相憎毀。秀子會，年二十，爲射聲校尉，尙帝女河東公主。公主母喪未朞，便納聘禮。會形貌短陋，奴僕之下者，初與富室兒於城西販馬，百姓忽聞其尙主，莫不駭愕。

倫、秀並惑巫鬼，聽妖邪之說。秀使牙門趙奉詐爲宣帝神語，命倫早入西宮。又言宣帝於北芒爲趙王佐助，於是別立宣帝廟於芒山。謂逆謀可成。以太子詹事裴劭、左軍將軍卞粹等二十人爲從事中郎，掾屬又二十人。秀等部分諸軍，分布腹心，使散騎常侍、義陽王威兼侍中，出納詔命，矯作禪讓之詔，使使持節、尙書令滿奮，僕射崔隨爲副，奉皇帝璽綬以禪位于倫。倫僞讓不受。於是宗室諸王、羣公卿士咸假稱符瑞天文以勸進，倫乃許之。左衞王輿與前軍司馬雅等率甲士入殿，譬喻三部司馬，示以威賞，皆莫敢違。其夜，使張林等屯守諸門。義陽王威及駱休等逼奪天子璽綬。夜漏未盡，內外百官以乘輿法駕迎倫。惠帝乘雲母車，鹵簿數百人，自華林西門出居金墉城。尙書和郁，兼侍中、散騎常侍、琅邪王睿，中書侍郎陸機從，到城下而反。使張衡衞帝，實幽之也。

倫從兵五千人，入自端門，登太極殿，滿奮、崔隨、樂廣進璽綬於倫，乃僭卽帝位，大赦，改元建始。是歲，賢良方正、直言、秀才、孝廉、良將皆不試；計吏及四方使命之在京邑者，太學生年十六以上及在學二十年，皆署吏；郡縣二千石令長赦日在職者，皆封侯；郡綱紀並爲孝廉，縣綱紀爲廉吏。以世子荂爲太子，馥爲侍中、大司農、領護軍、京兆王，虔爲侍中、大將軍領軍、廣平王，詡爲侍中、撫軍將軍、霸城王，孫秀爲侍中、中書監、驃騎將軍、儀同三司，張林等諸黨皆登卿將，並列大封。其餘同謀者咸超階越次，不可勝紀，至於奴卒廝役亦加以爵位。每朝會，貂蟬盈坐，時人爲之諺曰：「貂不足，狗尾續。」而以苟且之惠取悅人情，府庫之儲不充於賜，金銀冶鑄不給於印，故有白版之侯，君子恥服其章，百姓亦知其不終矣。

倫親祠太廟，還，遇大風，飄折麾蓋。孫秀既立非常之事，倫敬重焉。秀住文帝爲相國時所居內府，事無巨細，必諮而後行。倫之詔令，秀輒改革，有所與奪，自書青紙爲詔，或朝行夕改者數四，百官轉易如流矣。時有雉入殿中，自太極東階上殿，驅之，更飛西鍾下，有頃，飛去。又倫於殿上得異鳥，問皆不知名，累日向夕，宮西有素衣小兒言是服劉鳥。倫使錄小兒并鳥閉置牢室，明旦開視，戶如故，並失人鳥所在。倫目上有瘤，時以爲妖焉。

時齊王冏、河間王顒、成都王穎並擁强兵，各據一方。秀知冏等必有異圖，乃選親黨及倫故吏爲三王參佐及郡守。

秀本與張林有隙，雖外相推崇，內實忌之。及林爲衞將軍，深怨不得開府，潛與荂牋，具說秀專權，動違衆心，而功臣皆小人，撓亂朝廷，可一時誅之。萃以書白倫，倫以示秀。秀勸倫誅林，倫從之。於是倫請宗室會於華林園，召林、秀及王輿入，因收林，殺之，誅三族。

及三王起兵討倫檄至，倫、秀始大懼，遣其中堅孫輔爲上軍將軍，積弩李嚴爲折衝將軍，率兵七千自延壽關出，征虜張泓、左軍蔡璜、前軍閭和等率九千人自堮坂關出，鎮軍司馬雅、揚威莫原等率八千人自成皐關出。召東平王楙爲使持節、衞將軍，都督諸軍以距義師。使楊珍晝夜詣宣帝別廟祈請，輒言宣帝謝陛下，某日當破賊。拜道士胡沃爲太平將軍，以招福祐。秀家日爲淫祀，作厭勝之文，使巫祝選擇戰日。又令近親於嵩山著羽衣，詐稱仙人王喬，作神仙書，述倫祚長久以惑衆。秀欲遣馥、虔領兵助諸軍戰，馥、虔不肯。虔素親愛劉輿，秀乃使輿說虔，虔然後率衆八千爲三軍繼援。而泓、雅等連戰雖勝，義軍散而輒合，雅等不得前。許超等與成都王穎軍戰于黃橋，殺傷萬餘人。泓徑造陽翟，又於城南破齊王冏輜重，殺數千人，遂據城保邸閣。而冏軍已在潁陰，去陽翟四十里。冏分軍渡潁，攻泓等不利。泓乘勝至于潁上，夜臨潁而陣。冏縱輕兵擊之，諸軍不動，而孫輔、徐建軍夜亂，徑歸洛自首。輔、建之走也，不知諸軍督尚存，乃云：「齊王兵盛，不可當，泓等已沒。」倫大震，祕之，而召虔及超還。會泓敗冏露布至，倫大喜，乃復遣超，而虔還已至庾倉。超還濟河，將士疑阻，銳氣內挫。泓等悉其諸軍濟潁，進攻冏營，冏出兵擊其別率孫髦、司馬譚、孫輔，皆破之，士卒散歸洛陽，泓等收衆還營。秀等知三方日急，詐傳破冏營，執得冏，以誑惑其衆，令百官皆賀，而士猗、伏胤、孫會皆杖節各不相從。倫復授太子詹事劉琨節，督河北將軍，率步騎千人催諸軍戰。會等與義軍戰于激水，〔四〕大敗，退保河上，劉琨燒斷河橋。

自義兵之起，百官將士咸欲誅倫、秀以謝天下。秀知衆怒難犯，不敢出省。及聞河北軍悉敗，憂懣不知所爲。義陽王威勸秀至尙書省與八坐議征戰之備，秀從之。使京城四品以下子弟年十五以上，皆詣司隸，從倫出戰。內外諸軍悉欲劫殺秀，威懼，自崇禮闥走還下舍。許超、士猗、孫會等軍既並還，乃與秀謀，或欲收餘卒出戰，或欲焚燒宮室，誅殺不附己者，挾倫南就孫旂、孟觀等，或欲乘船東走入海，計未決。王輿反之，率營兵七百餘人自南掖門入，勑宮中兵各守衞諸門，三部司馬爲應於內。輿自往攻秀，秀閉中書南門。輿放兵登牆燒屋，秀及超、猗遽走出，左衞將軍趙泉斬秀等以徇。收孫奇於右衞營，〔五〕付廷尉誅之。執前將軍謝惔、黃門令駱休、司馬督王潛，皆於殿中斬之。三部司馬兵於宣化闥中斬孫弼以徇。時司馬馥在秀坐，輿使將士囚之于散騎省，以大戟守省閤。八坐皆入殿中，坐東除樹下。王輿屯雲龍門，使倫爲詔曰：「吾爲孫秀等所誤，以怒三王。今已誅秀，其迎太上復位，吾歸老于農畝。」傳詔以騶虞幡敕將士解兵。文武官皆奔走，莫敢有居者。黃門將倫自華林東門出，及荂皆還汶陽里第。於是以甲士數千迎天子于金墉，百姓咸稱萬歲。帝自端門入，升殿，御廣室，送倫及荂等付金墉城。

初，秀懼西軍至，復召虔還。是日宿九曲，詔遣使者免虔官，虔懼，棄軍將數十人歸于汶陽里。

梁王肜表倫父子凶逆，宜伏誅。百官會議于朝堂，皆如肜表。遣尙書袁敞持節賜倫死，飮以金屑苦酒。倫慚，以巾覆面，曰：「孫秀誤我！孫秀誤我！」於是收荂、馥、虔、詡付廷尉獄，考竟。馥臨死謂虔曰：「坐爾破家也！」百官是倫所用者，皆斥免之，臺省府衞僅有存者。自兵興六十餘日，戰所殺害僅十萬人。

凡與倫爲逆豫謀大事者：張林爲秀所殺；許超、士猗、孫弼、謝惔、殷渾與秀爲王輿所誅；張衡、閭和、孫髦、高越自陽翟還，伏胤戰敗還洛陽，皆斬于東市；蔡璜自陽翟降齊王冏，還洛自殺；王輿以功免誅，後與東萊王蕤謀殺冏，又伏法。

齊王冏 鄭方

齊武閔王冏字景治，獻王攸之子也。少稱仁惠，好振施，有父風。初，攸有疾，武帝不信，遣太醫診候，皆言無病。及攸薨，帝往臨喪，冏號踊訴父病爲醫所誣，詔卽誅醫。由是見稱，遂得爲嗣。

元康中，拜散騎常侍，領左軍將軍、翊軍校尉。趙王倫密與相結，廢賈后，以功轉游擊將軍。冏以位不滿意，有恨色。孫秀微覺之，且憚其在內，出爲平東將軍、假節，鎮許昌。倫篡，遷鎮東大將軍、開府儀同三司，欲以寵安之。

冏因衆心怨望，潛與離狐王盛、潁川王處穆謀起兵誅倫。倫遣腹心張烏覘之，烏反，曰：「齊無異志。」冏既有成謀未發，恐事泄，乃與軍司管襲殺處穆，送首於倫，以安其意。謀定，乃收襲殺之。遂與豫州刺史何勖、龍驤將軍董艾等起軍，遣使告成都、河間、常山、新野四王，移檄天下征鎮、州郡縣國，咸使聞知。揚州刺史郗隆承檄，猶豫未決，參軍王邃斬之，送首于冏。冏屯軍陽翟，倫遣其將閭和、張泓、孫輔出堮坂，與冏交戰。冏軍失利，堅壘自守。會成都軍破倫衆於黄橋，冏乃出軍攻和等，大破之。及王輿廢倫，惠帝反正，冏誅討賊黨既畢，率衆入洛，頓軍通章署，甲士數十萬，旌旗器械之盛，震於京都。天子就拜大司馬，加九錫之命，備物典策，如宣、景、文、武輔魏故事。

冏於是輔政，居攸故宮，置掾屬四十人。大築第館，北取五穀市，南開諸署，毁壞廬舍以百數，使大匠營制，與西宮等。鑿千秋門牆以通西閣，後房施鍾懸，前庭舞八佾，沈于酒色，不入朝見。坐拜百官，符敕三臺，選舉不均，惟寵親昵。以車騎將軍何勖領中領軍。封葛旟爲牟平公，路秀小黃公，〔六〕衞毅陰平公，〔七〕劉眞安鄉公，韓泰封丘公，號曰「五公」，委以心膂。殿中御史桓豹奏事，不先經冏府，卽考竟之。於是朝廷側目，海內失望矣。南陽處士鄭方露版極諫，主簿王豹屢有箴規，冏並不能用，遂奏豹殺之。有白頭公入大司馬府大呼，言有兵起，不出甲子旬。卽收殺之。

冏驕恣日甚，終無悛志。前賊曹屬孫惠復上諫曰：

惠聞天下五難，四不可，而明公皆以居之矣。捐宗廟之主，忽千乘之重，躬貫甲胄，犯冒鋒刃，此一難也。奮三百之卒，決全勝之策，集四方之衆，致英豪之士，此二難也。舍殿堂之尊，居單幕之陋，安囂塵之慘，同將士之勞，此三難也。驅烏合之衆，當凶强之敵，任神武之略，無疑阻之懼，此四難也。檄六合之內，著盟信之誓，升幽宮之帝，復皇祚之業，此五難也。大名不可久荷，大功不可久任，大權不可久執，大威不可久居。未有行其五難而不以爲難，遺其不可而謂之爲可。惠竊所不安也。

自永熙以來，十有一載，〔八〕人不見德，惟戮是聞。公族構篡奪之禍，骨肉遭梟夷之刑，羣王被囚檻之困，妃主有離絕之哀。歷觀前代，國家之禍，至親之亂，未有今日之甚者也。良史書過，後嗣何觀！天下所以不去於晉，符命長存於世者，主無嚴虐之暴，朝無酷烈之政，武帝餘恩，獻王遺愛，聖慈惠和，尚經人心。〔九〕四海所係，實在於茲。

今明公建不世之義，而未爲不世之讓，天下惑之，思求所悟。長沙、成都，魯衞之密，國之親親，與明公計功受賞，尚不自先。今公宜放桓文之勳，邁臧札之風，芻狗萬物，不仁其化，崇親推近，功遂身退，委萬機於二王，命方嶽於羣后，燿義讓之旗，鳴思歸之鑾，宅大齊之墟，振泱泱之風，垂拱青徐之域，高枕營丘之藩。金石不足以銘高，八音不足以贊美，姬文不得專聖於前，太伯不得獨賢於後。今明公忘亢極之悔，忽窮高之凶，棄五嶽之安，居累卵之危，外以權勢受疑，內以百揆損神。雖處高臺之上，逍遙重仞之墉，及其危亡之憂，過於潁翟之慮。羣下竦戰，莫之敢言。

惠以衰亡之餘，遭陽九之運，甘矢石之禍，赴大王之義，脫褐冠胄，從戎于許。契闊戰陣，功無可記，當隨風塵，待罪初服。屈原放斥，心存南郢；樂毅適趙，志戀北燕。況惠受恩，偏蒙識養，雖復暫違，情隆二臣，是以披露血誠，冒昧干迕。言入身戮，義讓功舉，退就鈇鑕，此惠之死賢於生也。

冏不納，亦不加罪。

翊軍校尉李含奔于長安，詐云受密詔，使河間王顒誅冏，因導以利謀。顒從之，上表曰：

王室多故，禍難罔已。大司馬冏雖唱義有興復皇位之功，而定都邑，克寧社稷，實成都王之勳力也。而冏不能固守臣節，實協異望。在許昌營有東西掖門，官置治書侍御史，長史、司馬直立左右，如侍臣之儀。京城大清，篡逆誅夷，而率百萬之衆來繞洛城。阻兵經年，不一朝覲，百官拜伏，晏然南面。壞樂官市署，用自增廣。輒取武庫祕杖，嚴列不解。故東萊王蕤知其逆節，表陳事狀，而見誣陷，加罪黜徙。以樹私黨，僭立官屬。幸妻嬖妾，名號比之中宮。沈湎酒色，不恤羣黎。董艾放縱，無所畏忌，中丞按奏，而取退免。張偉惚恫，擁停詔可；葛旟小豎，維持國命。操弄王爵，貨賂公行。羣姦聚黨，擅斷殺生。密署腹心，實爲貨謀。斥罪忠良，伺闚神器。

臣受重任，蕃衞方嶽，見冏所行，實懷激憤。卽日翊軍校尉李含乘驛密至，宣騰詔旨。臣伏讀感切，五情若灼。春秋之義，君親無將。冏擁强兵，樹置私黨，權官要職，莫非腹心。雖復重責之誅，恐不義服。今輒勒兵，精卒十萬，與州征並協忠義，共會洛陽。驃騎將軍長沙王乂，同奮忠誠，廢冏還第。有不順命，軍法從事。成都王穎明德茂親，功高勳重，往歲去就，允合衆望，宜爲宰輔，代冏阿衡之任。

顒表既至，冏大懼，會百僚曰：「昔孫秀作逆，篡逼帝王，社稷傾覆，莫能禦難。孤糾合義衆，掃除元惡，臣子之節，信著神明。二王今日聽信讒言，造構大難，當賴忠謀以和不協耳。」司徒王戎、司空東海王越說冏委權崇讓。冏從事中郎葛旟怒曰：「趙庶人聽任孫秀，移天易日，當時喋喋，莫敢先唱。公蒙犯矢石，躬貫甲冑，攻圍陷陣，得濟今日。計功行封，事殷未徧。三臺納言不恤王事，賞報稽緩，責不在府。讒言僭逆，當共誅討，虛承僞書，令公就第。漢魏以來，王侯就第寧有得保妻子者乎！議者可斬。」於是百官震悚，無不失色。

長沙王乂徑入宮，發兵攻冏府。冏遣董艾陳兵宮西。乂又遣宋洪等放火燒諸觀閣及千秋、神武門。冏令黃門令王湖悉盜騶虞幡，唱云：「長沙王矯詔。」乂又稱：「大司馬謀反，助者誅五族。」是夕，城內大戰，飛矢雨集，火光屬天。帝幸上東門，矢集御前。羣臣救火，死者相枕。明日，冏敗，乂擒冏至殿前，帝惻然，欲活之。乂叱左右促牽出，冏猶再顧，遂斬於閶闔門外，徇首六軍。諸黨屬皆夷三族。幽其子淮陵王超、樂安王冰、濟陽王英于金墉。暴冏尸於西明亭，三日而莫敢收斂。冏故掾屬荀闓等表乞殯葬，許之。

初，冏之盛也，有一婦人詣大司馬府求寄產。吏詰之，婦人曰：「我截齊便去耳。」識者聞而惡之。時又謠曰：「著布袙腹，爲齊持服。」俄而冏誅。

永興初，詔以冏輕陷重刑，前勳不宜堙沒，乃赦其三子超、冰、英還第，封超爲縣王，以繼冏祀，歷員外散騎常侍。光熙初，追冊冏曰：「咨故大司馬、齊王冏：王昔以宗藩穆胤紹世，緒于東國，作翰許京，允鎮靜我王室。誕率義徒，同盟觸澤，克成元勳，大濟潁東。朕用應嘉茂績，謂篤爾勞，俾式先典，以疇茲顯懿。廓土殊分，跨兼吳楚，崇禮備物，寵侔蕭霍，庶憑翼戴之重，永隆邦家之望。而恭德不建，取侮二方，有司過舉，致王于戮。古人有言曰：『用其法，猶思其人。』況王功濟朕身，勳存社稷，追惟既往，有悼於厥心哉！今復王本封，命嗣子還紹厥緒，禮秩典度，一如舊制。使使持節、大鴻臚卽墓賜策，祠以太牢。魂而有靈，祗服朕命，肆寧爾心，嘉茲寵榮。」子超嗣爵。

永嘉中，懷帝下詔，重述冏唱義元勳，還贈大司馬，加侍中、假節，追謚。及洛陽傾覆，超兄弟皆沒于劉聰，冏遂無後。

太元中，詔以故南頓王宗子柔之襲封齊王，〔一〇〕紹攸、冏之祀，歷散騎常侍。元興初，會稽王道子將討桓玄，詔柔之兼侍中，以騶虞幡宣告江、荆二州，至姑孰，爲玄前鋒所害。贈光祿勳。子建之立。宋受禪，國除。

鄭方者，字子回。慷慨有志節，博涉史傳，卓犖不常，鄉閭有識者歎其奇，而未能薦達。及冏輔政專恣，方發憤步詣洛陽，自稱荆楚逸民，獻書於冏曰：「方聞聖明輔世，夙夜祗懼，泰而不驕，所以長守貴也。今大王安不慮危，耽于酒色，燕樂過度，其失一也。大王檄命，當使天下穆如清風，宗室骨肉永無纖介，今則不然，其失二也。四夷交侵，邊境不靜，大王自以功業興隆，不以爲念，其失三也。大王興義，羣庶競赴，天下雖寧，人勞窮苦，不聞大王振救之令，其失四也。又與義兵歃血而盟，事定之後，賞不踰時，自清泰已來，論功未分，此則食言，其失五也。大王建非常之功，居宰相之任，謗聲盈塗，人懷忿怨，方以狂愚，冒死陳誠。」冏含忍答之云：「孤不能致五闕，若無子，則不聞其過矣。」未幾而敗焉。

長沙王乂

長沙厲王乂字士度，武帝第六子也。太康十年受封，拜員外散騎常侍。及武帝崩，乂時年十五，孺慕過禮。會楚王瑋奔喪，諸王皆近路迎之，乂獨至陵所，號慟以俟瑋。拜步兵校尉。及瑋之誅二公也，乂守東掖門。會騶虞幡出，乂投弓流涕曰：「楚王被詔，是以從之，安知其非！」瑋既誅，乂以同母，貶爲常山王，之國。

乂身長七尺五寸，開朗果斷，才力絕人，虛心下士，甚有名譽。三王之舉義也，乂率國兵應之，過趙國，房子令距守，乂殺之，進軍爲成都後係。常山內史程恢將貳於乂，乂到鄴，斬恢及其五子。至洛，拜撫軍大將軍、領左軍將軍。頃之，遷驃騎將軍、開府，復本國。

乂見齊王冏漸專權，嘗與成都王穎俱拜陵，因謂穎曰：「天下者，先帝之業也，王宜維之。」時聞其言者皆憚之。及河間王顒將誅冏，傳檄以乂爲內主。冏遣其將董艾襲乂，乂將左右百餘人，手斫車幰，露乘馳赴宮，閉諸門，奉天子與冏相攻，起火燒冏府。連戰三日，冏敗，斬之，幷誅諸黨與二千餘人。

顒本以乂弱冏强，冀乂爲冏所擒，然後以乂爲辭，宣告四方共討之，因廢帝立成都王，己爲宰相，專制天下。既而乂殺冏，其計不果，乃潛使侍中馮蓀、河南尹李含、中書令卞粹等襲乂。乂並誅之。顒遂與穎同伐京都。穎遣刺客圖乂，時長沙國左常侍王矩侍直，見客色動，遂殺之。詔以乂爲大都督以距顒。連戰自八月至十月，朝議以乂、穎兄弟，可以辭說而釋，乃使中書令王衍行太尉，光祿勳石陋行司徒，使說穎，令與乂分陝而居，穎不從。乂因致書於穎曰：「先帝應乾撫運，統攝四海，勤身苦己，克成帝業，六合清泰，慶流子孫。孫秀作逆，反易天常，卿興義衆，還復帝位。齊王恃功，肆行非法，上無宰相之心，下無忠臣之行，遂其讒惡，離逖骨肉，主上怨傷，尋已蕩除。吾之與卿，友于十人，同產皇室，受封外都，各不能闡敷王敎，經濟遠略。今卿復與太尉共起大衆，阻兵百萬，重圍宮城。羣臣同忿，聊卽命將，示宣國威，未擬摧殄。自投溝澗，蕩平山谷，死者日萬，酷痛無罪。豈國恩之不慈，則用刑之有常。卿所遣陸機不樂受卿節鉞，將其所領，私通國家。想來逆者，當前行一尺，卻行一丈。卿宜還鎭，以寧四海，令宗族無羞，子孫之福也。如其不然，念骨肉分裂之痛，故復遺書。」

穎復書曰：「文景受圖，武皇乘運，庶幾堯舜，共康政道，恩隆洪業，本枝百世。豈期骨肉豫禍，后族專權，楊賈縱毒，齊趙內篡。幸以誅夷，而未靜息。每憂王室，心悸肝爛。羊玄之、皇甫商等恃寵作禍，能不興慨！於是征西羽檄，四海雲應。本謂仁兄同其所懷，便當內擒商等，收級遠送。如何迷惑，自爲戎首！上矯君詔，下離愛弟，推移輦轂，妄動兵威，還任豺狼，棄戮親善。行惡求福，如何自勉！前遣陸機董督節鉞，雖黃橋之退，而溫南收勝，一彼一此，未足增慶也。今武士百萬，良將銳猛，要當與兄整頓海內。若能從太尉之命，斬商等首，投戈退讓，自求多福，穎亦自歸鄴都，與兄同之。奉覽來告，緬然慷慨。慎哉大兄，深思進退也！」

乂前後破穎軍，斬獲六七萬人。戰久糧乏，城中大饑，雖曰疲弊，將士同心，皆願效死。而乂奉上之禮未有虧失，張方以爲未可克，欲還長安。而東海王越慮事不濟，潛與殿中將收乂送金墉城。乂表曰：「陛下篤睦，委臣朝事。臣小心忠孝，神祇所鑒。諸王承謬，率衆見責，朝臣無正，各慮私困，收臣別省，送臣幽宮。臣不惜軀命，但念大晉衰微，枝黨欲盡，陛下孤危。若臣死國寧，亦家之利。但恐快凶人之志，無益於陛下耳。」殿中左右恨乂功垂成而敗，謀劫出之，更以距穎。越懼難作，欲遂誅乂。黃門郎潘滔勸越密告張方，方遣部將郅輔勒兵三千，就金墉收乂，至營，炙而殺之。乂冤痛之聲達於左右，三軍莫不爲之垂涕。時年二十八。

乂將殯於城東，官屬莫敢往，故掾劉佑獨送之，步持喪車，悲號斷絶，哀感路人。張方以其義士，不之問也。初，乂執權之始，洛下謠曰：「草木萌牙殺長沙。」乂以正月二十五日廢，二十七日死，如謠言焉。永嘉中，懷帝以乂子碩嗣，拜散騎常侍，後沒于劉聰。

成都王穎

成都王穎字章度，武帝第十六子也。太康末受封，邑十萬戶。後拜越騎校尉，加散騎常侍、車騎將軍。

賈謐嘗與皇太子博，爭道。穎在坐，厲聲呵謐曰：「皇太子，國之儲君，賈謐何得無禮！」謐懼，由此出穎爲平北將軍，鎮鄴。轉鎮北大將軍。

趙王倫之篡也，進征北大將軍，加開府儀同三司。及齊王冏舉義，穎發兵應冏，以鄴令盧志爲左長史，頓丘太守鄭琰爲右長史，〔二〕黄門郎程牧爲左司馬，陽平太守和演爲右司馬。使兗州刺史王彥，冀州刺史李毅，督護趙驤、石超等爲前鋒。羽檄所及，莫不響應。至朝歌，衆二十餘萬。趙驤至黄橋，爲倫將士猗、許超所敗，死者八千餘人，士衆震駭。穎欲退保朝歌，用盧志、王彥策，又使趙驤率衆八萬，與王彥俱進。倫復遣孫會、劉琨等率三萬人，與猗、超合兵距驥等，精甲耀日，鐵騎前驅。猗既戰勝，有輕驥之心。未及溫十餘里，復大戰，猗等奔潰。穎遂過河，乘勝長驅。左將軍王輿殺孫秀，〔二〕幽趙王倫，迎天子反正。及穎入京都，誅倫。使趙驤、石超等助齊王冏攻張泓於陽翟，泓等遂降。冏始率衆入洛，自以首建大謀，遂擅威權。穎營于太學，及入朝，天子親勞焉。穎拜謝曰：「此大司馬臣冏之勳，臣無豫焉。」見訖，即辭出，不復還營，便謁太廟，出自東陽城門，遂歸鄴。遣信與冏別，冏大驚，馳出送穎，至七里澗及之。穎住車言別，流涕，不及時事，惟以太妃疾苦形於顏色，百姓觀者莫不傾心。

至鄴，詔遣兼太尉王粹加九錫殊禮，進位大將軍、都督中外諸軍事、假節、加黃鉞、錄尚書事，入朝不趨，劍履上殿。穎拜受徽號，讓殊禮九錫。表論興義功臣盧志、和演、董洪、王彥、趙驤等五人，皆封開國公侯。又表稱：「大司馬前在陽翟，與强賊相持既久，百姓創痍，饑餓凍餒，宜急振救。乞差發郡縣車，一時運河北邸閣米十五萬斛，以振陽翟饑人。」盧志言於穎曰：「黃橋戰亡者有八千餘人，既經夏暑，露骨中野，可爲傷惻。昔周王葬枯骨，故詩云『行有死人，尚或墐之』。況此等致死王事乎！」穎乃造棺八千餘枚，以成都國秩爲衣服，斂祭，葬於黃橋北，樹枳籬爲之塋域。又立都祭堂，刊石立碑，紀其赴義之功，使亡者之家四時祭祀有所。仍表其門閭，加常戰亡二等。又命河內溫縣埋藏趙倫戰死士卒萬四千餘人。〔一三〕穎形美而神昏，不知書，然器性敦厚，委事於志，故得成其美焉。

及齊王冏驕侈無禮，於是衆望歸之。詔遣侍中馮蓀、中書令卞粹喻穎入輔政，并使受九錫。穎猶讓不拜。尋加太子太保。穎嬖人孟玖不欲還洛，又程太妃愛戀鄴都，以此議久不決。留義募將士既久，咸怨曠思歸，或有輒去者，乃題鄴城門云：「大事解散蠶欲遽。請且歸，赴時務。昔以義來，今以義去。若復有急更相語。」穎知不可留，因遣之，百姓乃安。及冏敗，穎懸執朝政，事無巨細，皆就鄴諮之。後張昌擾亂荊土，穎拜表南征，所在嚮赴。既恃功驕奢，百度弛廢，甚於冏時。

穎方恣其欲，而憚長沙王乂在內，遂與河間王顒表請誅后父羊玄之、左將軍皇甫商等，檄乂使就第。乃與顒將張方伐京都，以平原內史陸機爲前鋒都督、前將軍、假節。穎次朝歌，每夜矛戟有光若火，其壘井中皆有龍象。進軍屯河南，阻清水爲壘，造浮橋以通河北，以大木函盛石，沈之以繫橋，名曰石鼈。陸機戰敗，死者甚衆，機又爲孟玖所譖，穎收機斬之，夷其三族，語在機傳。於是進攻京城。時常山人王輿合衆萬餘，欲襲穎。會乂被執，其黨斬輿降。穎既入京師，復旋鎭于鄴，增封二十郡，拜丞相。河間王顒表穎宜爲儲副，遂廢太子覃，立穎爲皇太弟，丞相如故，制度一依魏武故事，乘輿服御皆遷于鄴。表罷宿衛兵屬相府，更以王官宿衛。僭侈日甚，有無君之心，委任孟玖等，大失衆望。

永興初，左衛將軍陳眕，殿中中郎逯苞、成輔及長沙故將上官巳等，奉大駕討穎，馳檄四方，赴者雲集。軍次安陽，衆十餘萬，鄴中震懼。穎欲走，其掾步熊有道術，曰：「勿動！南軍必敗。」穎會其衆問計，東安王繇乃曰：「天子親征，宜罷甲，縞素出迎請罪。」司馬王混、參軍崔曠勸穎距戰，穎從之，乃遣奮武將軍石超率衆五萬，次于蕩陰。眕二弟匡、規自鄴赴王師，云：「鄴中皆已離散。」由是不甚設備。超衆奄至，王師敗績，矢及乘輿，侍中嵇紹死於帝側，左右皆奔散，乃棄天子於藁中。超遂奉帝幸鄴。穎改元建武，害東安王繇，署置百官，殺生自己，立郊於鄴南。

安北將軍王浚、〔四〕寧北將軍東嬴公騰殺穎所置幽州刺史和演，穎徵浚，浚屯冀州不進，與騰及烏丸羯朱襲穎。〔五〕候騎至鄴，穎遣幽州刺史王斌及石超、李毅等距浚，爲羯朱等所敗。鄴中大震，百僚奔走，士卒分散。穎懼，將帳下數十騎，擁天子，與中書監盧志單車而走，五日至洛。羯朱追至朝歌，不及而還。河間王顒遣張方率甲卒二萬救穎，至洛，方乃挾帝，擁穎及豫章王幷高光、盧志等歸于長安。顒廢穎歸藩，以豫章王爲皇太弟。

穎既廢，河北思之，鄴中故將公師藩、汲桑等起兵以迎穎，衆情翕然。顒復拜穎鎮軍大將軍、都督河北諸軍事，給兵千人，鎮鄴。穎至洛，而東海王越率衆迎大駕，所在鋒起。穎以北方盛强，懼不可進，自洛陽奔關中。值大駕還洛，穎自華陰趨武關，出新野。帝詔鎮南將軍劉弘、南中郎將劉陶收捕穎，於是棄母妻，單車與二子廬江王普、中都王廓渡河赴朝歌，收合故將士數百人，欲就公師藩。頓丘太守馮嵩執穎及普、廓送鄴，范陽王虓幽之，而無他意。屬虓暴薨，虓長史劉輿見穎爲鄴都所服，慮爲後患，祕不發喪，僞令人爲臺使，稱詔夜賜穎死。穎謂守者田徽曰：「范陽王亡乎？」徽曰：「不知。」穎曰：「卿年幾？」徽曰：「五十。」穎曰：「知天命不？」徽曰：「不知。」穎曰：「我死之後，天下安乎不安乎？我自放逐，於今三年，身體手足不見洗沐，取數斗湯來！」其二子號泣，穎敕人將去。乃散髮東首臥，命徽縊之，時年二十八。二子亦死。鄴中哀之。

穎之敗也，官屬並奔散，惟盧志隨從不怠，論者稱之。其後汲桑害東嬴公騰，稱爲穎報讎，遂出穎棺，載之於軍中，每事啓靈，以行軍令。桑敗，棄棺於故井中。穎故臣收之，改葬於洛陽，懷帝加以縣王禮。

穎死後數年，開封間有傳穎子年十餘歲，流離百姓家，東海王越遣人殺之。永嘉中，立東萊王蕤子遵爲穎嗣，封華容縣王。後沒於賊，國除。

河間王顒

河間王顒字文載，安平獻王孚孫，太原烈王瓌之子也。初襲父爵，咸寧二年就國。三年，改封河間。少有清名，輕財愛士。與諸王俱來朝，武帝歎顒可以爲諸國儀表。元康初，爲北中郎將，監鄴城。九年，代梁王肜爲平西將軍，鎮關中。石函之制，非親親不得都督關中，顒於諸王爲疎，特以賢舉。

及趙王倫簒位，齊王冏謀討之。前安西參軍夏侯奭自稱侍御史，在始平合衆，得數千人，以應冏，遣信要顒。顒遣主簿房陽、河間國人張方討擒奭，及其黨十數人，於長安市腰斬之。及冏檄至，顒執冏使，送之於倫。倫徵兵於顒，顒遣方率關右健將赴之。方至華陰，顒聞二王兵盛，乃加長史李含龍驤將軍，領督護席薳等追方軍迴，以應二王。義兵至潼關，而倫、秀已誅，天子反正，含、方各率衆還。及冏論功，雖怒顒初不同，而終能濟義，進位侍中、太尉，加三賜之禮。

後含爲翊軍校尉，與冏參軍皇甫商、司馬趙驤等有憾，遂奔顒，詭稱受密詔伐冏，因說利害。顒納之，便發兵，遣使邀成都王穎。以含爲都督，率諸軍屯陰盤，前鋒次于新安，去洛百二十里。檄長沙王乂討冏。及冏敗，顒以含爲河南尹，使與馮蓀、卞粹等潛圖害乂。商知含前矯妄及與顒陰謀，具以告乂。乂乃誅含等。顒聞含死，即起兵以討商爲名，使張方爲都督，領精卒七萬向洛。方攻商，商距戰而潰，方遂進攻西明門。乂率中軍左右衞擊之，方衆大敗，死者五千餘人。方初於駃水橋西爲營，於是築壘數重，外引廩穀，以足軍資。

乂復從天子出攻方，戰輒不利。及乂死，方還長安。詔以顒爲太宰、大都督、雍州牧。顒廢皇太子覃，立成都王穎爲太弟，改年，大赦。

左衞將軍陳眕奉天子伐穎，顒又遣方率兵二萬救鄴。天子已幸鄴。方屯兵洛陽。及王浚等伐穎，穎挾天子歸洛陽。方將兵入殿中，逼帝幸其壘，掠府庫，將焚宮廟以絕衆心。盧志諫，乃止。方又逼天子幸長安。顒乃選置百官，改秦州爲定州。及東海王越起兵徐州，西迎大駕，關中大懼，方謂顒曰：「方所領猶有十餘萬衆，奉送大駕還洛宮，使成都王反鄴，公自留鎭關中，方北討博陵。如此，天下可小安，無復舉手者。」顒慮事大難濟，不許。乃假劉喬節，進位鎭東大將軍，遣成都王穎總統樓褒、〔一六〕王闡等諸軍，據河橋以距越。王浚遣督護劉根，將三百騎至河上。闡出戰，爲根所殺。穎頓軍張方故壘，范陽王虓遣鮮卑騎與平昌、博陵衆襲河橋，樓褒西走，追騎至新安，道路死者不可勝數。

初，越以張方劫遷車駕，天下怨憤，唱義與山東諸侯剋期奉迎，先遣說顒，令送帝還都，與顒分陝而居。顒欲從之，而方不同。及東軍大捷，成都等敗，顒乃令方親信將郅輔夜斬方，送首以示東軍。尋變計，更遣刁默守潼關，乃咎輔殺方，又斬輔。顒先遣將呂朗等據滎陽，范陽王虓司馬劉琨以方首示朗，於是朗降。時東軍既盛，破刁默以入關，顒懼，又遣馬瞻、郭偉於霸水禦之，瞻等戰敗散走。顒乘單馬，逃于太白山。東軍入長安，大駕旋，以太弟太保梁柳爲鎮西將軍，守關中。馬瞻等出詣柳，因共殺柳於城內。瞻等與始平太守梁邁合從，迎顒於南山。顒初不肯入府，長安令蘇衆、記室督朱永勸顒表稱柳病卒，輒知方事。弘農太守裴廙、秦國內史賈龕、安定太守賈疋等起義討顒，斬馬瞻、梁邁等。東海王越遣督護麋晃率國兵伐顒。至鄭，顒將牽秀距晃，晃斬秀，并其二子。義軍據有關中，顒保城而已。

永嘉初，詔書以顒爲司徒，乃就徵。南陽王模遣將梁臣於新安雍谷車上扼殺之，并其三子。詔以彭城元王植子融爲顒嗣，改封樂成縣王。薨，無子。建興中，元帝又以彭城康王釋子欽爲融嗣。

東海王越

東海孝獻王越字元超，高密王泰之次子也。〔一七〕少有令名，謙虛持布衣之操，爲中外所宗。初以世子爲騎都尉，與駙馬都尉楊邈及琅邪王伷子繇俱侍講東宮，拜散騎侍郎，歷左衛將軍，加侍中。討楊駿有功，封五千戶侯。遷散騎常侍、輔國將軍、尚書右僕射，領游擊將軍。復爲侍中，加奉車都尉，給溫信五十人，〔一八〕別封東海王，食六縣。永康初，爲中書令，徙侍中，遷司空，領中書監。

成都王穎攻長沙王乂，乂固守洛陽，殿中諸將及三部司馬疲於戰守，密與左衞將軍朱默夜收乂別省，逼越爲主，啓惠帝免乂官。事定，越稱疾遜位。帝不許，加守尚書令。太安初，〔一九〕帝北征鄴，以越爲大都督。六軍敗，越奔下邳，徐州都督、東平王楙不納，越徑還東海。成都王穎以越兄弟宗室之美，下寬令招之，越不應命。帝西幸，以越爲太傅，與太宰顒夾輔朝政，讓不受。東海中尉劉洽勸越發兵以備穎，越以洽爲左司馬，尚書曹馥爲軍司。既起兵，楙懼，乃以州與越。越以司空領徐州都督，以楙領兗州刺史。越三弟並據方任征伐，輒選刺史守相，朝士多赴越。而河間王顒挾天子，發詔罷越等，皆令就國。越唱義奉迎大駕，還復舊都，率甲卒三萬，西次蕭縣。豫州刺史劉喬不受越命，遣子祐距之，〔二〇〕越軍敗。范陽王虓遣督護田徽以突騎八百迎越，遇祐於譙，祐衆潰，越進屯陽武。山東兵盛，關中大懼，顒斬送張方首求和，尋變計距越。越率諸侯及鮮卑許扶歷、駒次宿歸等步騎迎惠帝反洛陽。詔越以太傅錄尚書，以下邳、濟陽二郡增封。

及懷帝即位，委政於越。吏部郎周穆，清河王覃舅，越之姑子也，與其妹夫諸葛玫共說越曰：「主上之爲太弟，張方意也。清河王本太子，爲羣凶所廢。先帝暴崩，多疑東宮。公盍思伊霍之舉，以寧社稷乎？」言未卒，越曰：「此豈宜言邪！」遂叱左右斬之。以玫、穆世家，罪止其身，因此表除三族之法。帝始親萬機，留心庶事，越不悅，求出藩，帝不許。越遂出鎭許昌。

永嘉初，自許昌率苟晞及冀州刺史丁劭討汲桑，〔二一〕破之。越還于許，長史潘滔說之曰：「兗州天下樞要，公宜自牧。」乃轉苟晞爲青州刺史，由是與晞有隙。

尋詔越爲丞相，領兗州牧，督兗、豫、司、冀、幽、幷六州。越辭丞相不受，自許遷于鄄城。越恐淸河王覃終爲儲副，矯詔收付金墉城，尋害之。

王彌入許，越遣左司馬王斌率甲士五千人入衞京都。鄄城自壞，越惡之，移屯濮陽，又遷于滎陽。召田甄等六率，〔二二〕甄不受命，越遣監軍劉望討甄。初，東嬴公騰之鎭鄴也，攜幷州將田甄、甄弟蘭、任祉、祁濟、李惲、薄盛等部衆萬餘人至鄴，遣就穀冀州，號爲乞活。及騰敗，甄等邀破汲桑於赤橋，越以甄爲汲郡，蘭爲鉅鹿太守。甄求魏郡，越不許，甄怒，故召不至。望旣渡河，甄退。李惲、薄盛斬田蘭，率其衆降，甄、祉、濟棄軍奔上黨。

越自滎陽還洛陽，以太學爲府。疑朝臣貳己，乃誣帝舅王延等爲亂，遣王景率甲士三千人入宮收延等，〔二三〕付廷尉殺之。越解兗州牧，領司徒。越旣與苟晞構怨，又以頃興事多由殿省，乃奏宿衞有侯爵者皆罷之。時殿中武官並封侯，由是出者略盡，皆泣涕而去。乃以東海國上軍將軍何倫爲右衞將軍，王景爲左衞將軍，領國兵數百人宿衞。

越自誅王延等，大失衆望，而多有猜嫌。散騎侍郎高韜有憂國之言，越誣以訕謗時政害之，而不自安。乃戎服入見，請討石勒，且鎮集兗豫以援京師。帝曰：「今逆虜侵逼郊畿，王室蠢蠢，莫有固心。朝廷社稷，倚賴於公，豈可遠出以孤根本！」對曰：「臣今率衆邀賊，勢必滅之。賊滅則不逞消殄，已東諸州職貢流通。此所以宣暢國威，藩屏之宜也。若端坐京輦以失機會，則釁弊日滋，所憂逾重。」遂行。留妃裴氏、世子、鎮軍將軍毗，及龍驤將軍李惲幷何倫等守衞京都。表以行臺隨軍，率甲士四萬東屯于項，王公卿士隨從者甚衆。詔加九錫。越乃羽檄四方曰「皇綱失御，社稷多難，孤以弱才，備當大任。自頃胡寇內逼，偏裨失利，帝鄉便爲戎州，冠帶奄成殊域，朝廷上下，以爲憂懼。皆由諸侯蹉跎，遂及此難。投袂忘履，討之已晚。人情奉本，莫不義奮。當須合會之衆，以俟戰守之備。宗廟主上，相賴匡救。檄至之日，便望風奮發，忠臣戰士效誠之秋也。」所徵皆不至。而苟晞又表討越，語在晞傳。越以豫州刺史馮嵩爲左司馬，自領豫州牧。

越專擅威權，圖爲霸業，朝賢素望，選爲佐吏，名將勁卒，充于己府，不臣之迹，四海所知。而公私罄乏，所在寇亂，州郡攜貳，上下崩離，禍結釁深，遂憂懼成疾。永嘉五年，薨于項。祕不發喪。以襄陽王範爲大將軍，統其衆。還葬東海。石勒追及於苦縣甯平城，將軍錢端出兵距勒，戰死，軍潰。勒命焚越柩曰：「此人亂天下，吾爲天下報之，故燒其骨以告天地。」於是數十萬衆，勒以騎圍而射之，相踐如山。王公士庶死者十餘萬。王彌弟璋焚其餘衆，幷食之。天下歸罪於越。帝發詔貶越爲縣王。何倫、李惲聞越之死，祕不發喪，奉妃裴氏及毗出自京邑，從者傾城，所經暴掠。至洧倉，又爲勒所敗，毗及宗室三十六王俱沒于賊。李惲殺妻子奔廣宗，何倫走下邳。裴妃爲人所略，賣於吳氏，太興中，得渡江，欲招魂葬越。元帝詔有司詳議，博士傅純曰：「聖人制禮，以事緣情，設冢椁以藏形，而事之以凶；立廟祧以安神，而奉之以吉。送形而往，迎精而還。此墓廟之大分，形神之異制也。至於室廟寢廟祊祭非一處，所以廣求神之道，而獨不祭於墓，明非神之所處也。今亂形神之別，錯廟墓之宜，違禮制義，莫大於此。」於是下詔不許。裴妃不奉詔，遂葬越於廣陵。太興末，墓毀，改葬丹徒。

初，元帝鎭建鄴，裴妃之意也，帝深德之，數幸其第，以第三子沖奉越後。薨，無子，成帝以少子奕繼之。哀帝徙奕爲琅邪王，而東海無嗣。隆安初，安帝更以會稽忠王次子彥璋爲東海王，繼沖爲曾孫。爲桓玄所害，國除。

史臣曰：昔高辛撫運，釁起參商；宗周嗣曆，禍纏管蔡。詳觀曩册，逖聽前古，亂臣賊子，昭鑒在焉。有晉鬱興，載崇藩翰，分茅錫瑞，道光恒典；儀台飾袞，禮備彝章。汝南以純和之姿，失於無斷；楚隱習果銳之性，遂成凶很。或位居朝右，或職參近禁，俱爲女子所詐，相次受誅，雖曰自貽，良可哀也！倫實庸瑣，見欺孫秀，潛構異圖，煽成姦慝。乃使元良遘怨酷，上宰陷誅夷，乾耀以之暫傾，皇綱於焉中圮。遂裂冠毀冕，幸百六之會；綰璽揚纛，窺九五之尊。夫神器焉可偸安，鴻名豈容妄假！而欲託茲淫祀，享彼天年，凶闇之極，未之有也。冏名父之子，唱義勤王，摧僞業於既成，拯皇輿於已墜，策勳考績，良足可稱。然而臨禍忘憂，逞心縱欲，曾不知樂不可極，盈難久持，笑古人之未工，忘己事之已拙。向若采王豹之奇策，納孫惠之嘉謀，高謝袞章，永表東海，雖古之伊霍，何以加焉！長沙材力絕人，忠概邁俗，投弓掖門，落落標壯夫之氣；馳車魏闕，懔懔懷烈士之風。雖復陽九數屯，在三之情無奪。撫其遺節，終始可觀。穎既入總大權，出居重鎮，中臺藉以成務，東夏資其宅心，乃協契河間，共圖進取。而顒任李含之狙詐，杖張方之陵虐，遂使武閔喪元，長沙授首，逞其無君之志，矜其不義之强。鑾駕北巡，異乎有征無戰；乘輿西幸，非由望秩觀風。若火燎原，猶可撲滅，矧茲安忍，能無及乎！東海糾合同盟，創爲義舉，匡復之功未立，陵暴之釁已彰，罄彼車徒，固求出鎭。既而帝京寡弱，狡寇憑陵，遂令神器劫遷，宗社顛覆，數十萬衆並垂餌於豺狼，三十六王咸隕身於鋒刃。禍難之極，振古未聞。雖及焚如，猶爲幸也。自惠皇失政，難起蕭牆，骨肉相殘，黎元塗炭，胡塵驚而天地閉，戎兵接而宮廟隳，支屬肇其禍端，戎羯乘其間隙，悲夫！詩所謂「誰生厲階，至今爲梗」，其八王之謂矣。

贊曰：亮總朝政，瑋懷職競。讒巧乘間，豔妻過聽。構怨連禍，遞遭非命。倫實下愚，敢竊龍圖，亂常奸位，謚及嚴誅。偉哉武閔！首創宏謨。德之不建，良可悲夫！長沙奉國，始終靡慝，功虧一簣，奄罹殘賊。章度勤王，效立名揚，合從關右，犯順爭强，事窮勢蹙，俱爲亂亡。元超作輔，出征入撫，敗國喪師，無君震主。焚如之變，抑惟自取。

校勘記

〔一〕君臣乘茲間隙　商榷：「君臣」當作「巨君」，王莽字。

〔二〕存重宗社　李校：「存重」當是「重存」二字誤倒。

〔三〕子義立　勞校：孝武紀「義」作「羲」。

〔四〕激水　周校：惠紀作「溴水」。按：通鑑八四亦作「溴水」。溴水見爾雅釋地郭注、左傳襄公十六年及杜注、水經溫水注。斠正云：紀作「溴水」爲是。

〔五〕孫奇　校文：「奇」是「會」之譌，卽孫秀子也。

〔六〕路秀小黃公　惠紀「路秀」作「路季」。通鑑八四從冏傳作「路秀」。

〔七〕衞毅陰平公　斠正：紀「陰平」作「平陰」。平陰屬河南郡，當是。

〔八〕十有一載　「一」字疑誤，實經十三年。

〔九〕尙經人心　册府七二三「經」作「結」。

〔一〇〕南頓王宗子柔之　勞校：頓傳云「三子綽、超、演」，無柔之名。南史孝義司馬嵩傳云，「高祖柔之以南頓王孫紹齊王攸後」，則「子」字當是「孫」字之誤。

〔一一〕鄭琰　鄭袤傳作「鄭球」。

〔一二〕左將軍王興　勞校：「左」下脫「衞」字。按：惠紀及淮陵元王漼、齊獻王攸傳皆有「衞」字。

〔一三〕趙倫戰死士卒　通鑑八四及通志八〇「趙」下並有「王」字。

〔一四〕安北將軍王浚　「安北」原作「平北」，今據王浚傳、惠紀、懷紀、劉淵載記改。

〔一五〕羯朱　勞校：水經濁漳水注作「渴末」。按：王浚傳亦作「渴末」。

〔一六〕樓裒　周校：惠紀「裒」作「哀」。

〔一七〕高密王泰之次子也　李校：高密王泰傳言泰四子越、騰、略、模，是越爲長子。按：李說是。越字元超，下文又謂越「初以世子爲騎都尉」，則越爲長子，就本傳亦可證。

〔一八〕給溫信五十人　李校：「溫信」當作「恩信」，王戎傳「給恩信五十人」，正與此同。

〔一九〕太安初　周校：宜作「永安」，卽永興元年。

〔二〇〕遣子祐距之　越子未聞有名祐者。據本卷汝南王傳，汝南威王名祐，「永興初，率衆依東海王越，討劉喬有功」云云。「子」字疑誤。

〔二一〕丁劭 勞校：「劭」當作「紹」。按：良吏傳、石勒載記、通鑑八六並作「紹」。南陽王模傳則作「邵」。

〔二二〕田甄 石勒載記「甄」作「禋」。

〔二三〕王景 見卷四三校記。